**名师工程**
《基础教育课程》丛书

教育部基础教育课程教材发展中心
《基础教育课程》杂志社组编

# 基于核心素养的高中历史教学

JIYU HEXIN SUYANG DE
GAOZHONG LISHI JIAOXUE

总 主 编　付宜红
本册主编　刘沁忆

西南大学出版社
国家一级出版社　全国百佳图书出版单位

图书在版编目（CIP）数据

基于核心素养的高中历史教学 / 刘沁忆主编. — 重庆：西南大学出版社，2021.10
（名师工程）
ISBN 978-7-5697-0815-8

Ⅰ. ①基… Ⅱ. ①刘… Ⅲ. ①中学历史课－教学研究－高中 Ⅳ. ①G633.512

中国版本图书馆CIP数据核字（2021）第068149号

基于核心素养的高中历史教学
刘沁忆　主编

责任编辑：段小佳
责任校对：黄丽玉
出版发行：西南大学出版社（原西南师范大学出版社）
　　　　　地址：重庆市北碚区天生路2号
　　　　　邮编：400715　市场营销部电话：023-68868624
　　　　　http：//www.xdcbs.com
经　　销：新华书店
印　　刷：重庆升光电力印务有限公司
幅面尺寸：170mm×240mm
印　　张：16
字　　数：300千字
版　　次：2021年10月　第1版
印　　次：2021年10月　第1次印刷
书　　号：ISBN 978-7-5697-0815-8
定　　价：48.00元

若有印装质量问题，请联系出版社调换
版权所有　翻印必究

# Preface 序

  本套丛书是由教育部基础教育课程教材发展中心《基础教育课程》杂志社策划编辑的系列教师读本。丛书中提炼的主题以及精选的文章聚焦当前教育重点、热点话题，体现了《基础教育课程》杂志的办刊理念，浓缩了《基础教育课程》杂志近年来的出刊精华，汇聚了全国一流专家学者、特级教师，以及教育行政、教研人员的科研成果与实践智慧。

  课程是国家意志的体现，基础教育课程承载着我国人才培养的目标与路径设计。2004年，由教育部主管、教育部基础教育课程教材发展中心主办的《基础教育课程》杂志创刊，时任国务院副总理李岚清同志亲笔题写刊名。当时的杂志从教育部为各课程改革实验区编发的《基础教育课程改革通讯》改编而来。十几年来，杂志秉承"专业引领、服务实践"的办刊理念，以全面贯彻新时期党和国家教育方针，坚守素质教育阵地，弘扬课程改革主旋律，落实立德树人根本任务为宗旨，聚焦基础教育课程改革的推进，记录、跟踪改革发展历程，权威发布并深度解读国家基础教育改革及课程教材建设相关政策文件，提炼报道地方及学校改革经验和动态，宣传推广基础教育课程教材、教学教研及评价领域最新成果。如今，《基础教育课程》杂志已成为国内一流的课程教学专业期刊,是国家课程教材专业研究机构——课程教材研究所指定期刊,全国中文核心期刊、中国人民大学复印报刊资料重要转载来源,为中国核心期刊(遴选)数据库、中国学术期刊网络出版总库全文收录。

近年来,《基础教育课程》杂志聚焦教育部主责主业,依托国家教材委员会、教育部基础教育课程教材专家咨询委员会,国家课程方案、各学科课程标准以及中高考命题改革等权威力量,在学生核心素养发展、国家课程方案、课程标准、新教材解读以及教学研究、考试评价制度改革、深度学习教学改进、高中育人模式变革等方面做了系列重点报道,已成为地方、学校执行国家课程方案,探索育人模式变革,落实立德树人根本任务的高端交流与展示平台。为使期刊近年来策划组织的相关重大选题和文章发挥更大的辐射作用,在西南大学出版社的支持下,我们策划编撰了此套丛书。

此套丛书共有两个系列,分别是"基于核心素养的课程建设系列"和"基于核心素养的教学改进系列"。"基于核心素养的课程建设系列"包含《新时代的劳动教育》《新时代的校本课程建设》《新时代的主题教育课程》和《新时代的教研工作》四个分册。"基于核心素养的教学改进系列"涵盖《基于核心素养教学改进的落地导引》《基于核心素养的大单元和大概念教学》《基于核心素养的深度学习》《基于核心素养的项目式学习》《基于核心素养的跨学科学习》《基于核心素养的任务驱动与问题解决式学习》及《基于核心素养、着眼未来的学习》等热点教学策略。此外,"基于核心素养的教学改进系列"还聚焦普通高中新课程标准(2017年版2020年修订)和新高考,涉及语文、数学、英语、思想政治、历史、地理、物理、化学、生物9个学科的新课标、新教材及其对应的新教学策略与教学设计和考试评价等内容。

有别于名家、名师的个人专著,本套丛书具有作者众多,研究视角多样,案例丰富、典型等特点,特别是导向前瞻,既有理论指导性又有实践操作性,希望能为广大教师在落实立德树人根本任务,构建"五育"并举的学校课程体系,开展基于核心素养的教学以及探索新中高考改革的路上提供切实的引导与帮助!

《基础教育课程》杂志社主编　付宜红
2020年8月1日

# Preface 前 言

普通高中历史课程是在义务教育历史课程的基础上，进一步运用历史唯物主义观点，以社会形态从低级到高级发展为主线，展现历史演进的基本过程以及人类在历史上创造的文明成果，揭示人类历史发展的基本规律和大趋势，促进学生全面发展的一门基础课程。2017年底，教育部印发《普通高中历史课程标准（2017年版）》，并于2020年5月进行了修订，再次颁布了《普通高中历史课程标准（2017年版2020年修订）》（以下统一简称"新课程标准"），普通高中历史课程教学步入了一个崭新的时代。

新课程标准坚持学科内容与育人目标相融合的改革方向，突出立德树人根本任务的落实，确定唯物史观、时空观念、史料实证、历史解释和家国情怀五个方面的历史学科核心素养，提出创设历史情境，开展基于史料研习的教学活动，以学生的自主探究活动为中心展开教学。新课程标准中还基于历史学科核心素养制定了学业质量标准。

基于新课程标准，2017年教育部启动普通高中三科教材统编工作，2019年9月，普通高中历史、语文、思想政治三科统编教材在北京、上海、天津、山东、海南、辽宁6个省（市）率先使用。普通高中历史统编教材共5册，其中必修教材分《中外历史纲要》上、下2册，选择性必修教材分《国家制度与社会治理》《经济与社会生活》和《文化交流与传播》3册。教材编写坚持马克思主义的指导地位，贯彻落实习近平新时代中国特色社会主义思想，坚持唯物史观，充分反映人类社会发展的基本规律和趋势，引导学生增强对伟大祖国的认同、对中华民族的认同、对中华文化的认同、对中国共产党的认同、对中国特色社会主义道路的认同，增强民族自豪感、历史使命感，更加坚定"四个自信"。新教材精选史实、史论结合，将正确的思想导向与价值判断融入历史叙述和评判中；通史与专题史结合，多维度呈现人类文明优秀成果；教材栏目设置合理，全面落实历史学科核心素养培养要求。

对接历史高中新课程，高考改革也在稳步推进。2020年初，教育部考试中心发布《中国高考评价体系》，通过构建"一核四层四翼"，回答了高考"为什么考""考什么"和"怎么考"的问题。历史学科核心素养的考查要求通过历史情境载体来实现，这为考试命题的改革提出了新的挑战。新课程标准、新教材和新高考为新时代历史课程的发展绘好了蓝图，指明了方向。新课程标准颁布以来，广大历史教育工作者通过深刻的思考和丰富而生动的教育教学实践，不断推进提高历史课程实施水平，形成了丰硕的教学实践成果。我刊自2017年新课程标准颁布以来，走访课程改革名家，征集一线优秀历史学科教研员、特级教师等的科研与教学成果，刊发了大量针对普通高中历史课程改革研究与实践的文章。本书遴选其中精华部分，精心编排，奉献给读者。

全书共分为三章。第一章"走进新时代的历史课程与教材变革"，主要介绍2017年版以及2020年修订版的普通高中历史课程标准的修订思路与亮点，以及普通高中历史统编教材的编写背景、原则、内容与特点等。通过收录的这些文章，系统梳理普通高中历史课程的相关概念和基本原理。这一章是全书的基础和方向。

第二章"指向历史核心素养的课堂教学"。这一章中既有在历史新课程背景下对教学目标确定、教学内容选取、教学过程设计的重新思考，又有对基于情境的高中历史核心素养教学方式的探索，还有从历史课程资源的挖掘以及跨学科融合的角度进行的实践反思。这一章收录的文章从不同角度为历史学科核心素养在课堂教学中的落地贡献了智慧。

第三章"历史核心素养怎么考",精选了2017年以来历史学科的部分高考试题解析来阐述核心素养视域下对普通高中历史学科核心素养的评价与测试的探索。选文通过对历史学科命题改进的研究与剖析,呈现了新高考如何与新课程对接,实现了历史学科从知识、能力立意到学科核心素养立意的转变。

本书的编排试图从课程、教材、教学、评价四个方面全方位呈现普通高中历史课程的新发展,内容深入浅出、层层递进,既有理论内涵的介绍与剖析,又有实践应用的策略与方法,期待能够为促进广大教师的教学实践、推动普通高中历史课程发展提供借鉴。

刘沁忆

2021年7月

# 目 录

## 第一章　走进新时代的历史课程与教材变革

2017年版普通高中历史课程标准的修订思路与亮点解读／徐　蓝 1

统编普通高中历史教科书的新气象／徐　蓝 8

## 第二章　指向历史核心素养的课堂教学

第一节　指向历史核心素养的教学理念更新／16

历史教育的立德树人目标及其践行路径／张　岩 16

渗透核心素养，建构有意义的历史学习

——高中历史"了解—理解—见解"学习模式

实践探索／刘　强 23

中学历史学科核心素养的目标化分解刍议／於以传 29

史料・阅读・问题・思维

——基于史料的教学原理阐释／陈德运　赵亚夫 42

理解"家国情怀"培养的内在维度／刘　波 51

建构历史解释要有"度"／刘　波 57

回忆录与中学历史教学／何成刚　王　慧 63

高中历史统编教材的图像分析与教学运用／马维林 69

第二节　指向历史核心素养的教学方式探索／76

基于历史学科核心素养的有效教学过程设计／李月琴　邹玉峰 76

《中外历史纲要》上册第一单元教学问题及对策／张逸红 82

基于时空观念的统编高中历史教材的处理／严迎春 92

图像史料教学的思考与实践／胡红梅 101

点线结合，内化唯物史观

——以《战后资本主义世界经济体系的形成》

内容教学为例／贺千红 108

"史料实证"素养落地初探

——以"探究新航路开辟的原因"为例／李渊浩　席长华 117

构建"时空框架"　涵养"时空观念"

——以"关内关外的抗日救亡运动"一课的教学设计

为例／王少莲 129

基于核心素养的图像史料运用策略

——以油画《苏格拉底之死》的解读为例／刘　强 137

社会热点"壁虎风波"之教学设计与实施

——基于现实社会生活的史料实证／金丽君 144

全球视野与家国情怀的涵养

——以《历史文化与时代变迁下德法关系嬗变》

一课为例／黄桂兰 151

第三节　指向历史核心素养的课程资源开发与跨学科融合／157

高中历史乡土文化课程资源的审美开发／马维林 157

综合实践活动与高中历史教学有效融合的策略／孙伟萍 162

生涯规划教育离不开学科阵地

——以高中历史学科为例／江子磐 167

# 第三章 历史核心素养怎么考

核心素养立意,历史价值引领
　　——2017年高考历史(浙江卷)评析及教学建议／朱世光 173
思想立意,能力考查,改革导向
　　——2017年高考历史全国卷评析及教学建议／郭井生 179
视野融通蕴深意,情怀理性润无声
　　——以2018年高考历史江苏试题为例／张　彪 187
源于教材,高于教材
　　——以2018年高考文综全国卷Ⅰ历史试题为例／胡军哲 193
重在"历史解释"的考查,要在"学会理解"的教学
　　——浙江省高考历史试卷的突出特点及教学建议／朱　能 197
历史解释素养试题的应答研究／张　岩 205
家国情怀在高考试卷中的考查探索
　　——以2019年高考历史江苏试题为例／刘　波 213
趋势与应对:高考历史试题中的结构不良问题／何成刚　沈为慧 218
国家认同建构视角下的2020年全国卷历史试题／陈德运　刘　波 226
问题情境:学业水平考试命题的重要特征
　　——基于对2020年高考历史试题的分析／胡军哲 235

# 第一章

# 走进新时代的历史课程与教材变革

## 2017年版普通高中历史课程标准的修订思路与亮点解读

徐 蓝[①]

### 一、坚持问题导向，吸收先进经验

2004年启动的普通高中课程改革已经走过十多年的历程，历史学科也取得了显著成就，一些理念更加明晰。如以历史唯物主义为指导，吸收人类优秀文明成果，弘扬爱国主义精神；坚持基础性、多样性；倡导探究性学习；落实知识与技能、过程与方法、情感态度与价值观的培育等。但改革实践中也暴露出一些问题，如课程目标表述笼统，必修课程历史1（政治）、历史2（经济）、历史3（文化）的结构设计不够合理，时序性不强，内容较深且选择不够系统，必修与选修内容有重复等。本次修订工作坚持问题导向，努力解决发现的问题，弥补其中的不足。

同时，修订组在比较研究英国、美国、日本、芬兰等十几个国家和地区的历史课程标准的基础上发现，它们在许多方面体现着共通的教育诉求，反

---

① 徐蓝，首都师范大学历史学院资深教授，统编《普通高中教科书·历史》总主编。

映了当今国际上历史课程的主流发展趋势。一是在育人目标上，把个人身份认同、国家认同、爱国主义等作为重要标准。二是在培养目标上，提出了历史学科核心素养，如时序思维、运用史料、历史理解、解释与评判能力等，强调历史学科的育人价值。三是在内容上，比较系统地讲述本国历史和世界历史。四是在评价上，提出了基于学科核心素养的学业质量要求。五是在教师专业发展方面，要求教师不仅自身要具备历史学科核心素养，更要将这些素养体现在教学中，提升学生的核心素养。此次历史课程标准的修订，既扎根于中国教育改革的本土化实践和经验，又以开阔的国际视野，站在国际历史教育改革与发展趋势的高度，力求针对现存问题，进行创新突破。

## 二、体现具有历史学科特征的正确价值观念、必备品格和关键能力

### （一）凝练出历史学科核心素养

2017年版普通高中历史课程标准修订组以马克思主义历史哲学为指导，凝练出包含唯物史观、时空观念、史料实证、历史解释、家国情怀五个方面的历史学科核心素养。它们之间具有内在联系：唯物史观是学习和探究历史的核心理论与指导思想，是历史学科诸素养中的灵魂；时空观念是诸素养中学科本质的体现，是历史学科有别于其他学科的重要特征；史料实证是诸素养得以达成的途径和方法；历史解释是诸素养中对历史思维与表达能力的必然要求；家国情怀体现了诸素养中的价值目标。我们希望通过这五个方面的历史学科核心素养的培养，学生可以逐步具备具有历史学科特征的正确价值观念、必备品格与关键能力，达到历史课程立德树人的要求。

与实验稿相比，这一部分内容是全新的，不仅与国际水平接轨，而且具有鲜明的中国特色。

### （二）进行了基于历史学科核心素养的课程结构与内容设计

2017年版普通高中历史课程标准基于普通高中历史课程的基础性、多样性、选择性特征，以及对学生发展核心素养的培养要求，整体规划高中历史课程。修订后的高中历史课程由必修、选择性必修、选修三个层次构成。必修课程设一个模块，将实验稿中的必修课程历史1（政治）、历史2（经济）、历史3（文化）三大专题呈现改为通史体例，包括中国史和世界史，即《中

外历史纲要》，精选若干学习专题，以大时序小专题的呈现方式，引导全体高中学生进一步用历史唯物主义观点，深化对人类历史发展基本脉络和从低级到高级发展的基本规律的认识，使学生在义务教育阶段的学习基础上进一步掌握历史知识和关键技能，拓宽历史视野，强化历史思维，确立正确的历史价值观，提升学生的核心素养。

选择性必修课程设《国家制度与社会治理》《经济与社会生活》《文化交流与传播》三个模块。各模块由若干学习专题构成，专题下的具体内容按照时序发展顺序进行表述，呈现中外历史多方面的重要内容，引导学生从不同视角对中外历史有更加深入的认识。

选修课程是学生自主选择修习的校本课程，由学校自主开设。课程标准提供的《史学入门》《史料研读》两个模块，可作为学校开设校本课程的参考。这两个模块由若干学习专题构成，通过了解史学的基本理论、知识与技能，通过实际的探究活动，增强学生深入学习历史的能力与素养。

### （三）设计了基于学科核心素养的教学与评价示例或建议

2017年版普通高中历史课程标准本着有用、好用、管用、使用者用有所益的原则，提供了教学、评价示例。提供示例的原则一是根据需要及其功能，将教学、评价示例分解到教学内容不同的部分，尽量做到示例全覆盖；二是避免空泛地将核心素养列为教学与评价目标，而是将特定的核心素养与教学、活动的目标和内容联系起来。因此，课程标准在课程内容和学业质量要求中出示"教学活动示例"；在教学与评价建议中，设置不同层次的大、小结合的示例；在学业水平考试命题建议中，提供典型试题及说明。这些示例选择不同类型的学习主题，或选择教师比较难处理的学习内容，进行片断性的教学活动示例设计，给教师以教学上的启示，加深教师对课程内容与学生核心素养培育之间关联性的理解。

## 三、2017年版普通高中历史课程标准与实验稿相比做出的较大改变

### （一）更加突出历史学科的时序性特征

历史学是在一定的历史观指导下叙述和阐释人类历史进程及其规律的人文学科，它的最基本特征就是时序性。因此，针对2003年实验稿课程结构设

计的时序性不强、内容有重复等问题，2017年版普通高中历史课程标准修订在课程内容体系上做了较大修改。无论是必修课程还是选择性必修课程，都突出了历史发展的时序性。

### （二）体现课程设计的整体性、关联性和递进性

针对2003年实验稿课程结构设计系统性不强的问题，2017年版普通高中历史课程标准修订，关注必修、选择性必修、选修三类课程的整体设计。必修课程是共同基础，学生通过学习，掌握中国史和世界史的重要史事和发展脉络，基本形成对历史的整体认识；选择性必修课程是在必修课程基础上的递进与拓展，从三个主要领域呈现更为丰富多彩的历史内容，提高学生的学习兴趣，引领学生从多角度认识历史的发展与变迁；选修课程是在必修课程和选择性必修课程基础上的进一步延伸，通过专业理论和专业技能的学习，强化学生的史学专业基础。这三类历史课程的学习，使学生的历史学科核心素养不断得到提高。

### （三）关照高中与义务教育历史课程的衔接

《义务教育历史课程标准（2011年版）》中有关教学内容部分是按照时间顺序、以"点线结合"的方式组织和呈现的，新修订的课程标准则将课程划分为不同层次，在内容上采用专题方式呈现。这样的设计，既注意到与义务教育历史课程的衔接与贯通，又注意到两者的区别，显现出高中历史课程与义务教育历史课程的不同高度、广度和深度，使学生在义务教育的基础上进一步掌握历史知识和技能，拓宽历史视野，强化历史思维，确立正确的历史观念。

### （四）在内容选择上与时俱进

鉴于2003年实验稿缺少近十几年的重要内容，2017年版普通高中历史课程标准修订在必修课程中充实了这些内容，如在抗日战争部分突出中国14年抗战史实，强调中国战场作为第二次世界大战的东方主战场对世界反法西斯战争胜利做出的巨大贡献，强调中国共产党在抗日战争中发挥的中流砥柱作用；增加中国特色社会主义进入新时代的重要内容；增加中国对全球治理提出的中国方案——推动"构建人类命运共同体"；等等。在选择性必修的模块1中，补充了社会治理的内容。

## 四、以发展学生核心素养为目标的历史教学途径

### （一）确立新的认知观、教学观和评价观

教师要逐渐从知识本位转变为素养本位，努力将学生对知识的学习过程转化为发展核心素养的过程。为此，教师要全面理解核心素养的内涵及其具体表现，认识到历史学科核心素养的五个方面是一个相互联系的整体，既要注重对某一核心素养的培养，更要注重对学生核心素养的综合培养。

### （二）在教、学、评、考各个环节聚焦于发展学生核心素养

在教学实践中，教师要有意识地将教、学、评、考一体化，即将教学目标、教学内容、教学过程和教学评价等聚焦于培养和发展学生的核心素养，合理整合教学内容，确定关键问题和重难点，有效设计教学过程，努力创设各种问题情境，通过基于史料研习的教学活动和以学生为主体的自主探究活动，提高学生学会学习、学会自我拓展知识、学会运用知识解决问题的能力，特别是解决陌生的、复杂的，甚至是不确定的真实问题的能力。

## 五、历史核心素养的评价

### （一）在对历史核心素养水平划分的基础上制定学业质量要求

在对核心素养进行水平划分时，2017年版普通高中历史课程标准修订组进行了纵向与横向的通盘设计。从纵向来看，每个核心素养自身的1~2层次或1~4层次，具有连续性和递进性。以"时空观念"素养的水平划分为例：

水平1：能够辨识历史叙述中不同的时间与空间表达方式；能够理解它们的意义；在叙述个别史事时能够运用恰当的时间和空间表达方式。

水平2：能够将某一史事定位在特定的时间和空间框架下；能够利用历史年表、历史地图等方式对相关史事加以描述；能够认识事物发生的来龙去脉以及空间和环境因素对认识历史与现实的重要性。

水平3：能够把握相关史事的时间、空间联系，并用特定的时间和空间术语对较长时段的史事加以描述、概括和说明，理解历史上的变化与延续、继承与发展、局部与整体及其意义。

水平4：在对历史和现实问题进行独立探究的过程中，能将其置于具体的

时空框架下；能够选择恰当的时空尺度对其进行分析、综合、比较，在此基础上做出合理的解释。

从横向来看，五个核心素养的每一个层次，处于同一水平层级，结合具体的课程内容，形成学业质量的水平等级。以学业质量水平2的质量描述为例：

2-1 能够知道人类物质生活资料的生产是社会生活的基础，知道生产力是历史发展的决定因素，知道经济基础与上层建筑之间的辩证关系，了解人类社会从低级向高级发展的规律；能够理解唯物史观是科学的历史观。（唯物史观）

2-2 能够将某一史事定位在特定的时间和空间框架下；能够运用各种时间术语描述过去；能够利用历史年表、历史地图等方式对相关史事加以描述；能够认识事物发生的来龙去脉，理解空间和环境因素对认识历史与现实的重要性。（时空观念）

2-3 能够认识不同类型的史料所具有的不同价值；能够掌握获取史料的基本方法；能够在对史事与现实问题进行论述的过程中，尝试运用史料作为证据论证自己的观点。（史料实证）

2-4 能够分析有关的历史结论；能够区分历史叙述中的史实与解释；能够在叙述历史时把握历史发展的各种联系，如古今联系、中外联系等，并将历史知识与其他相关学科如地理、语文、艺术等知识加以联系；能够选择、组织和运用相关材料并使用相关历史术语，对具体史事做出解释；能够尝试从历史的角度解释现实问题。（历史解释）

2-5 能够发现历史上认同家乡、民族、国家的事例，知道中外优秀文化遗产的主要内容，认识社会主义核心价值观的历史依据，具有对祖国和人民的深情大爱。（家国情怀）

## （二）根据学业质量水平，对学生的核心素养达成度进行评价

教师可根据学业质量水平，对学生的核心素养达成度进行评价，例如，在对必修课程"改变世界面貌的工业革命"这一专题的学习评价中，教师可以根据学业质量水平2，要求学生运用文献、实物、口述、图像、音像、数字等多种史料，对工业革命前后生产力的发展情况、工业革命后列强在世界范

围内的扩张、世界市场的形成、资本主义的发展、工人运动的高涨，以及民族独立运动的兴起等方面进行论述。教师在评价时，主要关注学生是否了解工业革命的时空背景，是否能够运用史料作为证据论证自己的观点，是否理解生产力的发展是历史发展的决定性因素，是否能够从大历史的视野认识工业革命是人类社会从农业文明演进到工业文明的转折点，是否认识到工业革命对国内阶级关系和社会变化造成的影响，以及是否认识到工业革命的世界性影响，等等。如果学生达到了这些要求，就可以判断学生在历史学科核心素养的五个方面达到了要求。

(三) 根据课程标准，进行整体把握

在 2017 年版普通高中历史课程标准中，课程结构设计、核心素养水平划分与学业质量的制定以及评价考试之间是有机联系和对接的整体。如必修课程是全体学生必须学习的基础课程，是对学业质量水平进行评价的重要内容。学生经合格性考试达到学业质量的水平 2，可获得 4 学分，可以毕业。必修课程建议安排在高一年级。

选择性必修课程是学生在修完必修课后，根据个人兴趣、升学需求而选择修习的课程。每个模块 2 学分，经等级性考试，达到学业质量的水平 3 或水平 4，可获得相应学分。水平 4 是等级性考试的命题依据。

选修课程是学生自主选择的校本课程。每个模块 2 学分，经考核合格，达到学业质量的水平 3 或水平 4，可获得相应学分。

# 统编普通高中历史教科书的新气象

徐 蓝[①]

统编《普通高中教科书·历史》（以下简称"统编《历史》"）共 5 册，包括必修《中外历史纲要》上、下两册，供高中一年级学生使用；选择性必修三册，分别为《国家制度与社会治理》《经济与社会生活》和《文化交流与传播》，供高中学生根据个人兴趣、升学需求选择使用。与以往的高中历史教科书相比，统编《历史》呈现出新的气象。

## 一、编写背景

统编《历史》的编写工作，是在 21 世纪世界教育改革发展的大势中进行的，同时也是为了满足我国社会主义新时代对人才培养的需要。近年来，我国经济、科技的迅猛发展和社会生活的深刻变化，新时代社会主要矛盾的转化，高中阶段教育的基本普及，对提高人才培养质量提出了新的要求，这必然要体现在普通高中教科书中。2016 年 10 月，中共中央办公厅、国务院办公厅印发《关于加强和改进新形势下大中小学教材建设的意见》，是新中国成立以来第一个关于整体推进教材建设的中央文件，从制度层面将教材建设明确为国家事权。2017 年 7 月，国务院成立国家教材委员会，负责指导和统筹全国教材工作，推进基础教育语文、政治、历史三科教材的统一编写、统一审查、统一使用。

同时，统编《历史》要贯彻教育部 2017 年颁布的普通高中课程方案和课程标准的要求。其一，教科书要以培养和提高学生的历史学科核心素养为目标。学生通过统编《历史》的学习，能够逐步形成具有历史学科特征的正确价值观念、必备品格和关键能力，在唯物史观、时空观念、史料实证、历史解释和家国情怀五个方面都获得提升，使高中历史课程的育人价值得到更加

---

[①] 徐蓝，首都师范大学历史学院资深教授，统编《普通高中教科书·历史》总主编。

充分的体现和落实。其二，教科书的内容既要考虑到与初中义务教育、大学历史专业教育的前后衔接，又要有助于学生个性化、多样化的学习和发展需求，为全体学生的终身发展打好共同的基础。

这些背景因素决定了统编《历史》的编写原则。

## 二、编写原则

### （一）以马克思主义唯物史观为指导

马克思主义根据人类社会生产力与生产关系基本矛盾的不同性质，把人类历史发展分为原始社会、奴隶社会、封建社会、资本主义社会和共产主义社会几种社会形态，它们构成了一个从低级到高级的发展序列。尽管并不是所有民族、国家的历史都完整地经历了这五个阶段，但是发展的总趋势具有普遍性、规律性。因此，统编《历史》一方面通过选取大量中外历史上重要的事件、人物和现象，按照时空顺序，纵向地展现人类社会从古至今、从低级到高级的发展历程，从而将社会发展形态学说贯穿于教科书中，另一方面根据马克思主义的世界历史理论，即"各民族的原始封闭状态由于日益完善的生产方式、交往以及因交往而自然形成的不同民族之间的分工消灭得越是彻底，历史也就越是成为世界历史""世界史不是过去一直存在的；作为世界史的历史是结果"的论述，教科书在叙述中外历史的纵向发展的同时，十分注意呈现人类社会发展的横向联系，即人类社会从相对孤立、分散的人群逐渐走向密切联系的整体的过程。同时，统编《历史》也阐释了人类历史的纵向发展与横向发展互为条件、相辅相成的关系，即纵向的重大历史现象会对横向发展形成制约，横向发展也会对纵向发展产生反作用的辩证唯物主义和历史唯物主义观点。将唯物史观渗透到统编《历史》中，让学生能够在学习教科书的过程中，进一步了解和认识人类历史演变的基本脉络、发展规律和发展趋势，以及丰富多样的历史文化遗产。

### （二）以发展学生历史学科核心素养为目标的教材编写新理念

统编《历史》的编写从体例到具体内容，努力使其方方面面与历史学科核心素养的培养建立起有机的、内在的联系，试图通过唯物史观、时空观念、史料实证、历史解释、家国情怀五个方面的历史学科核心素养的培育，使学生逐步形成具有历史学科特征的正确价值观念、必备品格和关键能力,切实落实立德树人根本任务。

**(三)以符合高中学生的心理特征和认知发展规律为准绳**

统编《历史》的编写从高中学生学习、认识、理解历史的角度出发,使内容线索清晰、层次分明、重点突出,具体性与概括性有机结合,具有科学性、系统性、可读性和适用性等特点,有利于学生的自学和教师的教学。同时,统编《历史》的内容既重视在义务教育阶段学科内容的基础上有所提高,又注意和兼顾了学生在升学和兴趣发展方面的多元需求。

## 三、编写思路

统编《历史》以学科核心素养新概念为统领,实现了编写体例的创新,重建了高中历史课程的知识体系,具体体现在四个方面。

**(一)在课程结构与内容框架上,对必修和选择性必修内容采取了不尽相同的编写体例**

必修《中外历史纲要》上、下两册,按"通史+专题"体例编纂。具体地说,上册为中国历史,展示了中华民族五千多年的发展进程。中国古代史重点叙述了较为完整的王朝更迭和各个朝代的基本特征,统一多民族国家的发展,中华优秀文化和独特文明的传承,北方少数民族对国家统一和发展的贡献,等等;还通过对古代中国生产力的发展而引发的中国与世界其他地区交往的不断扩大的史料,使学生了解、感悟中国对世界文明发展的贡献。中国近代史是世界历史横向发展对中国历史纵向发展产生重大影响的时期,教科书叙述了从鸦片战争开始中国逐渐沦为半殖民地半封建社会的过程,中华民族的内忧外患和中国人民救亡图存的反帝反封建斗争,以及最终在中国共产党领导下建立新中国的历程。中国现代史是新中国成立以后的历史,在此时期,中国与外部世界的关系更为复杂和密切,教科书叙述了新中国的成立及社会主义革命与建设的曲折探索、"文化大革命"与改革开放、社会主义现代化建设新时期、新中国七十年,特别是改革开放四十多年取得的巨大成就,以及中国特色社会主义进入新时代,等等。总的来看,《中外历史纲要》上册所选的内容,涵盖了五千多年中华文明史,中国人民近代以来一百七十多年斗争史，中国共产党在马克思主义指导下的近百年奋斗史，中华人民共和国七十年发展史，以及改革开放四十多年实践史，它们构成和体现了中国历史发展的内在联系和大趋势。

《中外历史纲要》下册为世界历史，展示了距今约五千至六千年世界历史的发展，叙述了人类社会是如何从原始状态发展到今天的。世界古代史讲述了古代文明呈现出的多元发展格局，由于农耕文明生产力的发展而促成的欧亚非大帝国的形成以及这些地区文明的相互交流，人类社会从原始社会发展为奴隶社会和封建社会的基本过程。世界近代史重点讲述了新航路的开辟在世界历史形成中的重要意义，西方人文主义和思想解放运动与资本主义制度建立之间的历史渊源，工业革命与马克思主义诞生的伟大意义，资本主义世界殖民体系形成与亚非拉的民族独立运动，以及资本主义世界市场不断扩大和全球联系的不断加强。世界现代史重点讲述了两次世界大战与国际秩序的演变，十月革命和苏联社会主义建设与改革，二战后国际关系中的冷战特点以及社会主义、资本主义和新兴民族独立国家（发展中国家）的发展，关注世界日益形成息息相关的密不可分的整体，构成世界各国相互依存、相互竞争、相互影响的复杂局面，以及中国倡导建立人类命运共同体的世界历史意义。《中外历史纲要》下册所选的内容，反映了人类社会从古至今、从分散到整体及社会形态从低级到高级的发展，特别是叙述了自1848年科学社会主义诞生一百七十多年以来的发展史，以及世界历史的形成与发展过程。

选择性必修教科书三册，均按"专题＋时序"体例编纂。根据每一册的主题，采取中外混编形式，呈现中外历史在国家制度与社会治理、经济与社会生活、文化交流与传播各个方面的丰富多彩的重要内容，使学生能够多角度、多层次地认识历史。

这样的设计，注重历史发展的规律和趋势，从大的方面体现了习近平总书记2016年12月8日在全国高校思想政治工作会议的重要讲话中关于"引导学生正确认识世界和中国发展大势"的要求，进一步为学生在高中阶段形成正确的历史观打下基础，帮助他们理解唯物史观是科学的历史观，同时也有利于涵养学生的家国情怀。

## （二）在每一册具体的历史知识的呈现上，以"点—线—面"相结合的形式编排

具体地说，"点"是具象的、生动的重大史事，"线"是历史发展的基本线索，"面"是相对较长时段的历史，以单元编排的形式进行论述和概括。单元的设计与课标的专题基本相对应，在重大史事和基本线索的基础上呈现相对完整的知识结构。

## （三）通过教材正文对历史的讲述，增强学生的史料实证意识和历史解释能力

教科书是学生学习的范本，也是学生理解历史、掌握历史解释的正确方法、路径和范式的样本。从统编《历史》可以看到，它的课文内容线索清晰、层次分明、史论结合、重点突出、语言精练、兼顾具体性与概括性，符合高中生的心理特征和认知发展规律，具有科学性、系统性、可读性和适用性等特点。教科书的内容在义务教育阶段学科内容的基础上有所提高，且更加注意分析性，体现循序渐进。此外，教科书的正文全部用大字呈现，有理、有据地讲述具体的史事，使学生能够通过阅读教科书，感知连贯的历史思维和历史表达，从而提高对史料实证的认识，提高历史理解和历史解释的能力。与此同时，教科书中始终贯穿、体现的家国情怀和国际视野，也会对学生产生潜移默化的影响。

## （四）进行功能性辅助栏目的创新设计，全方位提升学生的历史学科核心素养

1. 完全创新的三个栏目，包括"学习聚焦""学思之窗""历史纵横"

"学习聚焦"置于每一目（即每课讲述的小专题）的标题旁，以精练的文字概括本目的基本内容或要点。每目设一个学习聚焦，使师生在阅读教科书时就能抓住每课的基本内容，有利于学生的自学和对重点、难点的掌握，也有利于帮助学生提高综合概括能力。

"学思之窗"配合课文，提供一段阅读材料后提出问题，学生要读懂材料再回答问题。该栏目将课文、材料、问题三者结合，综合提升学生的分析思考能力和历史思维能力。

"历史纵横"从时间、空间等角度，扩展、补充正文内容。通过相关史事

的讲述，揭示不同时空条件下历史的延续、变迁与发展，引导学生在学习本课时关注到与此种史事或历史现象的横向或纵向相关的史事或现象，更全面地理解和解释历史，进一步强化学生的时空观念，以及多角度、多维度地理解和构建历史的能力。

2. 在原有辅助栏目基础上进一步改进创新的栏目，包括"单元导语""本课导入""探究与拓展"

"单元导语"概述本单元所涉及的主要内容和学习要求，便于学生在开始学习本单元时就了解本单元的内容线索和应掌握的必备知识。与以往的教科书在单元导语中只列出学习内容相比，统编《历史》的单元导语将本单元的学习内容和培养学生核心素养的要求——列出，使师生一目了然，做到心中有数。

"本课导入"置于每一课的课文标题之下，通过导图和导入语，以具体情境导入，生动、简洁地引出本课所要讲述的内容。与以往的教科书该栏目大多是一段文字的形式相比，统编《历史》的导入形式图文并茂，更为生动，有助于学生对课文内容的理解，激发其学习兴趣。

"探究与拓展"是课后栏目，包括"问题探究"和"学习拓展"，前者结合每课内容设置一个思考题，主要目的是帮助学生进一步深入掌握本课的基本内容；后者则要求学生根据本课所学内容进一步扩展历史思维。与以往的教科书相比，统编《历史》的设计内容更为丰富，力图让学生通过对相关材料、问题的分析和思考，提高归纳与概括、分析与综合等能力，多角度提升核心素养。

3. 继承原有的栏目，包括"史料阅读""思考点""图表"

"史料阅读"配合教材正文，提供简要的文献材料，作为知识的补充或拓展内容供学生阅读，让学生加深对正文内容的理解。同时，增强学生的证据意识，提升学生阅读、分析、解释史料的能力。

"思考点"紧密结合正文提问，学生可即时回答，旨在提高学生的兴趣和关注力，并训练学生的历史理解与历史思维能力。

"图表"指与课文内容相契合的各种插图和表格，一般配有详略不等的文字说明，以增强学习的直观性。

此外，教科书各册都设有一节精心设计的活动课，分别为"家国情怀与统一多民族国家的演进""放眼世界，推动构建人类命运共同体""中国历史上的大一统国家治理""生产方式变革与人类社会进步""信息革命与人类文化共享"，这些活动课旨在进一步培养学生的合作探究能力。

### 四、突出七大主题教育

一是社会主义核心价值观教育。教科书按照历史发展线索，将社会主义核心价值观的内容分阶段、分专题呈现，让学生从历史的角度认识社会主义核心价值观形成的历史渊源和现实意义，引导他们认同社会主义核心价值观，认同走中国特色社会主义道路是历史的必然，树立中国特色社会主义道路自信、理论自信、制度自信和文化自信。

二是中华优秀传统文化教育。统编《历史》安排了众多涉及中华优秀传统文化的内容，如必修《中外历史纲要》上册中国古代史部分重点反映了中华优秀传统文化，涉及中国历史文化名人50余人，科技、文学著作50余部；在选择性必修3中专设一个单元讨论"源远流长的中华文化"。通过学习，学生能够掌握中华优秀传统文化的丰富内涵，了解并认同中华优秀传统文化，认识中华文化的历史价值和现实意义。同时，通过对各册中世界历史发展多样性的学习，培养学生理解和尊重世界各国、各民族的文化传统，树立正确的文化观。

三是革命传统教育。必修《中外历史纲要》上册系统介绍了中华民族近代以来斗争的历史，突出展现了中国共产党领导中国革命、建设和改革的历史，介绍了毛泽东、周恩来、邓小平等19位老一辈革命家；突出介绍了中国抗日战争从局部抗战、全民族抗战到最终战胜日本法西斯历经14年的史实，特别强调了中国共产党在抗战中发挥的中流砥柱作用和中国战场作为东方主战场对世界反法西斯战争胜利做出的重大贡献；还通过对近代中国不同阶层救亡图存斗争及其失败的阐述，通过对新中国成立以来综合国力不断提高、人民生活水平蒸蒸日上的叙述，使学生认识到没有共产党就没有新中国，只有在中国共产党的领导下，中国才能实现国家独立和民族复兴。

四是国家主权、海洋意识及爱国主义教育。统编《历史》以史实为依托，讲述西藏、新疆、台湾及附属岛屿、澎湖群岛附属岛屿钓鱼岛、南海诸岛等作为我国领土不可分割一部分的历史渊源；通过了解历史上仁人志士反抗外来侵略、建设强大祖国的不懈努力，让学生在树立正确历史观的基础上，从历史的角度认识中国的国情，形成对祖国的认同感和正确的国家观。

五是法治教育。教科书共涉及中外法律法规、条约百余部（种）。通过介绍法制的起源、中外法制建设、法治与德治、国际法的起源与发展等，让学生充分认识中国的法制建设不断完善的过程，新中国法制建设取得的重要成就，以及中国对国际法的完善做出的突出贡献，从而让学生体悟社会主义法治的优越性。

六是民族团结教育。统编《历史》通过对不同民族在国家发展中所起作用的讲述，以及不同民族在历史上的交往、交流、交融的史实，论述了中国统一多民族国家的形成与发展，以及所形成的多元一体的格局；讲述了新中国成立后的民族区域自治政策，以及中国在世界舞台上尊重国家主权和民族平等、携手亚非拉国家反抗殖民统治的历史等，引导学生形成对中华民族的认同感，树立正确的国家观和民族观，增强民族自信心和自豪感。

七是生态文明教育。教科书通过讲述人类文明发展和周边环境变迁的关系，引导学生进一步理解经济活动与社会、科技发展与生活之间的关系，深化对人与自然、人与社会和谐发展的认识，牢固树立社会主义生态文明观，自觉养成热爱自然、热爱劳动、热爱生活、热爱祖国和珍爱生命的优良品质，为推动人与自然和谐发展、建设美丽中国而努力。

另外，统编《历史》还介绍了许多新的研究成果，如新的考古发现，中古时期的亚洲、非洲与美洲的历史，中国特色社会主义进入新时代及构建人类命运共同体的全球治理方案，等等。

总之，历史教科书是历史教育立德树人的关键一环。希望这套教科书能够帮助学生掌握必备的史事，并通过这些史事之间的相互关系，理解唯物史观所阐释的人类历史发展的规律性；进一步拓宽历史视野，发展历史思维，提高历史学科核心素养；树立正确的历史观，形成历史发展的进步观和积极向上的人生态度，为未来的学习、工作与生活打下基础，成为德智体美劳全面发展的栋梁之材。

# 第二章

# 指向历史核心素养的课堂教学

## 第一节 指向历史核心素养的教学理念更新

### 历史教育的立德树人目标及其践行路径

张 岩[①]

教育的首要问题是培养什么人的问题。历史教育与"育德""成人"是何关系？历史学科对立德树人能承载怎样的作用？在当前全学科合力育人的大格局下，中小学历史教师应如何担当？理清这些问题是落实好新课标、新教材的前提。

一、历史是道德与人格教育的良师

为什么历史教育能够胜任道德与人格教育的重任？从学科属性上讲，历史以人类过去的经历为研究对象，旨在揭示往昔的真相，探究文明与社会的演进规律。历史研究源源不断地提供了人类过往的经验，正是这些饱含先人教训的经验，构成了后世道德教育的绝佳范本。

---

① 张岩，吉林省教育学院中小学校长培训中心主任，历史学博士，教授。

中国古人很早就懂得利用历史作为儿童道德教育的资源。《三字经》《千字文》等童子启蒙经典中包含着丰富的历史内容：回顾前朝沿革，追慕古圣先贤，称颂了众多具有榜样力量的历史人物和典故。"孟轲敦素，史鱼秉直"的形象深入人心，"囊萤映雪，负薪挂角"的佳话千古传颂。这些具有深厚历史感的书籍，不但是开启民智的知识启蒙读物，更是树立为人楷模的道德教化范本。在诵读经典的琅琅书声中，一代又一代的中国人耳濡目染，体味"节义廉退""守真志满"等高尚境界，将"孝悌谨信之道""爱众亲仁之行"等传统美德植根于心灵，内化为毕生恪守的为人处世准则。

追求经世致用、明道修身是中国古代历史书写的优良传统。早在先秦，人们就意识到有修养的君子应当"多识前言往行，以蓄其德"。春秋时代的楚庄王问他的臣僚申叔时，应当用哪些书来教导太子。申叔时回答应当多看史书，这样可以使人"耸善而抑恶""昭明德而废幽昏""知废兴而戒惧"等。可见，历史对于知人识世具有莫大的助益。"两司马"在中国古代史学界赫赫有名，他们的经典史著亦警世化人。《史记》记载了"明主贤君、忠臣死义之士""扶义俶傥，不令己失时，立功名于天下"的正面人物，同时也鞭挞了奸佞小人、鸡鸣狗盗之徒，两相对比总结"成败兴坏之理"。《资治通鉴》不但是治国理政之书，更是明理诲人之作。明代思想家王夫之对《资治通鉴》这个书名的理解是"鉴之者明，通之也广，资之也深，人自取之，而治身治世、肆应而不穷"[1]。意思是历史中蕴含着无尽的、深刻的修身处世的道理，学史者可以各取所需，从中受益。

中国古代著史、鉴史的优良传统直至今日仍具有现实意义。从丰厚的历史文化中汲取立德树人的养分应当成为新时代的教育自觉。通过比照古人，汲取历史经验，人们可以辨曲直，明是非，晓善恶，知荣辱，见贤思齐，见不贤而内自省。

## 二、历史教育在当前落实立德树人根本任务中承载的使命与作用

毫无疑问，历史教育具有道德教化的强大功能。那么，中小学的历史教育到底有哪些德育功能？在新时代以民族复兴为使命的新形势下，历史教育又承载着怎样的使命与担当？

### （一）历史教育应承担培养学生社会责任感和历史责任感的使命

人既是自然和生物的存在，又是文化和历史的存在。人的历史性存在，说到底是超越了个体存在的社会性和群体性存在。无数生命在漫长的历史行程中先后接续地努力，推动人类文明赓续绵延、勇往直前。为人民做出过巨大贡献的人，人民将永远铭记；无愧于历史的人，历史将千古留名。

那些因做出历史贡献而名垂青史的人物，对后世具有莫大的道德感召力。青年时代的马克思读了许多历史名著和伟人传记，在《青年在选择职业时的考虑》中，他写道："历史承认那些为共同目标劳动因而自己变得高尚的人是伟大人物；经验赞美那些为大多数人带来幸福的人是最幸福的人……如果我们选择了最能为人类幸福而劳动的职业，那么，重担就不能把我们压倒，因为这是为大家而献身。"[2] 尽管时过境迁，历史责任感仍是推动时代前行的"永动机"。这种深沉与高尚境界的追求，理应成为历史教育的崇高使命。

### （二）历史教育应承担培养学生家国情怀和心忧天下之志的使命

中华民族拥有悠久灿烂的历史和独特的文明传统。从中国历史中可以了解中华民族形成的过程，理解近代中国道路选择的必然性，通过对中华传统文化的认同来增强文化自信、道路自信。历史教育，特别是祖国历史的教育历来是爱国主义教育的重要媒介。"只解沙场为国死，何须马革裹尸还""苟利国家生死以，岂因祸福避趋之"，这些豪言壮语忠实记录了不同时代的仁人志士肝胆报国的慷慨壮举。一部中国史，就是一部中华儿女奋斗不息、矢志报国的历史。一堂好的历史课，也理应成为一堂成功的爱国主义教育课。

十四年抗战期间，目睹山河沦丧，钱穆先生以史笔拯救人心，永续中华民族的精神火种，遂成《国史大纲》。他在引记中写道："故欲其国民对国家有深厚之爱情，必先使其国民对国家已往历史有深厚的认识。欲其国民对国家当前有真实之改进，必先使其国民对国家已往历史有真实之了解。"唯其对本国已往历史有一种"温情与敬意"，国家才有向前发展的希望。若不了解国史，则成了无文化的民族。无文化的民族必不深爱自己的民族，必不能为民族真奋斗、真牺牲，"终将无争存于并世之力量"[3]。

如今，中国人被欺辱霸凌的历史早已一去不复返了，但"以史救国，以史强国"的历史教育理想仍要继续传承。只有不断重温国史，才能正确引导学生为早日建成富强、民主、文明、和谐、美丽的中国而奋斗。

**（三）历史教育应着力培养拼搏奋斗的意志和积极进取的精神**

奋斗是社会前进的不竭动力，是历史歌颂的永恒主题。每个国家、每个民族在每个历史时期都不乏拼搏奋斗的动人事迹。"天行健，君子以自强不息"，奋斗和进取更是中国人自古珍视的人生价值观。

大禹治水，三过家门而不入；苏武持汉节牧羊，威武不能屈；玄奘西行，鉴真东渡，历经千山万水取经送宝，促进中外文化交流；黄道婆革新纺织工艺，传播先进生产技术，改善民众生活；李时珍遍尝百草，历二十余年而成医学巨典《本草纲目》，流芳百世……像这样催人奋进的历史人物事迹不胜枚举。鲁迅先生说："我们从古以来，就有埋头苦干的人，有拼命硬干的人，有为民请命的人，有舍身求法的人……这就是中国的脊梁。"新中国成立以来，各条战线上更是不断涌现先进人物，如铁人王进喜、党的好战士雷锋、人民公仆焦裕禄、杂交水稻之父袁隆平等，在中国的奋斗前行中孕育出"两弹一星精神""抗洪抗震精神""载人航天精神"等时代精神，谱写了一曲又一曲奋进之歌。奋斗是一种积极的人生姿态，新时代是奋斗者的时代。历史教育应当响应时代的奋斗号召，利用好学科教育资源，培养青少年拼搏进取、昂扬向上的斗志。

**（四）历史教育应着力培养尊重事实、尊重规律的求真态度**

历史是以事实为训的科学，漠视真实就等于扼杀历史。利用各种历史遗存考订真伪，尽最大努力重构往昔的真实，是历史学科区别于文学艺术的鲜明学科特色。中小学可以利用历史学科这个鲜明的特征，培养学生尊重历史、正视过去的求真态度。陶行知先生曾言："千教万教教人求真，千学万学学做真人。"尊重历史事实是严肃面对生活的表现。前事不忘后事之师，鉴往知来，探究历史之真有助于深刻理解当下之真。没有调查就没有发言权，历史调查是摸清现实情况，进而提出解决策略的必由之路。只有细心搜集各方面证据，运用历史因果思维，摸清事情发展的来龙去脉和何以至此的根本原因，才能有的放矢地提出解决方案。

当下，有一些历史题材的影视剧在不同程度上存在着戏说历史、编造历史，甚至篡改历史和歪曲历史的不严肃做法，对青少年的历史观产生了消极影响。作为历史教师，必须利用学校历史课堂这一主阵地传播正确的历史观，还原真相，以正视听。如果今天不在小事上跟学生"较真"，很可能会影响他们今后对于重大历史事件的价值判断。

**（五）历史教育应着力培养社会进步、正义必胜的坚定信念**

唯物史观主张人类社会必然遵循以生产力不断进步为原动力的由低级走向高级的历史过程，人民群众是历史进步的创造者。尽管不时经历战争、屠杀、暴政等历史逆流的干扰，但人类历史百川归海的进步潮流始终如一。

孙中山先生曾言："天下大势，浩浩汤汤，顺之者昌，逆之者亡。"他身后的历史变迁见证了其当年的预见。虽然经历了两次世界大战的考验，但人类顽强地在战争的废墟中努力重建自由与繁荣，和平与发展成为当代世界的主题。文明战胜野蛮，光明代替黑暗，进步胜过倒退，富足取代饥馑，开放代替封闭，多数人幸福取代少数人专权，是反复被历史检验的真理，也应当成为伴随青少年健康成长的人生观与世界观。在此指引下，一代新人将与时代同行、与正义同向，自觉追求自由与民主，恪守公正和法治，积极投身于中国改革开放和造福人类的进步事业当中。

### 三、怎样教历史，才能不负立德树人之使命

照本宣科、死记硬背式的历史教学，肯定难以承担育人的重任。那么，如何通过课堂教学发挥好历史教育的立德树人功能呢？

一是精心选择教学内容，讲好育人故事。无论是历史研究还是历史教学，在内容上都具有高度的选择性。包罗万象的历史教学既无必要，也不可能。选择哪些内容让学生来学，对于发挥历史教育的特定功能十分关键。不同于学术专著，教材应体现国家意志，弘扬社会主流价值观。教师要善于用好教材中彰显家国情怀、催人励志奋进、弘扬社会正气的内容，以历史进步为主线，引导学生明辨是非、崇美向善。有条件的学校和教师还可以开掘乡土教育资源，自主建构校本课程，以家乡故人和乡土往事来讲为人处世的道理，共同感受乡愁记忆中的传统美德，让每个学生都能从身边的历史中找到成长的榜样。

二是广开史料，靠证据说话，以历史之真育真人真德。史料是历史研究的生命，是历史学的核心素养，自然也是立德树人的基石。历史之鉴如此宝

贵，原因就在于历史学家以诚实诚恳之心追求历史的公正客观。唯有真实的教训才能真正有益于成长进步，虚假的经验则很可能误导人生。有些学科的德育效果欠佳，主要原因或许是未能为学生提供真实可感的道德激发情境，结果便是"口头道德"和"书面仁义"，不能入心入脑，化为行动自觉。目前，历史课堂中"贴标语，喊口号"式的道德说教仍然存在，意义揭示缺少确凿佐证，道德评判脱离史实依据，情义感召缺乏细节支撑。史料的缺失必然导致史实的空洞，史实的空洞必然导致道德教育的空泛，为编造史实而人为"制造史料"无疑会产生更不可控的甚至是颠倒黑白的、十分危险的教育后果。总而言之，发挥历史课的德育功能必须依据史料，立足史实。

史料的门类很多，包括文字档案、图片影像、传说口述、考古文物与历史遗迹等。在教材之外，学校和教师应充分利用好各种形态和媒介的史料，如各地爱国主义教育基地的展陈、历史亲历者的访谈讲述等，这些物证、人证可以让学生在更为立体和逼真的史料情境中体验家国情怀；还要组织好游学活动，青少年应当边读书、边行路、边成长，在实践中增长阅历，磨砺才干，提升修养。

三是善于营造历史情境，以历史体验强化学生的道德体验。道德教育不同于知识记忆和能力培养，由体验而感化是道德生成的有效途径。只有形成切身体验，才能触动灵魂深处，发自内心形成认同，进而激发"无需提醒的自觉"。历史虽是已逝的过去，却可以通过营造情境重回"现场"。一旦学生以"理解之同情"抚今追昔、将心比心，至古今相通、人我相通之境界，楷模与榜样的人格感召力就会自然而强劲地迸发。

在这个意义上讲，历史教学中光有史料是不够的。史料不会自己说话，史料的深刻内涵及其道德示范意义，需要教师的充分解读、合理解释和积极引导，用史料营造道德教育的情境，方能将学生带入教育"现场"，把史实与史料资源转化为立德树人的教育资源。好教师一定会讲故事，那些饱含美德教育价值的历史故事一定要讲好。历史课堂中的道德感召需要"故事教学"，动人感人的故事一定是图文并茂、声情并茂，有意思又有意义的。

四是进行史学理论的高位引领，以唯物史观为理论高地解释历史。道德教育不仅需要以情动人，更要以理服人。以理性为基础而生发的道德力量更自觉、更持久、更稳固。学史使人明智、修身、蓄德。但是，史料和史实不会自然地转化为高尚的品德与健全的人格。如果没有高屋建瓴的理论解读，过去就是一堆毫无关联的史实碎片，根本无法产生启智育人的积极效应。

唯物史观是科学的历史观，它以全人类的彻底解放和所有人的自由发展为基点来阐释社会历史发展的规律，从而站在了人类道义的制高点上。唯物史观以人的劳动和实践为基石，歌颂人民群众在创造历史过程中的核心地位，以是否推动社会发展作为评价历史人物的标准，以是否促进文明进步作为检验历史结果的试金石。这样的历史解读，恰能为历史的道德教育提供坚实的理论支撑，为道德感召增添强大的说服力。

五是理论联系实际，历史联系当下，课堂学习与课外实践相结合。正如历史唯物主义的实践品质一样，新时代社会主义中国学校道德教育的根本目的，是让学校德育之花结出实践之果。以立德树人为使命追求的历史教育应当紧扣时代主题，立足中国社会的国情与发展现实，指向中华民族复兴的中国梦。近代以来的世界历史潮流、当代中国的社会巨变，向历史学家，也向历史教育者提出了诸多亟待解答的"时代之问"。

环境危机、贫困饥馑、区域冲突和恐怖主义等当代全球治理难题的历史根源和发展趋势是什么？在漫长的历史进程中，人类如何由分散走向整体？人类命运共同体当如何建构？古代中国为世界贡献了哪些珍贵的文化遗产，当代中国又应当如何为解决世界难题贡献饱含中国经验与中国智慧的积极方案？回答上述"时代之问"既是历史研究者的责任，也是中学历史教育的使命。回答"时代之问"的过程，就是历史联通现在与未来的过程，就是书本联通社会与实践的过程，就是外在经验联通学生内在价值观塑造的过程。历史教育由此实现立德树人的根本任务。

**参考文献：**

[1] 王夫之. 读通鉴论［M］. 北京：中华书局，2013.

[2] 中共中央马克思恩格斯列宁斯大林著作编译局. 马克思恩格斯全集（第一卷）［M］. 北京：人民出版社，2002.

[3] 钱穆. 国史大纲［M］. 北京：商务印书馆，2015.

## 渗透核心素养，建构有意义的历史学习

### ——高中历史"了解—理解—见解"学习模式实践探索

刘 强[①]

"了解—理解—见解"学习模式（简称"历史学习三步法"），是基于学生主体、学生本位的教育理念，依据高中学生的认知规律和历史学科核心素养的要求提出的一种有意义的学习模式。

"了解"，就是了解基本历史事实。历史事实总是置于特定的时空框架之中，了解历史就需要建构历史时空观，把握历史发展的线索，认识历史阶段特征，从多样化的史料中解读历史现象、认清历史真相，"究天人之际，通古今之变"。这个环节，学生在教师的引领下，自己阅读文本，研读史料，形成基本的时空观和历史感。

"理解"，主要是理解历史的因果关系，揭示历史的内在规律，在唯物史观的统领下，从不同视角观照历史。正如历史课程标准所阐释的："辩证、客观地理解历史事物，不仅要将其描述出来，还要揭示其表象背后的深层因果关系。"这一环节要求教师通过活动设计，指导、引领学生探究学习、合作学习，形成正确的历史理解。

"见解"，体现历史认识、历史启示，反映"史识"的特质，把历史和现实融合起来，以人文精神和人文情怀关注现实，形成历史使命感。诸如，对历史人物、历史现象的科学评价，汲取历史的经验教训，完善自己的学科品格和人文修养以达成"立德树人"教育要求。形成"历史见解"是发展学生创造力、想象力和批判性思维的主要途径，体现历史教育的创新意识和变革精神。

"了解—理解—见解"这三个环节是环环相扣、不可分离的整体（见下页图）。"了解历史"是历史学习的基础，是培养学生历史底蕴的前提；"理解

---

[①] 刘强，江苏省锡山高级中学历史教师，中学高级教师。

历史"是历史学习、历史研究的深层要求，是培养学生历史思维的集中体现，是学生历史学习过程和方法的核心环节；形成"历史见解"是历史学习的育人目标，体现历史学科的社会功能。历史学习三步法要求自主学习、合作学习、探究学习和开放式学习成为学生学习的常规方式。

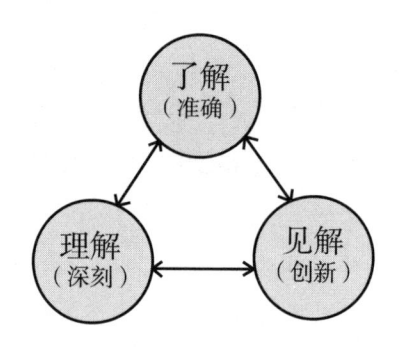

### 第一步："了解"——学生自主学习

"了解"是历史学习三步法的前提。学生通过自主阅读文本，熟知学习目标，圈点划批，勾勒要点，梳理大事，完成教师布置的知识性学习任务，为进一步学习做好铺垫。学生在这一步中要学会归纳、概括以及史料研读等方法。

#### （一）学生熟知学习目标，自主阅读教科书

教师展示经过科学叙写的学习目标，是学生"了解"历史的前提。为制订并叙写出清晰、简明、可操作、可量化的教学目标，我们对"了解""理解"和"见解"的目标要求和操作进行了具体阐释，把目标陈述内在心理变化改为陈述学生行为的变化[1]。此外，在目标叙写上融入历史学科核心素养，把相关的核心素养分解到具体的学习目标中。

"了解"的目标叙写常用行为动词，比如，知道、写出或说出，制作大事年表或时间轴、编制结构示意图等。

"理解"的目标叙写常用行为动词，比如，研读史料、分析说明、合理解释、对史料进行研判，以及活动设计中的分组讨论、提炼观点、辨别真伪等。

"见解"的目标叙写常用行为动词，比如，认识、启示、感悟、评价、说

明等。此外，撰写历史小论文、制作历史习作、完成历史考察报告、创作历史剧本等也属于"见解"环节的目标要求。

**（二）学生依托已有知识，自主完成学习任务**

美国教育家奥苏贝尔提出：影响学习的唯一最重要的因素，就是学习者已经知道了什么。要探明这一点，并应据此进行教学。"学习者已经知道了什么"就是学生的基本学情，教师只有了解学生的知识程度，才能设计符合学生认知特点的教学流程，这样的学习才是有的放矢。以"毛泽东思想"一课为例，教师通过学情分析，让学生明确这节课的主题，毛泽东思想的灵魂就是"实事求是"，"毛泽东思想"一课的教学应当围绕学生的主要问题展开，即从学科能力与思维角度考虑，把"实事求是"作为另一条主线贯穿教学全过程。奥苏贝尔认为，有意义学习的实质是符号所代表的新知识与学习者认知结构中已有的适当观念建立实质性的、非人为的联系。基于学情分析然后进行教学设计，才能把学生的新旧知识贯通，建构新的知识体系。

**第二步："理解"——合作探究，学生理解性学习**

"理解"是历史学习三步法的核心，学习方式为合作性、探究性学习。根据不同课型采取适宜的理解方式，或神入法，或故事运用，或人物中心研讨，总之，要以史料研读为依托，以融会贯通为旨归。学生在这一步应当掌握历史研究的一些基本方法与技巧，掌握较为复杂的逻辑思维方法。

**（一）神入历史，学生置身历史情境中体悟历史**

"神入"（empathy）一词的本义是"同情、同感、共鸣"，引申为"感情移入"，即"同情地了解，设身处地想象"。"神入历史"（historical empathy）要求学生在历史学习时把自己置身于特定的历史时空中，站在当时的时间视域与空间环境去揣摩、想象历史的动机，再现历史情境和回味历史现象发生的必然性和合理性。正如科林武德提出的那样，要了解前人，最重要的就是要了解前人的想法；只有了解历史事实背后的思想，才能算是真正了解历史[2]。

"神入历史"强调是学生的"体悟"。"悟性是一种直觉，是一种非理性的认识能力，是一种通过非归纳的方式，从瞬间感觉到、领悟到、'跳跃'到事物的未知部分的那种能力。"[3] 体悟和神入，倡导用情境和问题的创设来调动学生思维与情感的参与，以设问与理答为基本手段，通过教师的导向使学生定向自悟，通过教师的启迪使学生有所体悟。"神入"的目标便是体悟，"体悟"的路径就是神入，两者交互渗透，最终让鲜活的历史渗入学生的灵魂。

在奥苏贝尔看来，学生能否习得新信息，主要取决于他们认知结构中已有的有关观念，当新信息与学生认知结构中已有的有关观念相互作用时，就会导致新旧知识意义的同化，从而形成有意义的学习。通过神入历史，学生运用已有的经验和知识，把自己置于"历史"的场景中，可以更好地理解历史。神入过程中，学生心灵会有启悟，情感态度得以升华，价值观得以明晰。神入历史，可以调动学生历史学习的主动性，也可以培养学生的创造思维，提高学生的研究能力。

（二）梳理人物线索，进行以"人物"为核心的课堂学习

人文主义史学观给历史教学的启迪就是在教学设计和课堂实践中应自觉彰显大写的"人"，把"人物"放在教学的中心地位，用"人物"作为线索，把一个个零碎的史实串联成一个完成的整体。譬如，我在指导学生学习历史必修Ⅰ第8课"美国联邦政府的建立"时，就是以华盛顿为线索，从华盛顿的困惑、努力、激动、担当等几个层次反映美国1787年宪法的制定过程。其设计构思如下：

华盛顿的忧虑：着重分析1787年宪法制定的背景和原因；

华盛顿的努力：侧重叙述1787年宪法的主要内容和特点；

华盛顿的担当：交代华盛顿担任第一任总统和联邦共和政体的确立；

华盛顿的缺憾：分析1787年宪法的局限和隐患。

以历史人物为线索的课堂教学，就是为了让历史"活"起来，让学生更能走进历史、神入历史、感受历史，也体验自己在历史中的担当，培养厚重的历史责任感和宏阔的国际视野，从而培养人文情怀。

（三）学生聆听历史故事，研讨教师设计的问题

有意义的历史学习要以激发学生的兴趣、激活学生的思维为基础，而历史教科书的语言具有学术化和概括性的特点，缺少生动的叙述，这时教师就

要补充一些历史故事，使历史学习变得有趣、有意义。历史故事可用于课堂导入，激发学生的兴趣；可作为问题探究，给学生提供生动鲜活的史料；也可用于课堂小结，让学生回味联想。当然，历史故事的运用当以"史料实证"核心素养培养为宗旨，对故事史料进行精心选择，精当处理，精细设计，以求历史学习有趣、有意义。

**第三步："见解"——评价、感悟历史，学生开放式学习**

形成"见解"是历史学习终极的目的。学生需要掌握基本历史评价方法，在唯物史观的统领下，运用一定的史观与史论，对历史人物和现象做出合乎逻辑的、适宜的价值观评价，对已有的历史结论形成共识与历史感。

**（一）运用多种途径，促进学生历史"生成"，形成历史见解**

普通高中历史课程标准提出，撰写历史习作是体现探究性学习成果的内容之一，也是历史学习评价的方式。通过撰写历史习作，重点考查学生的历史思维能力、语言表达能力、收集和处理信息的能力等。因此，要开展多种形式的历史习作，形成学生的历史认识。比如，历史第一课组织学生到图书馆沐浴书香，探寻"历史是什么"，引发学生思考历史学科的本质；结合重大纪念日，让学生抒发历史感悟；开展史学名著阅读指导，提升学生历史学习的理论基础；为课本历史图片撰写人物对白，生成历史的体会；研读历史名画，把艺术欣赏与历史见解结合起来，体会历史的美感；开展历史创作活动，撰写身边的历史，创作历史剧，使历史学习上台阶、上层次。

此外，还可结合历史选修Ⅱ《史学入门》和《史料研读》校本课程，指导学生进行专题学习，增强学生深入学习历史的能力与素养。

**（二）校史乡情融入课堂，培养家国情怀，形成正确的价值观**

乡土史料是学生可触摸到的鲜活的历史内容，生活处处有历史，历史就在生活中。我们学校地处无锡，无锡是我国重要的地域文化——吴文化的发源地，也是中国近代民族工业的发祥地，还是新时期改革开放江南模式的原发地。无锡文化璀璨，人杰地灵，是学生历史学习丰富的源头活水。充分发掘这些鲜活的历史资源，不仅可以提升学生的家国情怀，还是培养学生"史料实证"和"历史解释"等核心素养最好的途径。认识乡情，了解校史，进而热爱家乡，升华到热爱国家，对形成学生正确的价值观有重要的意义。基于此，我们组织学生发现并撰写"身边的历史"，书写自己的家庭、家族和社区、村落的历史；开设《口述历史》校本课程，把历史学科核心素养与身边的历史融为一体，运用独特的视角实现立德树人的教育目标。

总之，历史学习三步法既彰显历史学科的核心素养，也便于学生进行有意义的历史学习，旨在从根本上改善学生历史学习的习惯与品质，凸显历史学科的人文教化功能，使历史学习与教学能够有效地落实社会主义核心价值观。

**参考文献：**

［1］皮连生. 教育心理学（第四版）［M］. 上海：上海教育出版社，2011.

［2］［英］科林武德. 历史的观念［M］. 何兆武，张文杰，译. 北京：商务印书馆，1997.

［3］秦功萧. 人生经验与历史学者的悟性——史学方法谈［J］. 历史教学，2006（6）：5-7.

# 中学历史学科核心素养的目标化分解刍议

於以传[①]

## 一、问题的提出

2018年1月，教育部颁布《普通高中历史课程标准（2017年版）》（以下简称"课程标准"），坚持主流意识形态，立足学科本体认识，倡导史学思想方法，强化立德树人导向，提出学科核心素养的概念及要求，明确历史学科的核心素养包括唯物史观、时空观念、史料实证、历史解释、家国情怀五个方面[1]，为高中历史教学及评价指明了方向。课程标准的附录1"历史学科核心素养水平划分"、第五部分"学业质量"，从不同视角对这五个方面核心素养的具体内容做出了渐趋下位的诠释性说明，为基层教学制订单元及课时教学目标提供了支持。

课程标准作为宏观层面的指导文件，对学科核心素养的表述写到一定的层级已足够。只是基层教师的日常教学，如果仅是生硬地照搬照抄，不与具体的课程内容相结合，不关注学情特点，不求更细致、更有针对性的明确指向，那么，学科核心素养极有可能变成"标签"或是"膏药"，课课都贴、课课贴满，却不着边际，说了等于白说。例如，无论是学习秦皇汉武还是了解鸦片战争，无论是理解辛亥革命还是认识改革开放，均在课时目标里写上一句"培养唯物史观、时空观念、史料实证、历史解释、家国情怀的核心素养"，稍好点也无非是"能从特定的时空框架下认识过往；能从不同类型的史料中汲取信息；能解读历史文献并做出历史解释；能认识历史的多样性与复杂性……"；等等，"放之四海而皆准"，同质化倾向明显。如此泛化地设定课时目标，恐怕教学很难获得实效。这种对落实学科核心素养"教条化乃至庸俗化"的现象亟待改变。

---

[①] 於以传，上海市教育委员会教学研究室中学历史学科教研员，历史特级教师。

无疑，学科核心素养的落实需要一个目标化的分解过程。一方面，历史学科核心素养的五个方面是一个整体，但立足于具体而细致的教学，受制于教学时间这个常数，课堂教学中对于核心素养的落实总要有所侧重，这种"侧重"往往与学生实际、课程内容紧密相关；另一方面，课程标准所规定的学科核心素养及其水平划分、学业质量要求等毕竟只是宏观原则的导向，落实于常态教学，必须针对这种宏观表述、原则要求制订出更下位而具体、更有针对性和操作性的目标。本文借助对学科核心素养的目标化分解，以期进一步明确学科核心素养的内在关系、达成载体、实施路径，使基层教师既脚踏实地、贡献智慧，又行之有据、施之有法。

学科核心素养的目标化分解，原则上应包含分类、分层和分配三步。理论上讲，历史学科核心素养的五大方面均可做出这种分解。鉴于唯物史观和家国情怀的目标化分解主要是基于课程内容载体做具体表述（本文第五部分会就此问题再做展开），其分解的观念及方法与时空观念、史料实证、历史解释这三个核心素养的操作有所不同，下文先着重就后三项的目标分解依次做出说明。

## 二、学科核心素养的目标化分类

目标的分类细化旨在避免对学科核心素养泛泛而谈，它是对时空观念、史料实证、历史解释等学科核心素养内涵与外延的进一步梳理，也是对学科核心素养做出分层和分配的前提。

历史学科核心素养中的时空观念、史料实证、历史解释，均指向认识历史的史学思想方法。这些素养的具体内容，从分类的角度看，过往的高中历史教学鲜有涉及，而基层教学针对核心素养的目标制订及落实，史学思想方法却又是绕不过去的"坎"。基于课程标准对时空观念、史料实证、历史解释的概念界定和宏观要求，从史学思想方法的基本规范出发，汲取以往教学及其评价的经验，我们尝试对这三个核心素养做出如下目标化的分类。

（一）时空观念

"时空观念"一般可以分成两类，对每一类又可具体做出操作性的例举或说明，这种例举或说明也可称作"二次分类"，下文在句首标有"●"的即属二次分类。

1. 知道和理解史学常用的时间、空间等表达形式

●知道和理解史学常用的时间、空间术语。如时间：年、年代、世纪；史前、古代、近代、现代；早期、中期、晚期；年号、庙号、谥号；公元纪年、干支纪年、民国纪年；时期、朝代等。空间：中原、西域、关内（外）；西洋、南洋；巴尔干地区、西欧；古代两河流域文明、罗马帝国、文艺复兴、长征、"大萧条"、冷战、第三世界、南北对话、南南合作等。

●使用两种以上的时间、空间术语描述同一史事。如1932年与民国二十一年、抗日战争初期与二战之前等术语的交替使用。

●形成历史时间、空间的结构。如以时间轴、事件年表、人物年谱、地图、空间示意图等方式整理、表达相关历史信息。

2. 从时间与空间的视角解释历史

●运用相同与不同的概念范畴，发现与整理史事的延续与变迁。

●运用原因与结果、联系与区别的概念范畴，解释史事的延续与变迁。

●运用对立与统一、量变与质变、动机与后果的概念范畴，评价史事的延续与变迁。

●基于将史事置于其发生、发展的时间与空间下加以审视的原则，反思以上的解释与评价，形成或强化这一原则所本的观念。

（二）史料实证

"史料实证"一般可以分为如下四类，同样，对这四类也做出更下位的指引性说明。

1. 获取史料的途径

●懂得史料是史学的最基本依据。

●懂得文本、口述、实物等资料的检索和调查访问是获得史料的基本途径。

2. 判断史料的性质

●懂得区分原始资料与非原始资料、一手资料与转手资料、有意史料与无意史料，能汲取和整理其中的表面和深层信息。

●懂得因对象和问题不同，史料的有效性与可靠性会发生变化。

3. 史料证史的路径

●懂得包括文学艺术作品在内的不同类型史料的证史价值。

●能从时代风貌、作者观念、社会反响等路径汲取和整理其中的信息。

4. 史料的比对归纳

●通过归纳和比较,发现史实间重大或主要特征的异同点。

●知晓证据链对于认识历史的作用。

(三) 历史解释

"历史解释"一般可以分为如下六类,对每一类也做出细致的说明。

1. 区分表述与评价

●区分历史文本中史实的表述和有价值评判的解释。

●知晓历史著作、教材是作者的认识。

●知晓历史真相的揭示是不断清晰、深入的探究过程。

2. 评人的主要视角

●能初步从社会、家庭、友人、经历、职业、思想、个性等视角,了解已学的历史人物。

●能初步从具体处境、条件与行为以及社会作用等视角,简要评价已学的历史人物。

●能综合上述视角,知晓和评价其他重要历史人物。

3. 评事的主要视角

●能初步从经济状况、政治格局、文化传统、社会风俗、思想潮流或当时形势等视角,了解已学的历史事件。

●能初步从主要当事人、直接有关者等视角,简要评价已学的历史事件。

●能综合上述视角,知晓与简评其他重要历史事件。

4. 评文明成果视角

●能初步从创新特征、主要贡献等方面了解已学的优秀文明成果。

●能初步从基本特征、社会影响等方面简要评价已学的优秀文明成果。

●能综合上述视角,知晓与简评其他重要的优秀文明成果。

5. 质疑他人的结论

●能根据一定的史实、史料或视角,质疑有明显错误的历史叙述,简要说明理由。

●能根据一定的史实、史料或视角，质疑有明显错误的历史解释，简要说明理由。

●能根据一定的史实、史料或视角，质疑有明显错误的历史评价，简要说明理由。

6. 反思的基本路径

●对比较浅显的既定问题或论题，从材料、视角、方法等角度提出大致的解决思路。

●对比较浅显的既定问题或论题，从问题分解、过程设计、成果表达等方面构建解决问题的大致实施路径。

●通过查证史料的有效性、可靠性，检验思维逻辑的合理性，反思自己认识与解决问题过程的正确和准确程度。

借助以上关于时空观念、史料实证、历史解释三方面核心素养的目标化分类，教师在具体的教学设计时，能相对容易地认识到具化核心素养要求的价值与目的，并意识到这种目标表述指向更为清晰、明确的意义所在。

### 三、学科核心素养的目标化分层

分类仅是学科核心素养目标化分解的第一步，从目标本身所蕴含的达成进阶要求以及学情出发，经分类后的目标还必须分层，从而体现实事求是、循序渐进的原则，并使目标的落实具有一定的弹性和梯度性。

经分类后的时空观念、史料实证、历史解释等学科核心素养，一般通过添加不同要求的行为动词以示分层。但针对目标化分类的方法及结果，其分层又可梳理出三条路径。

第一，目标经二次分类后，已初步具有分层的意味，基本上可以直接引用。如本文第二部分关于"历史解释"中"评人""评事""评文明成果"的二次分类，最后一项关于"综合"的要求是相对于前两项而言的，第一与第二项的表述中不仅有视角的差异，在行为动词上也有"了解"和"简要评价"的不同要求，因此已具有分层的意思；"时空观念"中"从时间与空间的视角解释历史"的二次分类，分别指向"发现与整理""解释""评价"

"反思"等四个不同层级的要求，这同样也已具有分层的意思。自然，在实践操作时，已具分层特征的这类目标，在设定与达成上一般需按部就班，顺序落实。

第二，目标经二次分类后，其分层意味尚不明显，需结合实际进一步分层。如本文第二部分关于"史料实证"中"史料证史的路径"的第一项二次分类"懂得包括文学艺术作品在内的不同类型史料的证史价值"，既隐含着进一步分类的持续性要求（如关于史料"文献""实物""口传""文字""静态图像""口述音频""影像视频"等不同类型的划分法），又揭示出以文学艺术作品作为主要载体破解史料一般证史路径的要求。因此，无论是诗歌、戏曲、小说、歌曲、影视，还是漫画、油画、版画、连环画乃至照片等，只要属于文学艺术作品，其史料证史的路径的目标分层应该还可分解为"知道文学艺术作品的史料价值，汲取和整理其直接的历史信息""汲取和整理文学艺术作品中象征性的历史信息""汲取和整理文学艺术作品中折射的个人与社会等深层信息""提炼文学艺术作品证史的一般路径，用以解释作品的历史内涵及意义"四个层级。当然，教师视实际情况也可做调整、完善。鉴于学情和课程内容载体的差异，这种分层本质上无法如分类般相对明确、细致地表达出来，它的最终确定及实施，还得依靠广大教师基于史学思想方法的规范，随机做出处理。

第三，目标经二次分类后，套用史学思想方法"教师示范—学生模仿—学生迁移"的达成模式，以三阶段分层予以实施，这种模式的运用基本可以视作常态。应该承认，史学思想方法的培养离不开教师的示范。可以说，中学阶段几乎所有的史学思想方法目标，在最初实践时，均是由教师依托相关知识内容做认识路径、方法、过程及其逻辑的示范。相对于教师的示范，学生处于接受的地位，接受是理解的前提，因而不能忽视接受的价值，更不能简单地否定。我们要关注的是教师的示范是否科学，是否切中学生的认知心理，是否有助于进一步激发学生的学史兴趣，尤其要关注的是这种示范是否凸显了史学思想方法在历史学习中的价值与地位。学生经由教师示范，建立起史学思想方法的模型后，便可进入模仿运用的层级。让学生模仿教师运用史学思想方法的路径、方法、过程及逻辑等，尝试集证、辨据、解释、评价，以解决相同情境乃至新情境下的历史问题。进而，学生能在教学活动中，体现对于史学思想方法的迁移意识及能力。迁移的本质意义不仅在于历史材料、学习情境的差异，更在于对以往习得的史学思想方法模型能做出修正、发展和完善[2]。这一分层模型，比较适合于目标经二次分类后表述相对清晰、操作路径相对明确的状况。

### 四、学科核心素养的目标化分配

教学目标的达成必须依托一定的知识载体和实施条件，由学科能力、方法、情感、态度与价值观等所凝聚成的核心素养，其落实无疑也是以知识载体、实施条件为基础的。这种将学科核心素养目标化分类、分层后，置于具体课程内容下寻求实施载体和条件的做法，称之为分配。

学科核心素养的目标化分配，在方式上一般有两种。

第一种方式是根据课程内容寻求相匹配的目标，即依据实施载体，创设实施情境，确定可落实的目标。如《中外历史纲要》第1课"中华文明的起源与早期国家"，课文中出现"考古发现""古史相传""史书……记载""据载"等表述，可以据此通过文本解读及一系列的问题设计，传达"不同类型史料所构成的证据链对于认识中华远古历史的价值与方法"，从业已分类、分层的目标中找到相关内容，结合传说、文献、考古等具体的依托载体，确定本课史料实证的目标。又如第8课"三国至隋唐的文化"中涉及唐诗的内容，可借唐诗传达文学艺术作品的证史路径，其而借着唐诗的这种证史路径认识唐代儒、佛、道"三教合归儒"，以及本课中提及的中外文化交流等史实，在赋予唐诗史料实证价值的同时，又使其兼具历史解释的功能，在相应的分类、分层目标中找到具体表述后，结合本课内容加以统整，便可相对细致地确定本课教学落实这两大核心素养的目标。

采用如上方式确定课时教学目标，好处是方便就地取材，即看即定即用，但最大的问题是缺乏整体感，容易造成目标制订的随意性和目标落实的不均衡性。所以，在目标的分配上最好采用第二种方式。

第二种方式以课程内容的单元（无论是教材的自然单元，还是教师自行重新规划的单元）为基本单位，依托单元内容做整体分配。也就是说，可考虑将业已分类、分层的史学思想方法目标，基于单元内容载体，每单元分配1~2条目标，全盘规划，确保所有的史学思想方法目标均能找到落实的单元内容载体。而且，又可因每单元下设2~4课，使分配后目标的达成具有时间及数量上的弹性，即只要规定这1~2条史学思想方法目标只在最终达成时列出（通过本单元的教学必须达成），何时开始、怎样具体化，以及实践次数与方式等由教师根据学生实际情况决定。

通过规定单元的史学思想方法目标，既可做到分配到位、全员覆盖，又为基层教师在课时教学中具体制订、落实这些目标留出了时间与空间，对教师教学风格的形成与创新都是有利的。因此，第二种方式的实施价值应该优于第一种。当然，第一种方式也绝非一无是处，其对具体制订每课的史学思想方法目标也是有借鉴价值的。

**五、学科核心素养中唯物史观和家国情怀的目标化分解**

把学科核心素养中的唯物史观和家国情怀的目标化分解单独列出，是有道理的。从历史学科五大核心素养的关系来看，唯物史观既是世界观（史观），也是方法论，具有高屋建瓴的总领地位；时空观念、史料实证、历史解释指向相对具体的认识历史的史学思想方法；家国情怀是输出端，是通过唯物史观指导下的史学思想方法的培养，也就是中学历史思维能力中关键能力的培养，最终形成的必备品格。也就是说，时空观念、史料实证、历史解释是唯物史观指导下的史学思想方法，家国情怀则指向以上史学思想方法践行后的效果。从这个意义上讲，时空观念、史料实证、历史解释的目标化分解处理好了，唯物史观、家国情怀这两大核心素养的达成是水到渠成、其义自见的，因而也就不必非常刻意地对唯物史观、家国情怀做出目标化的分解，只需结合具体的课程内容，从史学思想方法出发寻求本课教学目标的"起点"和"终点"，相对具化这两大核心素养的表述即可。

但是，如果对唯物史观和家国情怀的具化表述仅是停留在"知道生产力与生产关系、经济基础与上层建筑之间的辩证关系""具有对祖国和人民的深情大爱"等上位层面，不能认识到唯物史观和家国情怀其实是具有丰富内涵、其目标化的表述也完全可以多彩的话，以下所尝试的对唯物史观和家国情怀的目标化分类就不能视作是画蛇添足。

事实上，唯物史观和家国情怀也是可以做出目标化的分类、分层与分配的。只是针对这两项的分类，无法如时空观念、史料实证、历史解释那般相对充分、完整罢了，因而下面采用例举方式对这两大核心素养的分类做出说明。

（一）唯物史观

就"唯物史观"而言，其目标的分类具化可遵循课程标准，从历史课程内容与总体要求出发，尽可能采用表述准确又相对通俗，也比较容易借助史实或史论达成的话语。比如：

●生产力是生产发展中最活跃、最革命的决定因素，是社会发展的最终决定力量。人是生产力诸要素中主导的决定要素。科学技术是生产力，是在历史上起推动作用的、革命的力量。

●社会意识是社会存在的反映。政治、法律、哲学、宗教、文学、艺术等的发展是以经济发展为基础的，但是它们又都互相作用并对经济基础产生重大影响。

●思想的变革是社会变革的先导，一经人们掌握就会变成巨大的现实力量。

●历史是许多单个意志相互作用的结果，无数互相交错的力量和力的平行四边形决定其演变和发展。

●人民群众是历史的创造者，杰出人物有卓越的作用和影响。个人的价值取决于他的智慧、意志和社会贡献。

●实践是检验真理的唯一标准。判断个人、团体、政党，或政策、制度，不仅要看其声明或主观愿望，更重要的是看其行为及客观后果。

●自由、平等、博爱、民主、法治是人类追求和创造的文明成果，有历史的特点。

●1840年以来，一切有利于中华民族生存、发展，有利于抵御国内外敌人的贡献或斗争，都是中国人民争取民族独立和自由幸福的组成部分。

●"和平与发展"是当今世界主题。构建包含相互依存的国际权力观、共同利益观、可持续发展观和全球治理观在内的人类命运共同体这一全球价值观。

（二）家国情怀

就"家国情怀"而言，也可从课程标准规定的原则要求出发，从个人观、社会观、国家观、全球观四个方面结合具体的课程内容与要求做出相对的细化。比如：

● 敬畏历史，尊重先贤，有正义感、荣辱感和责任感，认同和欣赏杰出人物的历史贡献。

● 体验人与社会、人与自然关系的文明历程，推崇文化进步、科技创新、民主法治和高尚世风。

● 敬仰前人对民族自立、平等、和睦的追求，以历史主义态度肯定民族自尊、自强的思想与行为。

● 感悟历史的多元演进，认同文明的差异、交融与共进，赞赏合作竞争、平等互利与和平发展，形成人类命运共同体的理念。

以上这些例子，仅是提供唯物史观、家国情怀这两方面核心素养目标化分类的参考性视角。在分类基础上再做分层，唯物史观部分可借助诸如"相信""认同""效法""感受""感悟"等不同水平要求的行为动词解决；家国情怀部分的例举虽已使用行为动词，但仍可视实际情况调整用词以界定不同的层次。至于分层后的分配，当然要结合具体的课程内容，尤其是时空观念、史料实证、历史解释等史学思想方法的目标诉求，制订相应更为明确、细致的达成目标。

**六、学科核心素养目标化分解在课时教学目标中的表述**

学科核心素养经目标化的分类、分层和分配后，落脚于课时教学目标，其表述理应更为明确，指向更为清晰。

以时空观念、史料实证、历史解释这三方面的核心素养为例。

就"时空观念"而言，《中外历史纲要》第4课"西汉与东汉——统一多民族封建国家的巩固"可表述为"能用谥号与庙号表达历史时期"；第5课"三国两晋南北朝的政权更迭与民族交融"可表述为"能以地理示意图的形式表示这一时期的政权分立与最终统一的局面"；第11课"辽宋夏金元的经济与社会"可表述为"能综合历史地图所蕴含的信息，运用原因与结果、联系与区别的概念范畴，解释两宋时期经济重心南移的表现及原因"。

再以"史料实证"为例分析，第 5 课"三国两晋南北朝的政权更迭与民族交融"可表述为"能从描述南北方环境的诗歌、墓葬画等材料中提取有效信息，习得从这些史料的写实与象征功能及其所折射的社会心态视角证史的基本方法"，这里既点出了史料类型即证据来源（分配），又具化了这几类史料的证史路径（分类），并点明作为目标是要"习得"方法（分层）；第 24 课"全民族浴血奋战与抗日战争的胜利"可表述为"通过分析与综合中、日、美、苏、英等多方史料，运用互证方式，认识中国战场是世界反法西斯战争的东方主战场"，同样既点出了目标的分配（注意行文中的"多方史料"），也明确了目标的分类（注意行文中的"互证方式"），更以行为动词"分析""综合""运用""认识"等，昭示了目标的分层意义。

再以"历史解释"为例，第 12 课"辽宋夏金元的文化"可表述为"能基于辽宋夏金元特定的时空框架与时代底色，理解社会环境与文化发展之间的联系"，即是对"评事"目标二级分类第一条的变式表述，本质上也进一步强化了对"唯物史观"中"社会意识是社会存在的反映"的理解；第 19 课"辛亥革命"可表述为"学会从时代特征、个人经历、历史贡献、阶级属性等多元视角解释和评价历史人物（指孙中山）的基本方法"，也是捏合"评人"目标二级分类第一、二条而来；第 20 课"北洋军阀统治时期的政治、经济与文化"可表述为"以'新旧交替'为主线，尝试从时代大势、传统文化、基本特征、社会影响等视角解释与评价北洋军阀统治的主要特点"，也非机械照抄"评人""评事"的分类目标，而是基于具体的课程内容，梳理基本的认识线索，即所谓"以'新旧交替'为主线"，多有整合（实则指向目标的分配），并借助行为动词"尝试"点出目标的分层意义。

同样的道理，唯物史观和家国情怀这两个方面的核心素养，在具体的课时教学目标表述及落实中也必须"往下走"，即结合具体的课程内容，从历史的时代特征出发叙写目标。

如第 14 课"清朝前中期的鼎盛与危机"可表述为"感叹明清时代的落日辉煌；体认封闭与开放对民族兴衰的重要意义"。第 25 课"人民解放战争"

可表述为"认同在中国两种命运大角逐的关键时刻'得民心者得天下'的历史启示；感受中国共产党在革命斗争中的政治智慧"。第28课"中国特色社会主义道路的开辟与发展"可表述为"赞赏真理标准问题大讨论对思想解放的重大意义；理解解放生产力就要坚持实践是检验真理的唯一标准，体会生产力中最为核心也是最活跃、最革命的因素是人；感受十一届三中全会以来在经济建设和祖国统一方面的辉煌成就"。这样的课时教学目标表述也就具有其自身的特质，具有紧扣相应课程内容和实施情境的个性化特点，绝非"宏观""上位"到放在每一课均可通用的。

值得一提的是，在制订课时教学目标时，我们固然是从学科核心素养的每一方面思考其目标化的分解，并尽可能具体、清晰、准确地设定及表达，但最终形成关于课时教学目标的一段文字时，却需要运用统整的方式去表述，而非简单地从五个方面罗列。毕竟，学科核心素养的五个方面是一个整体。

仍以第12课"辽宋夏金元的文化"为例。上文已例举了这一课的"历史解释"目标，并指出这种解释是基于唯物史观主要观点的，因而解释中已隐含了"唯物史观"的目标诉求，而且在某种程度上，表述中提及的"时空框架"也已涉及"时空观念"的目标要求，即置于这一时期特定的时空审视其文化的主要特色与内在联系，所谓什么样的时代有什么样的文化，什么样的文化又在某种意义上表征了时代特征，丰富了时代内涵，其实这在本质上也是呼应唯物史观的。

本课的"史料实证"目标可从文献、实物史料入手，探索各类史料之间的互证关系，为历史解释的可考与可信奠基；"家国情怀"目标最终可指向"把握中华文明多元一体的发展特征"，内在逻辑为辽宋夏金元的民族交融，以及这些民族通过独立发展、交往交融对中华文明发展所做出的贡献。

因而，最终以一段文字呈现本课的教学目标，可统整表述为"能基于辽宋夏金元特定的时空框架与时代底色，通过对文献、实物等不同类型史料的解读互证，了解辽宋夏金元文化发展的主要内容及特征；理解社会环境与文化发展之间的联系；体会各民族间文化的相互交融与共同进步；领悟中华文明多元一体的发展特征"，这包含了学科核心素养五个方面的分解目标，表述也相对更为简洁明了。

高中历史学科核心素养的目标化分解，旨在帮助广大历史教师正确、全面地认识与理解学科核心素养对于日常教学乃至评价的意义，在观念转变与实践操作间架设桥梁，从而能有的放矢、有据可依、循序渐进地结合课程内容，制订及落实切实可行的单元或课时教学目标，使核心素养的培育真正落到实处。

**参考文献：**

[1] 中华人民共和国教育部. 普通高中历史课程标准（2017年版）[M]. 北京：人民教育出版社，2018.

[2] 上海市教育委员会教学研究室. 中学历史单元教学设计指南[M]. 北京：人民教育出版社，2018.

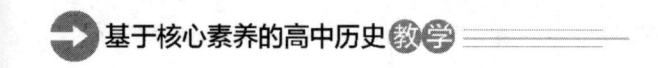

# 史料·阅读·问题·思维
## ——基于史料的教学原理阐释

陈德运[①]　赵亚夫[②]

### 一、史料的性质及其在教学中的位置

中学生能否像史学家一样思考，这并不是教学法中"如何教历史"的简单问题，而是涉及深层次的课程观、教学观乃至究竟培养何种人的问题。历史课程不是"学点知识"就完成教学目标，而是得实实在在地培育学生的"学科核心素养"。史料是史事的来源，缺乏识别、质疑、组织、评判史料的过程，史事就无法成为史实。对学生而言，仅仅讲好故事不等于就能理解历史，更不能因此就确信历史。历史的本义是记述和理解真实的事情，但作为历史解释形式的史料未必都真实。所以，历史学科于人类认知的贡献，一曰探究（方法），二曰求真（态度）。

既然史料实证是历史学科核心素养，且普通高中历史学科特别开设了《史料研读》课程，那么基于史料的教学理应是常态。而史料作为教学载体，是以阅读为前提并生成有意义的问题，进而上升为历史思维。史料阅读、问题意识和历史思维构成历史学科核心素养的实践基础。所谓像史学家一样思考，也正是在此基础上得以实现的。教学中如何应用史料，以及帮助学生形成怎样的历史素养，是中外历史教学都关注的焦点。

#### （一）何谓史料

"史料为史之组织细胞"，即使用原始材料也要考虑史料"不具或不确"，若它"不具""不确"，则"无复史之可言"[1]。但史料总是从特定人的视角，为着特定目的，带着对读者的期待和想象而写成[2]。正所谓"一室之事"，言者有三而"其传各异"。此外，记忆的易误更是显而易见。按后现代的观点，

---

[①] 陈德运，首都师范大学历史学院博士研究生，西华师范大学历史文化学院讲师。
[②] 赵亚夫，首都师范大学历史学院教授，博士生导师。

任何历史记载都有其"言辞结构",这被结构化的记载抑或是言说方式,其中必定存在或隐或现的立场、或多或少的虚构、各色各样的想象以及有意无意的偏见。简言之,史料蕴藏着事实,但它不是一个直接、清晰、透明地让我们看到过去的玻璃窗[3]。确认的事实必须建立在史料实证的基础上,只有经过甄别、质疑、互证、分析后被确证的史料才能反映历史真相。可见,史料即便是存真的素材,不加考察,亦不过故纸罢了。

(二) 史料于历史教学的作用

史料于历史教学的作用无疑也是求真,但求真的途径和方法与史学有别。其一是因为历史教学直接体现国家意志,其课程目标、内容乃至教学时间,都不支持专业化的史料教学;其二是考虑到学生的认知经验、社会阅历、发展需求等,也不宜开展专业化的史料教学;其三是我国目前在学科教师专业能力、教学环境和方法等方面,不足以实施专业化的史料教学;其四是历史教学着眼于发展所有学生的学科核心素养,更不能徒然地推进史料教学。总之,教学中史料不能缺位,但使用什么史料、如何使用史料并达到怎样的效果,应结合实际情况给出办法。

《普通高中历史课程标准(2017年版)》有培养"学生的历史阅读理解能力"的要求,并且强调"精心设计引导学生研习不同类型史料的问题";教学"以开展学生历史阅读活动为主",进行"深度阅读"并"尝试解读";要"按照典型的阅读和理解史料的程序设计"教学,即"先读懂史料,然后了解史料作者,进而对史料所描述的内容进行分析,最后准确理解史料的意义"等[4]。基于史料的教学的基本特征:一是中学所用的史料多为"一般材料",主要是史学家的著述,缺少原始材料以及基本史料,虽"不具"之难稍缓,但"不确"的问题依旧;二是一节课的教学任务和内容较多是不争的事实,要把史料做成"证据链"且形成脉络,实属难上加难,弄不好连"具"的要求都变成奢望;三是史料教学绝不是"用材料"那么简单,叠加史料、展示史料都无助于达成核心素养培育的目标。

二、基于史料的教学:原理与模型

没有史料构不成史学,没有史料也无法确保学科教学特色,故教学理应引入史料,并使其意义化、理性化和内化[5]。如何做得到呢?首先得从教学原理层面证明。

## (一) 原理一:史料、阅读、问题、思维互为关系

基于史料的教学,围绕史料阅读、问题设计、历史思维展开,史料、阅读、问题、思维等"四要素"互为关系。第一,历史教学是针对给定的史料,而非一切学习文本。第二,史料阅读将理解史料视为教学的基础,基于史料提出、发现、生成问题。问题于实施而言,即是问题设计;于结果而言,即是问题意识。第三,思维是学科的养成目标,其发展水平和质量与有效的阅读和问题直接相关,理想的思维发展空间在一定程度上受制于阅读和问题营造的环境。

### 1. "四要素"的互动模型

"四要素"互动模型,直观如图1所示。$S^1$ 为史料(Source),即教学基点或原点,$Q^1$ 轴表示问题设计(Question),$T^1$ 轴表示历史思维(Thinking),$R^1$ 轴表示史料阅读(Reading)。三轴形成 $S^1$-$Q^1T^1R^1$ 三维坐标。$Q^1$、$T^1$、$R^1$ 与 $S^1$ 的远近距离表示相应"要素"在教学中的效果;$A^1$、$B^1$、$C^1$ 点则分别被赋各自程度值,四点互动构成一个教学"$S^1$-$A^1B^1C^1$ 四面体"。互动意味着某一个或多个程度值变化,则四面体呈相随之改变①。当然,具体情况需在分

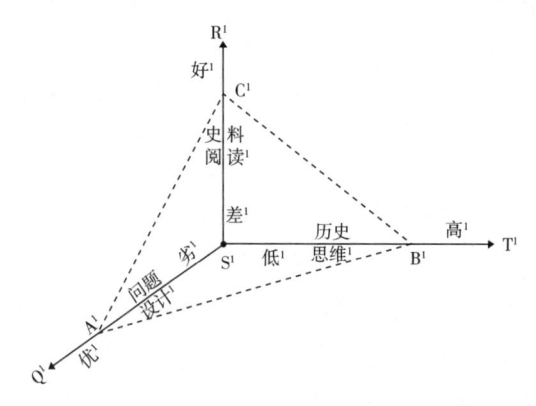

图1 "四要素"互动模型

---

① 呈相指根据对实际教学效果分析最终呈现出的"$S^1$-$A^1B^1C^1$ 四面体",它体现应用史料的水平,也反映教学风格和类型。

析具体的教学结果后画出呈相。

探索更为理想的"史料教学",基于 $S^1-Q^1T^1R^1$ 坐标,8 对三维坐标相互交叉而构成一个立体矩形空间(图2)。假设 $S^1-Q^1T^1R^1$ 坐标上的 $A^1$、$B^1$、$C^1$ 点已被赋予理想值,理想的史料教学"$S^1-A^1B^1C^1$ 四面体"也随即确定,从整个矩形空间看,另外有 7 个四面体与之全等,如"$S^7-A^7B^7C^7$ 四面体"。其应用价值如图2所示,即使四面体全等,由于视角各异仍会造成呈相不等的错觉,四面体的角、边还会随错觉被放大或缩小,基于错觉所研究的理想型"史料教学"就有了各自的侧重点。这正是我们所强调的"在开放历史教学研究视域的同时,探索多样化的基于史料的教学的途径和方法"的理论依据之一。

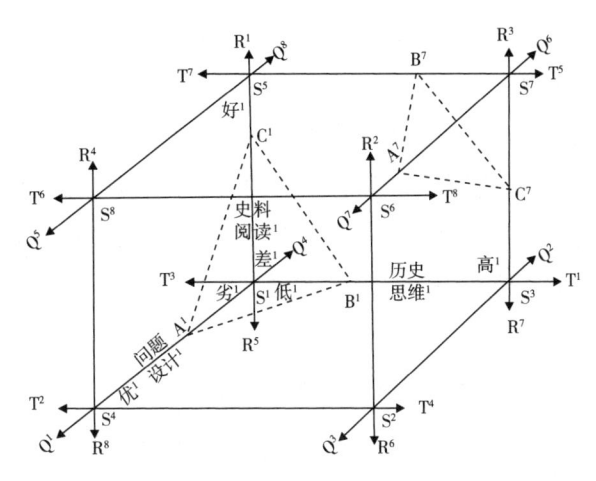

**图 2　8 对三维坐标构成立体矩形**

2."四要素"互动并形成一个整体

史料不是事实"透明清晰的反映","只有当历史学家要它们说,它们才能说"[6]。让学生研读史料也是一个如何让史料说话的过程。没有任何现成的陈述,唯有对史料通过反复盘问或提问,才能得出自律的陈述,榨取出所隐瞒了的情报,该过程中问题是主导的因素[7]。若阅读史料而没有问题,便没有讨论历史学科素养的必要。历史学科素养的核心是历史思维,史料阅读是发展历史思维的途径,而问题设计则决定阅读质量。历史教学中,问题"始终是居于枢纽地位的"[8]。没有问题或问题低质量,史料阅读或许毫无意义。

然而，问题只是理解史料的引擎，把史料作为证据用以指向事实，则需要通过行为和方法加以"澄明"它所"隐晦及障蔽"的部分。对中学而言，给定的教学任务相当明确，理解史料便成了最为核心的教学目标。尽管希冀通过史料阅读让学生体验来自"内心的历程"，或"像一个心灵潜入到另外一个心灵一样"来进行理解的工作[9]，但忽略扎实的历史技能训练，阅读、问题、思维就会互不相干，故寻找证据、提出问题、应用技能是一体的，即史料阅读本身包括达成历史思维的思考和方法。简言之，史料阅读基于理解得出有意义的看法，越期待以史料阅读的方式接近过去就越需要历史思维。事实上，阅读史料时，历史思维对论点的识别、评估及寻求证据的解释，都是历史教学的诉求。

总之，史料阅读就是一种同过去及他正试图理解过去的询问者之间进行"协商"交流的场景[10]，不但要善问，而且需要历史思维。譬如，凭借一则史料就问"林肯是不是一个废奴主义者"，即使给出答案也不会恰当，因为答案没有蕴含历史思维。要使其成为"恰当的问题"，需将它与"他对待黑人奴隶及奴隶制的态度有何变化""这种态度与废奴主义者有何异同""他对奴隶制的认识与其内战中所实施的措施与政策等有何联系"等问题联系起来，即运用通常所说的"孤证不立"原则，"孤证"从来都不适用于历史思维。

无论怎么论证，"四要素"既互为联系也构成整体。阅读须有问题，包括发现问题、提出假设、论证评估、得出结论等，这本身就是历史思维过程[11]。问题设计其实为学生提供了发现问题或生成新问题的机会，目的是理解史料，进而培养历史思维能力。同理，史料阅读和历史思维也一样。总之，不能简单地将"四要素"互动看成两维关系，诸如史料与阅读、问题与思维等，"S-ABC四面体"是一个"体"而非一个"面"，"体"的内在结构决定"四要素"运作的复杂程度。

3. "四要素"针对人的培养而产生意义

强调"四要素"不仅是落实培育核心素养的需要，更是培养健全公民的学科内在要求。其一，学生应有求真务本的信念。通过史料让历史在思想里不断地变形并获得新的意义[12]。史料之于史实，其意义在于有或无；于史学，其意义在于真或伪；于教育，其意义在于求真善美。其二，学生应通过史料拥有知识。历史教育具有工具和价值的双重理性，前者侧重真实，后者关乎真理，都反映历史知识的特质，二者不可偏废。史料作为教育的载体，于此当然有特别贡献，首先就是学生该获得什么样的知识以及如何获得这样的知识。

在"S-ABC四面体"中，"为教而选择史料"与"为学而选择史料"、"作认知的史料"与"作证据的史料"、"说明史料"与"阐释史料"都会有不同的研习模式。学生是史料研习的主体，我们力图应用"四要素"构建学生拥有知识的教学取向，让学生理解他们应该理解且能够理解的历史知识，而且这些历史知识能够赋予其作为健全的人应有的认知和素养。所以，基于史料的教学说到底是一个通过史料"育人"的过程。既然是育人，"四要素"就不可以脱离学生的认知水平和现实的学习环境，如若不切实际，既易导致"四要素"失衡，也会因过于强调某一要素而徒增教学难度，偏离基础教育轨道。

**（二）原理二：阅读、问题、思维不宜过于失衡**

"理想"的史料教学在知识与技能的辅助下，A、B、C点的坐标轴赋值相等，均衡互动产生的"S-ABC四面体"的A-B-C面为等边三角形，S-A-C、S-A-B、S-B-C面是3个全等的直角三角形，如图3所示。理想型四面体意味着史料阅读、问题设计、历史思维均衡协调。但这是一种理论构想，以避免教学中"四要素"失衡而导致"四面体"失效。

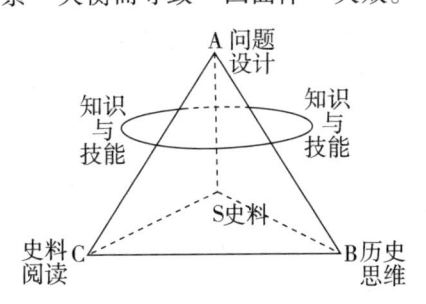

**图3 "理想"的史料教学模型**

根据特定的教学任务以及史料阅读的难度等因素，"理想"的史料教学或许并不存在。学生的历史思维是否存在或确实取得进步，从史料阅读和问题设计中都无法得到及时反馈，更不能即时地做深度测量。就时间和技术而言，史料阅读和问题设计可以充分借助理论和经验预设看到结果，而历史思维只能在结果出来后分析其"性状"。若考虑历史思维的复杂性，每一项重要的历史思维，又依赖较长时间的、反复的、相对稳定且特具功能性的史料阅读和问题设计。所以，强调追求"理想"史料教学的同时，应该包容各种基于史料的教学。

1. 基于史料的教学

传统的历史教学重视"事实性知识"，直接运用史料的情况不多。基于史料的教学强调让学生直接通过史料认知、理解和解释历史。虽然它不能完全替代教材的教学功能，但借助史料了解历史、研究历史的主要途径和方法一个也不少，包括了解史料来源、辨别史料价值、运用史料进行分析的技能等。如以"S-ABC四面体"为模板，评估同一主题而描述各异的史料。通过阅读史料的来源、语境等设计问题，诸如何人、何时、何地、为何而写、特定环境有何影响，学生的历史思维就能确定作者立场、评估作者动机、理解语境对内容的影响等，从而评估分析史料价值。基于史料的教学，将"接受性历史教学"转变为"思考性历史教学"，由"知识性史料研习"发展为"问题性史料研习"。

2. 追寻理想的史料教学

理想的史料教学将史料贯穿于教学的全过程。史料不仅是认知历史的工具，而且它本身就以思考历史为目的。所以，研习（史料阅读）、对话（问题设计）、表现（历史思维）将成为新的教学模式。因此，顾此失彼、过于失衡的"S-ABC四面体"（A-B-C面非等边三角形、其他三面非全等的直角三角形）都在排斥之列。

研习史料亦即与史料对话。按加达默尔的人与文本对话的主张，人与史料是"你—我"同类而非"人与物的异己关系"，史料拥有了生命[13]。据此，史料不只是过去的陈迹，还反映了过去的人们向今天的人们展现的活生生的"过去的现实"，包括事件、思想和行为等。若只把史料当作无生命的、完全外在于我们的教学工具，则史料是死物，既没有对话的意义，理解史料也变得困难。

理想的史料教学，一是破除把史料看成异于我类的"他类"，强调同质性；二是让史料有生命，无论是史料还是研习者都内在地包含意义性；三是史料与研习者的同类伙伴关系，使历史更易理解且更具有同理心。将"你—我"关系嵌入"S-ABC四面体"，避免"四要素"任何一方缺失或造成不均衡的现象就不再是件难事。当然，随之而来的是教学观念、方式和方法等方面发生根本的变化。

### 三、结语

"四要素"是构成有效的、高质量的历史教学的基本要素，不管称它是"基于史料的教学"，还是叫它为"史料教学"。就目前而言，"基于史料的教学"更为适切，理想的"史料教学"是未来的目标。"S-ABC四面体"的不同呈相反映出人们对史料教学的认知以及史料教学的理想程度，四面体中A-B-C面的三角形"三边"越均衡，说明教学越理想。另外，知识与技能的实施水平也直接对四面体的"性状"产生影响，所以，也把它们一并纳入，提倡用史料、史料阅读、问题设计、历史思维、知识与技能等要素，推进和研发史料教学。

**参考文献：**

[1] 梁启超. 中国历史研究法［M］. 上海：上海古籍出版社，1998.

[2] ［英］理查德·艾文斯. 捍卫历史［M］. 张仲民，潘玮琳，章可，译. 桂林：广西师范大学出版社，2009.

[3] 彭刚. 叙事的转向：当代西方史学理论的考察（第二版）［M］. 北京：北京大学出版社，2017.

[4] 中华人民共和国教育部. 普通高中历史课程标准（2017年版）［M］. 北京：人民教育出版社，2018.

[5] 赵亚夫. 找准历史有效教学的原动力［N］. 中国教育报，2007-03-23.

[6] ［英］爱德华·霍列特·卡尔. 历史是什么？［M］. 吴柱存，译. 北京：商务印书馆，1981.

[7] ［英］柯林武德. 历史的观念［M］. 何兆武，张文杰，译. 北京：商务印书馆，1997.

[8] 李剑鸣. 历史学家的修养和技艺［M］. 上海：上海三联书店，2007.

[9] ［德］德罗伊森. 历史知识理论［M］. 胡昌智，译. 北京：北京大学出版社，2006.

［10］Dominick LaCapra. Rethinking Intellectual History：Texts，Contexts，Language［M］. Ithaca and London：Cornell University Press，1983.

［11］陈德运. 国外史料教学连环追问探究及启示［J］. 岭南师范学院学报，2018（4）：12-21.

［12］何兆武. 历史理性批判论集［M］. 北京：清华大学出版社，2001.

［13］［德］汉斯-格奥尔格·加达默尔. 真理与方法——哲学诠释学的基本特征(上卷)［M］. 洪汉鼎，译. 上海：上海译文出版社，1999.

# 理解"家国情怀"培养的内在维度

刘 波[①]

所谓学生家国情怀的养成,即是社会认识、历史文化、价值观念内化于学生情感,外显于学生行动的过程。《普通高中历史课程标准(2017年版)》将"家国情怀"纳入历史学科核心素养,一时引发历史教学界的热议。笔者概观近年来对于"家国情怀"的研究文章,发现当下的研究呈现两个趋向:家国情怀的内容与就事论事的"素养落地"。但是,在宏观的"是什么"与微观的"怎样做"之间,似缺少沟通二者的中观层面。笔者以为,这种"中观层面"是显示学生从个体察觉某种现象,引发情感表现,到影响其所有行为的对人生的整个看法的实现路径。"家国情怀"的养成包含两个维度——"求诸内:学生个体的情感体悟"与"返诸外:由己及他的国际视野"。本文就"家国情怀"养成中应具有的内在维度加以探讨,求教方家。

孟子曰:"天下之本在国,国之本在家,家之本在身。"[1]古人讲"身家国天下"的关系,排在首位的就是"身"。没有健全发展的个体,就不可能有健全的群体。家国情怀,首先是学生对家国的情感认知。从学生个体的层面看,家国情怀是一个"求诸内"的过程。若把由内部引发的对"家国"的情怀分出一个层级系统,从初级到高级,可以分为"生理的""心理的"和"伦理的"三个层次,而这三者则往往相互渗透,综合参与。

## 一、生理层面的"家国情怀"

学生对事物的生理层面的情感是最初级的。历史是一门极富人文性的学科,对学生情感的激发也最浓烈。

在生理层面上,依据情感所产生的生理能量,可以分为增力性和减力性的。前者可以激发学生做出行动,后者则阻碍学生行为的发生。在历史教学

---

[①] 刘波,首都师范大学历史学院博士研究生。

中，生理层面上的"增力性"表现在对国家、民族、文化等的直观兴奋和快感上，这奠基了学生情感的进一步升华；而"减力性"则主要体现在对国家、民族、文化等的迷惑和不适上，它可能会使学生形成认识上的定势，终止情感的生发与行为的产生。所以，应该抓住的是具有增力性的生理情感，培养学生的态度与价值观。

但这种生理层面的情感，无论是增力性，抑或减力性的，如果不加以恰当的引导与发展，则可能走向极端。例如，在学习《抗日战争》这一主题时，看到"南京大屠杀""细菌战"的惨状时，学生在生理层面上的情感会产生生理上的不适；但当他们看到某些并不严谨的影视剧中抗战的轻松，又会产生些许快感。如果任由这两种表现加深和固化，则学生多数会除了记住侵略者惨绝人寰的野蛮行径，或者沉迷于"手撕鬼子"的快感外，极少形成对战争本质、对人性本质的反思，即是说，将民族的"创伤记忆"刻画得充斥着戏谑，必将造成集体性遗忘。

苏格拉底曾在叙述"天性中的激情"时就认为，"如果加以适当训练就可能成为勇敢，如果搞得过了头，就会变成严酷粗暴"[2]。学生在生理层面产生的"家国情怀"，其科学性是难以保证的，很难仅就学生自身的生理能量，培养学生的家国情怀，故而还需要联系心理层次的情感，以便进行恰当的培养。

## 二、心理层面的"家国情怀"

由于生理层面生发的家国情怀是一种无意识的情感体验，且具有不稳定性，所以通过一定的动机驱动作为引导是极其必要的，也是形成较为稳定的家国情怀的手段。

在心理层面上，学生的快乐与悲观情绪取决于他们的归属需要或认同的需要是否得到满足[3]。以客体对于主体需要的满足程度来看，可以分为满足的情感和不满足的情感。无论满足与否的情感，都是以心理形式所表露出的一种态度的体验，与个体的心灵活动有着密切的联系。前者如欢乐、欣慰、满意，后者如痛苦、悲伤、失望。

两种不同的情感在培养学生"家国情怀"素养上有着不同的效果。如果是"满足的情感"，则会强化学生的认同。例如，2018年5月28日，国务院新闻办发布消息——历史教科书对照文明探源工程的成果修改方案已经确定，学生在学习这一段历史时，可能会有以下感触：考古资料证实了中华大地确有五千年文明，加深对中华文明多元一体格局形成的总体认识。学生在学习后，对于中华灿烂文明的自豪感和民族自信力得以凸显，在心理的层面上，表现为"满足的情感"。这是一种有利于缩短人与人之间距离的"桥梁"，学生可以在将中华文明与其他文明发展对比的过程中，强化对国家、民族乃至中华文化的认同感。这是经过了一定的理性分析得出的，与前一层面相比有所提高。

反之，如果是"不满足的情感"，则会对认同产生怀疑。例如，有调查显示，有48%的初二学生抵触近现代史学习。究其原因是他们不大接受和理解"总是挨打的祖国"，由此产生反感。在心理上，他们希望自己的国家强大，但不能完全地从历史中汲取力量，也不能或极不容易地从近代史中分辨出屈辱史、探索史、抗争史、革命史的内在含义，对他们而言，中国近代史的概念就是"落后""被列强宰割"的历史。在一系列学习概念（割地、赔款），和学习认识（落后、挨打）的纠葛中，他们感到索然无味[4]。因此，学生在学习本国历史时，就会出现不满足的情感，心理上感到失落与低迷，产生对本国历史文化的怀疑，进而冲击学生对国家的认同。

由此观之，把握学生心理层面的情感，需要处理好"满足的情感"与"不满足的情感"的关系，既要培养学生带有一种"温情与敬意"，对文化、民族、国家有认同感与自信力，又要引导学生合理认识历史上的缺陷与不足，在不足中感悟民族发展的坚韧意志，感悟"民族的脊梁"，转化失落情绪。

但这种情感体验若只停留在学生个体心理的水平上，其社会性往往是模糊的。在马克思的人学思想中，人是社会的人，人的个性要受社会性的制约。学生家国情怀素养的培养，最终也应发展到有关社会性的"伦理的层面"。

### 三、伦理层面的"家国情怀"

在伦理层面，我们可以将学生的"家国情怀"分为聚合性情感和分散性情感，前者主要是"爱"与"责任"，后者主要是"恨"与"功利"。当学生从爱与责任方面感悟到家国情怀时，实际上，这种情感就不仅局限于个人，更是一种由己及他的外在凸显。

一方面，古今先哲们对"爱"的社会性作用尤为重视，它体现着人与人之间的相互尊重与理解。黑格尔说，爱就是"意识到我和别一个人的统一。"[5]反之，分散性的情感则会生发人与人之间的斗争与分离。让学生在社会关系中生成"爱"——对国家、民族、文化等的尊重与理解，而减少"恨"——对异质性的"他者"的嫉妒与厌恶，处理好"自我"与"他者"的关系，是增强其社会性的必要途径，也由此达成宏观层面的"认同感"。

例如，加拿大安大略省10年级要求学生描述从1982年至今加拿大社会、经济和政治领域重要的事件、趋势和发展，并评估其对加拿大不同群体的意义；分析从1982年至今加拿大各团体内部、各团体之间以及加拿大和国际社会之间的一些重要的相互作用，以及一些关键问题和发展如何影响这些相互作用；分析自1982年以来各种重要的个人、团体、组织和事件（包括国内和国际）是如何促进加拿大的身份认同、公民权利和文化遗产的发展的[6]。在多元社会中，对个体身份的认同、对国家的认同极为重要，而"自我"与"他者"是构建这种认同的一体两面。有意识地寻找各种群体的差异与相似，并思考其相互关系将帮助学生建构社会身份。学生还需思考"不同群体的人口变化对加拿大有何影响？""区域主义对加拿大和加拿大人的身份认同有何影响？""加拿大与美国关系的变化在哪些方面影响了我们身份认同的发展？"等框架性问题[6]，感悟不同社群的生活方式和价值观念，对历史上的群体持"同情理解"的态度，生发对各种社群的尊重与理解，在处理人与人、族群与族群之间的关系中，培养其社会性，也即通过伦理层面的"聚合性情感"树立认同感。

另一方面，值得注意的是，若仅是出于"爱"的认同感与自信力，极可能会造成盲目与盲从。较为极端的例子，如二战时期日本的军国主义教育，将国家与侵略相连。家国情怀在伦理层面，还必须关注"责任"。这关乎对行为后果的价值与意义的评估，关乎学生作为合格公民的行动能力。这就要求学生既要对历史负责——保持敬畏之心，又要对自己负责——促进人格发展，更要对现实与未来负责——关注当下的困境与危机，关怀未来人类的发展。

2016年高考新课标卷Ⅰ文综第41题就是关于在伦理层面对"家国情怀"

的渗透。题目要求学生根据卢梭《社会契约论》的材料，结合世界史知识，围绕"制度构想与实践"进行阐述。卢梭在《卢梭契约论》集中阐述的民主思想，历来备受世人争议。誉之者颂其为"民主思想的先驱"，毁之者责其充当"极权主义的帮凶"。或者说，从构想层面来讲，卢梭的人民主权说无疑是真诚的；从实践层面来讲，卢梭的人民主权说却为某些极权主义提供了理论依据[7]。本题表面考查学生对人民主权实践中的利弊分析，但向深处想，题目实际上加深了学生对"何谓民主"的理解，也会使学生对中国的人民代表大会制度进行思考，进而实现对现实的关怀。学生在跨越时空的"自然时间"中，回顾自英国光荣革命以来至20世纪苏联解体的历史，在超越时空的"心灵时间"中，思考着人类经验的得失和政治文明的历史与未来。一方面，认识到人民代表大会制的优势，有助于学生形成对政治制度，乃至国家的认同感；另一方面，综合认识到各种制度的利弊得失，可以免于因盲目关注自我而失去他者，有助于学生关注人类政治文明的未来，思考构建人类命运共同体的政治智慧。最终，学生将这种情感付诸行动，在社会参与中感悟家国情怀，学会有思考、负责任地行动。当学生达到这样一种"伦理层面"的"家国情怀"时，就逐渐由"求诸内"向"返诸外"转变，逐渐向身家国天下的关怀发展。

家国情怀素养能否真切地落实，根本上取决于学生的情感认知。"生理—心理—伦理"层次的不断深化，是在逐渐加深学生个体的情感体悟，体现学生从"自然的人"走向"社会的人"的发展路径和情感表征。历史教育中的家国情怀培养，只有关注到其作用于个体后的内在逻辑，使学生在生理上为之刺激，心理上为之感触，伦理上为之理解，才能将情感灵动地烙印在学生心灵之中，从而内化为符合合格公民的行动力，而不是灌输一般的"穿靴戴帽"。本文提出的路径，仍处于理论叙述阶段，因涉及诸多心理现象，尚需要进一步实证研究的支持。

**参考文献：**

[1] [宋] 朱熹. 四书章句集注 [M]. 北京：中华书局，1983.

[2] [古希腊] 柏拉图. 理想国 [M]. 郭斌和，张竹明，译. 北京：商务印书馆，1986.

[3][美]奥姆罗德. 教育心理学（下）[M]. 彭运石，等译. 西安：陕西师范大学出版社，2005.

[4]赵亚夫，李建江. 对中学历史教育中学生成就动机状况的初步研究[J]. 首都师范大学学报（社会科学版），1994（1）：79-85，92.

[5][德]黑格尔. 法哲学原理[M]. 范扬，张企泰，译. 北京：商务印书馆，1961.

[6]赵亚夫，张汉林. 国外历史课程标准评介[M]. 北京：北京师范大学出版社，2017.

[7]张汉林，熊巧艺. 全国卷历史开放性试题研究[J]. 中学历史教学参考，2018（7）：16-20.

# 建构历史解释要有"度"

刘 波[①]

历史具有复杂性，复杂的历史需要后人加以历史的解释，只有解释才能发现历史的意义，只有解释才能完成历史的重建[1]。《普通高中历史课程标准（2017年版）》把"历史解释"列为历史学科五大核心素养之一。可见，在历史学科核心素养落地生根的过程中，建构学生的历史解释相当重要。笔者以为，在高中历史教学中，教师要基于历史学科核心素养，引领学生建构具有以下几个"度"的历史解释。

## 一、立足唯物史观，建构有"高度"的历史解释

"唯物史观是揭示人类社会历史客观基础及发展规律的科学的历史观和方法论"[2]，是迄今为止最为思辨、最具科学性的历史哲学体系，还没有哪种历史观和方法论在研究和解释历史方面比它更周密、更全面、更辩证[3]。教师要引导学生立足唯物史观的高度，科学解释历史，建构有"高度"的历史解释。

例如，在中国近代史教学中，教师往往需要引导学生对晚清王朝遭遇"三千年未有之大变局"后政治、经济、思想文化等领域新旧嬗递的缘由建构历史解释。常见的做法有两种，一种是借用美国著名汉学家费正清的"冲击—回应"模式来解释：中国社会充满惰性，长期以来停滞不前，缺乏内部动力突破传统框架，只有经过19世纪中叶西方冲击之后，才发生剧变，向近代社会演变[4]。中国社会发生的变化是对它（西方冲击）的回应所导致的变化[4]。还有一种是借用费正清的弟子柯文的"中国中心观"来解释：中国社会并不是一个惰性十足的物体，只接受转变乾坤的西方的冲击，而是自身不断变化的实体，具有自己的运动能力和强有力的内在方向感[4]。中国社会发

---

① 刘波，江苏省无锡市市北高级中学教科室主任，中学高级教师，江苏省历史特级教师。

生的变化是内部演变的产物[4]。

这两种解释模式取向迥异，各执一端从其所善，却都失之偏颇，都带有一定的片面性。"冲击—回应"模式外因取向，强调外部因素对中国社会的影响，忽视了中国的历史特点和国情特点，忽视了中国社会的内在动力，排除了中国近代化复杂历史过程中的多样性选择，把中国社会的近代化仅仅看作是西方势力入侵的结果，夸大了西方冲击的历史作用。这种"外因决定论"是一种隐蔽的"西方中心论"，是非历史主义的。但"中国中心观"也有其不足，它把中国历史的中心放在中国，内因取向，强调中国发展的动力来自中国内部，但却"弱化或者忽略了'西方'的作用"[5]，同样存在非历史主义倾向。

唯物史观的历史合力理论告诉我们，历史是各种内外因素互动作用的"合力"所推动的，而不是单个意志作用的结果。因此，任何试图从单一向度来解释历史的做法都是不全面、不可取的。教师要引导学生依据中国近代社会巨大转变过程的复杂性，从单向度解释改为多向度综合解释，历史解释建构方显"高度"。

## 二、增强时空观念，建构有"宽度"的历史解释

"时空观念是在特定的时间联系和空间联系中对事物进行观察、分析的意识和思维方式"[2]。时空观念也是阐释历史的角度，只有从历史的时间演进和空间范围的角度去进行说明和解释，才能看出历史的发展与变化，对历史进行客观的评述[3]。教师要引导学生放宽视野，增强时空观念，建构有"宽度"的历史解释。

例如，人教版普通高中课程标准实验教科书历史必修2第四单元第12课《从计划经济到市场经济》在"经济体制改革"一目有这样的论述："我国的经济体制改革首先在农村展开。1978年，安徽、四川一些农村，开始实行包产到组、包产到户的农业生产责任制……仅几年时间，全国农业得到大发展，农村开始了历史性的变革……农村经济体制改革的成功，促进了城市的改革。1984年以后，城市经济体制改革全面展开。"对于我国的经济体制改革，教材受篇幅、框架体系等因素制约，编写时不可能面面俱到，把复杂的历史全面

展开，但教师必须在阅读、吸收相关研究成果的基础上，在教学中还原经济体制改革历史的复杂性，以帮助学生建构相应的历史解释。部分教师在教学这段内容时照本宣科，没有把它定位在特定时空下进行理性分析和客观评判，使得学生对我国经济体制改革走先农村后城市道路的真正缘由普遍认识不清，个别学生甚至还产生了这样的改革之路是"预先计划好的"的错误认识。

教师要帮助学生回到历史时空现场，在复原历史语境中拓宽对我国经济体制改革路径的认识。中国的经济体制改革其实并没有根据一个设定好的蓝图前行。改革初期，"从领导人到经济学家都意识到必须改，但谁都说不清楚究竟应当怎么改，更没有由计划经济向市场经济转型的最终目标"[6]。在某种意义上说，"摸着石头过河"是唯一可能的选择。农村改革是中国经济体制改革的第一个重大突破，"具有全局性意义"，但它不是领导人"预先选择的改革突破口"，"它是在农民、基层干部、地方政府和中央领导各个层次、各个方面的互动过程中完成的"[6]。农村改革的见效，增加了国家对全面改革的信心。"农民稳定了，也使决策者可以在一个比较稳定的环境下从容推进城市改革"[6]。这就实际上造成我国农村与城市的经济体制改革"时间上是逐步的，空间上是不均衡的"局面。可见，我国经济体制改革之路的形成"不完全是一个自然过程"，是"与时俱进""顺势而为"[6]的结果。应该说，这样的历史解释，由于是将历史置于特定的时空条件下进行分析后建构起来的，因此是有"宽度"的。

### 三、坚持史料实证，建构有"信度"的历史解释

"史料实证是指对获取的史料进行辨析，并运用可信的史料努力重现历史真实的态度与方法"[2]。对史料的研习与运用，既是历史学习与研究的重要方法，也是解释历史和评判历史的重要能力体现[3]。教师要引导学生坚持史料实证，求真求实，建构有"信度"的历史解释。

例如，部分教师在讲解人教版普通高中课程标准实验教科书历史选修1《历史上重大改革回眸》第九单元第3课"百日维新"时，常常会引用下面这段材料："人人封章，得直达于上。举国鼓舞欢蹈，争求上书，民间疾苦，悉达天听。每日每署封章皆数十，上鸡鸣而起，日晡乃罢，览阅奏章，犹不能

尽",进而引导学生分析材料,从中得出以下结论:戊戌变法得到了全国人民的普遍支持。这一看似"论从史出"的历史解释"信度"如何呢?

该段材料出自梁启超的《戊戌政变记》。此书是梁启超在特殊的历史背景下写成的。戊戌变法失败后,康有为、梁启超流亡海外。为了"推脱责任、洗刷罪名及宣传政治主张"[7],梁启超在日本匆匆写成此书。"这种动机使得《戊戌政变记》的描述带有康梁固有的党派色彩和偏见"[7]。梁启超后来自己也承认:"吾二十年前所著《戊戌政变记》,后之作清史者记戊戌事,谁不认为可贵之史料?然谓所记悉为信史,吾已不敢自承。何则?感情作用所支配,不免将真迹放大也。"[8]可见,《戊戌政变记》虽是戊戌变法局内人梁启超留下的第一手史料,但此书言之过当,有主观的感情夹杂其间,不足以作为"纪实的信史"。用《戊戌政变记》中的有关内容来解释戊戌变法"得到了全国人民的普遍支持"是不严谨的,是缺乏信度的。教师要坚持史料实证中"孤证不立"的重要原则,引导学生结合其他有关阶层对戊戌变法态度的多种史料进行互证,才能对戊戌变法是否得到全国人民的普遍支持建构起有"信度"的历史解释。

**四、涵养家国情怀,建构有"温度"的历史解释**

"家国情怀是学习和探究历史应具有的人文追求,体现了对国家富强、人民幸福的情感,以及对国家的高度认同感、归属感、责任感和使命感"[2]。家国情怀是历史教育的根本旨归。教师在历史教学中要立德树人,涵养学生的家国情怀,建构有"温度"的历史解释。

例如,在人教版普通高中课程标准实验教科书历史必修3第七单元第19课"建国以来的重大科技成就"教学中,有的教师往往要求学生先进行自主学习,然后根据教材内容,把"两弹一星""载人航天""杂交水稻""计算机和生物技术的发展"等科技成就产生的具体时间、涉及人物、重大意义等主干知识填入预先设计好的表格中,最后再强调要熟记"科技就是力量""科技是第一生产力"这些所谓的定律,就算是完成了教学任务。在这样的课堂里,学生建构起来的有关新中国重大科技成就的历史解释只能是一个个孤立的知识点,既缺少内在关联,又缺乏人文"温度"。教师讲授科技史时应处理好内史与外史的关系,特别要注意科学与人文的融合,要积极寻找渗透人文情怀教育的理想途径,由此建构的有关科技史的历史解释方能有人文的"温度"。

教师可以运用历史细节来渗透人文情怀教育。如在讲授"从'两弹一星'到载人航天"一目时,可通过讲述钱学森放弃国外优越条件,冲破美国当局重重阻力,一心回国,"五年归国路"的动人故事,让学生感悟他"国为重,家为轻,科学最重,名利最轻"的家国情怀;也可通过讲述他回国后,披荆斩棘,开创祖国航天事业,"十年两弹成"的艰辛历程,让学生感悟以他为代表的老一辈科学家们"热爱祖国、无私奉献、自力更生、艰苦奋斗、大力协同、勇于攀登"的"两弹一星"精神;还可通过介绍"钱学森之问",让学生感悟钱学森心系祖国长远发展、为中华民族伟大复兴殚精竭虑的高尚情操,树立历史的使命感和社会责任感。

教师还可以借助名人名言来渗透人文情怀教育。如在讲授"袁隆平与杂交水稻"一目时,可呈现袁隆平的一段话让学生进行"同情之理解":"人就像一粒种子。要做一粒好的种子,身体、精神、情感都要健康。种子健康了,我们每个人的事业才能根深叶茂,枝粗果硕。因此,作为一个科研工作者,不仅要知识多,而且要人品好,不仅要出科技成果,而且要体现科学精神和科学道德"[9]。从袁隆平这段朴实的话语中,学生能充分感悟到中国科学家身上所彰显的优秀品德和人格魅力,在潜移默化中获得一种精神的洗礼,建构充满人文"温度"的历史解释也就水到渠成了。

总之,建构历史解释不是随心所欲的。立足唯物史观,才有"高度";增强时空观念,才有"宽度";坚持史料实证,才有"信度";涵养家国情怀,才有"温度"。只有这样,我们才能"通过对历史的解释,不断接近历史真实"[2],发现历史的意义所在。

**参考文献:**

[1] 李剑鸣. 历史学家的修养和技艺[M]. 上海:上海三联书店,2007.

[2] 中华人民共和国教育部. 普通高中历史课程标准(2017年版)[M]. 北京:人民教育出版社,2018.

[3] 徐蓝, 朱汉国. 普通高中历史课程标准（2017年版）解读［M］. 北京：高等教育出版社, 2018.

[4] ［美］柯文. 在中国发现历史——中国中心观在美国的兴起［M］. 林同奇, 译, 北京：中华书局, 2002.

[5] 王瑞. "中国中心观"与美国的中国学研究［J］. 史学理论研究, 2017（2）：140-149.

[6] 萧冬连. 中国社会主义市场经济转轨之路［J］. 中共党史研究, 2013（8）：60-67.

[7] 戚学民. 《戊戌政变记》的主题及其与时事的关系［J］. 近代史研究, 2001（6）：81-126.

[8] 梁启超. 中国历史研究法［M］. 长沙：湖南人民出版社, 2010.

[9] 夏远生. 袁隆平的科学家精神［J］. 党史文汇, 2008（7）：4-11.

# 回忆录与中学历史教学

何成刚[1]　王　慧[2]

历史教学中，回忆录是一种重要的史料资源。与其他史料相比，回忆录具备两个鲜明的特点：一是坚持叙事风格，故事性和可读性都比较强；二是侧重历史细节，容易引人入胜。同时，回忆录既然是一种史料，就具有史料的共同属性，即未必都反映客观的历史，未必都反映历史的真相，往往是客观历史与记录者主观情感交织在一起，这就需要我们审慎辨别。

## 一、运用回忆录的策略和方法

### （一）帮助学生把握鲜活的历史

历史教材之所以缺乏可读性，关键就在于缺乏历史细节的充分展开。在呈现历史细节、帮助学生把握鲜活的历史方面，回忆录具有天然优势。例如，在讲授宋朝的都市生活时，因为年代久远，教师很难描绘出丰富多彩的宋代都市生活。如果我们充分利用孟元老南渡后追忆汴京昔日盛况的回忆录《东京梦华录》中大量反映宋代都市社会生活的内容，就可以帮助学生透过回忆录细节把握宋代都市生活丰富多彩的一面。

> 所谓茶饭者，乃百味羹、头羹、新法鹌子羹……炒蟹、炸蟹、洗手蟹之类，逐时旋行索唤，不许一味有阙，或别呼索变。造下酒亦即时供应。……其余小酒店，亦卖下酒，如煎鱼、鸭子、炒鸡兔、煎燠肉、梅汁、血羹、粉羹之类。每分不过十五钱。
>
> ——［宋］孟元老等著：《东京梦华录》17-18页，北京：中国商业出版社，1982年

这段回忆录，批评者可能会指责史料太长，但我们的目的恰恰在于给学

---

[1] 何成刚，教育部课程教材研究所研究员，教学处副处长。
[2] 王慧，广东省东莞市东华初级中学教师，中学历史一级教师。

生创设一个直观的、具有视觉冲击的历史情境，并不需要学生逐字逐句去阅读理解，而是要引导学生快速浏览这则含有丰富饮食信息的文字材料，让学生瞬间感受宋朝饮食文化的魅力和都市生活的丰富多彩。

**（二）引导学生深刻理解时代特征**

引导学生理解不同时代的社会特征是历史教学的重要任务。时代特征往往比较理论化且高度概括，学生不易理解。为此历史教师要善于从各种回忆录中，精选有助于学生理解时代社会特征的典型资源，发挥这类资源一斑窥豹、以小见大、见微知著的作用。

例如，我们在学习洋务运动时，可以使用《齐如山回忆录》中对京师同文馆办学情况的生动介绍，帮助学生理解这一时期的时代特征，进而增进对洋务运动"报以温情和敬意"的宏观理解。

材料一："听说北京总理各国事务衙门附设的同文馆，专学西洋文字，但是我们不得其门而入，以后当求人探听探听。"一次家兄竺山到北京考试，李文正公（鸿藻）见之，问先君曰："大世兄今年多大？"先君答以二十岁，文正公曰："不必再作八股了，入同文馆罢。"先君听到此话，高兴异常，当问以如何才能得入。文正公曰："容易。"次年春家兄便已进了同文馆……。其实是当时不深知同文馆的情形，不用说两个人，就是十人八人，文正公一句话，就都可以进去，毫不费事，这不但不算作弊，而且算是帮助同文馆。

——齐如山：《齐如山回忆录》，27-28页，北京：中国戏剧出版社，1998

问题设计：在齐如山看来，入同文馆是否容易？为什么齐如山会认为进了同文馆也是在帮助同文馆？

第一问，学生可以通过史料阅读很轻松地找到答案。但第二问的设计，调动起了学生思考的积极性，这时可以引导学生阅读材料二。

材料二：馆是成立了，但招不到学生，因为风气未开，无人肯入，大家以为学了洋文，便是降了外国。……而且还有一层，这些学生入了同文馆以后，亲戚朋友对于本人，因为他是小孩，还没有什么鄙视，对于学生们的家庭，可就大瞧不起了，说他堕落，有许多人便同他们断绝亲戚关系，断绝往来。……社会的思想，对于这件事情看得这样的严重，大家子弟不但不愿入，而且不敢入，因之后来之招生就更难了。

——齐如山：《齐如山回忆录》，28-29页，北京：中国戏剧出版社，1998

问题设计：材料二描述了当时社会的一种什么现象？这一现象的背后揭示了什么社会问题？

材料二反映了京师同文馆招生的困难，这就可以理解为什么齐如山说进同文馆是在帮同文馆，这一现象无疑揭示了整个社会对新式学堂的不认可，这恰好就是这一时期的社会特征。鉴于此，洋务派想了各种办法促进招生（材料三）。

材料三：……因为不容易招学生，所以订立的章程，对于学生有极优的待遇。……于是把每月膏火逐渐增加，初进馆每月三两，学一二年之后，洋文有成绩者，则增至六两，再过一期增为八两，后增为十二两。彼时……一个翰林，给中堂尚书家教读，每月最多不过八两银子。……以上这种待遇，已经很优了，可是还有特别的。馆中的章程是三年一次大考，……考试最优者，可以保举为部司务；再三年如果考的再优，则可以保举为主事。主事已经是六品官员，……从此就是国家的命官。一个未出学校门的学生，登时就变成国家的官员，请看这待学生还要多优？不但此，入馆学几年稍有根底后，驻各国的使臣，还可以奏调充当翻译官，待遇更优，且也有保举。……驻馆的学生，除不管衣服外，其余都管，所谓煤油蜡烛，微如纸媒洋火等等，都由馆中供给。饮食最优，六个人一桌，共四大盘，六大碗，夏天一个大海，还有荷叶粥果藕等等。冬天则无大海，而添一个火锅。……这还不算，如果不愿吃，仍可随便要菜，不但此，倘有熟人来亦可留饭，也是随便要菜，不但吃饭一文钱不用花，连赏钱都没有。从前有好几位外国教员告诉我说，世界上的学校，没有同文馆待学生再优的了。……

——齐如山：《齐如山回忆录》，29-30页，北京：中国戏剧出版社，1998

问题设计：清政府为了吸引学生入学，采取了哪些举措，说明了什么问题？材料三旨在引导学生认识到，洋务派为了吸引学生入学，在个人发展和生活方面为学生提供了优厚待遇。当然，新式学堂师资问题和教学质量问题也不容回避，这时可以引导学生阅读材料四。

材料四：五馆的洋文教习，倒都是各该国的人，但可以说没有一个够学者二字的，这话并非瞧不起他们，也不是玩笑话……凡有由外国新到人员，都是先派到同文馆充当教习,他们被派到同文馆,外面是来教洋文,事实是为他们自己学习中国话,在当教习的期间,自己在外边请着中国人学中文及言语,学得够用之后,即派往各省海关去当差,这几乎是定例。至于馆中的功课,他并不十分注意。

……

兹再谈谈最初学生的情形,馆中汉文教习,洋文教习,以至总理衙门对馆中的情形,已如上述,在这种情形之下,学生怎么会用功呢?再说当初都是硬要来的学生,都是强打着鸭子上架,他们不但不用功,有许多都是偶尔来一趟,再则是到月终来支一次膏火银,别的时候,凡来者不是为上课,多半是约几个朋友来吃饭谈谈天,几乎等于吃饭馆,这些学生,十之七八就没看见过洋教习面目是怎么个样子,何况学洋文呢?则学十年八年,不认识字母,也是平常事体。

——齐如山:《齐如山回忆录》,31—36页,北京:中国戏剧出版社,1998

问题设计:在齐如山眼里,京师同文馆的师资配备和日常学习如何?这样的教学会有什么效果?

通过阅读材料四,学生会感悟到京师同文馆师资的不理想以及学生无心向学的实际情况。

(三) 培养学生批判性思维能力

前已述及,回忆录往往掺杂着叙事人内心复杂的情感态度与思想价值观念,所以回忆录里存在记忆偏差、认识偏见,甚至是身不由己的表达,是比较常见的。历史教学中,我们可以利用这些问题与不足,创设情境、设计问题,培养学生的批判性思维能力。

例如,张学良关于西安事变的回忆录,有六个版本之多,完成于20世纪50年代到90年代。在这些不同的回忆录里,就有矛盾对立的叙事。

材料一:当是时也(中华民国二十五年),共产党之停内战,共同抗日,高唱入云,实攻我心;不只对良个人,并已摇动大部分东北将士,至少深入少壮者之心。当进剿再见不能成功,良觉一己主张,自问失败,征询众人意见,遂有联络共产党同杨虎城合作,停止剿匪,保存实力、共同抗日种种献策。……

同周恩来会谈之后，良甚感得意，想尔后国内可以太平，一切统可向抗日迈进矣。今日思来，当时良之理想，愚蠢可怜，幼稚可笑。……

——张学良：《张学良氏西安事变反省录（摘印）》见秦孝仪主编：《革命文献第九十四辑西安事变史料（上册）》，109－111页，台北：裕台公司中华印刷厂，1983

材料二：……我敢跟你说，我做那件事情（西安事变）没有私人利益在里头……

……他一句话把我激怒了，我真怒了，就因为学生运动时候，我不好意思再说他了，因为我真是气呀，他说用机关枪打，我说机关枪不去打日本人，怎么能打学生？我火了，我真火了，所以这句话把我激怒了。

……我真怒了，所以我才会有西安事变。我怒了什么呢？我的意思是这么一句话：你这个老头子，我要教训教训你！

……西安事变之前，那时候，我已经跟共产党有联系。……中央糊里糊涂，他就不知道我跟共产党已经有联系了。……

——张学良口述、［美］唐德刚撰写：《张学良口述历史》，121－125页，北京：中国档案出版社，2007

问题设计：材料一与材料二中，张学良对西安事变的认识有什么区别？你认为哪种认识出自张学良的内心？说说你的理由。

学生回答这一问题有较大难度。教师可以告诉学生，《张学良氏西安事变反省录》是张学良在被蒋介石软禁的情况下奉命而写的，旨在总结与共产党人打交道的经验。迫于政治高压，为重获自由，张学良在回忆录中表达了自责。这显然是为了迎合上层意图、获取自由而编造出来的，并非张学良的本意。而《张学良口述历史》是1990年由张学良口述而成，彼时其已重获自由，且蒋介石、蒋经国均已去世多年，张学良西安事变的回忆录才逐渐回归历史本真。对比两部声情并茂的、充满现场感的回忆录，教师需要引导学生认识到，在分析回忆录时，必须认真考虑回忆录所处的社会背景。只有这样，才能准确理解回忆录的真实意图。

## 二、运用回忆录的主要原则和注意问题

### （一）坚持服务教学目标的主要原则

要围绕历史教学核心内容，充分利用好回忆录，围绕创设历史情境、设计关键问题，指导学生开展史料研习活动，着力培养学生的史料实证素养和历史解释素养。这就要求我们必须提高回忆录运用的效益，避免回忆录运用的随意性。

### （二）注意三个问题

一是准确理解回忆录。历史教师在阅读研究论著中要深入把握专业研究人员对回忆录的剖析，了解哪些回忆录是可信的、哪些回忆录是存在瑕疵和缺陷的，在此基础上准确理解档案资源的思想、立场和观点，而不是孤立地、脱离历史语境地理解、运用回忆录。二是注重使用可信的回忆录。即引导学生阅读分析可信的回忆录，从中提取有效信息，培养学生论从史出的思维能力。三是审慎使用失信的回忆录。中学生对于失信回忆录的批判性分析尚缺乏专业判断能力，这就特别需要历史教师在指导学生分析失信的回忆录时，具有深厚的史学素养，要有驾驭失信回忆录的能力水平，尽可能地向学生提供除失信回忆录以外的多元视角的史料，提高学生史料辨析能力。

总之，对于回忆录的鉴别，应该用"多重证据法"，即不同类别的史料互相参照的方法。具体操作过程：如果回忆与文献记载不符，一般应以"纸上的材料"为准；不同人对同一事件的回忆如果产生分歧，一般说来大多数人的说法可能比较接近于事实；同一回忆者对同一事件的回忆如果前后不一，一般说来应以较早的回忆为据，因为越早的回忆越逼近历史的原生态，但如果有政治因素的干扰，较晚的回忆也可以矫正较早的回忆；他人的回忆与本人的自述如有分歧，一般情况下本人的自述较为可信[1]。

**参考文献：**

[1] 陈漱渝. 存真求实　去伪辟谬——试谈回忆录的鉴别[J]. 新文学史料，2008（3）：121-130.

# 高中历史统编教材的图像分析与教学运用

马维林[①]

艺术承载着丰富的历史文化，建筑、雕塑、绘画等艺术图像是人类文明的符号。教材中的图像蕴含着丰富而深刻的教育意图，但由于教师缺乏必要的图像分析理论和艺术史专业知识，对图像反映的历史文化语境缺乏深刻剖析，历史教材上的图像往往并未在历史解释建构中发挥应有的作用。实质上，"图像证史"和"图文互证"是培养历史学科核心素养的重要方式，本文以统编教材的艺术图像为研究对象，尝试对统编教材图像的类型功能、内涵阐释和教学运用进行初步探索。

## 一、统编教材中艺术图像的类型分析

据初步统计，高中历史统编教材《中外历史纲要》（上、下）共有图像约380幅，包括历史建筑遗址遗迹、出土文物、反映重大历史事件的绘画作品、艺术作品、重要历史事件图像、政治军事形势图等，其中反映历史事件史料范畴的艺术作品、艺术史范畴（为呈现特定时代艺术发展历史的书法、绘画、雕塑等）的艺术作品和重要历史事件图像超过200幅。艺术图像的数量之多，足以说明艺术在历史叙事建构中发挥的重要作用。根据艺术图像性质，可将其分为偏重史料范畴和偏重艺术史范畴（以下简称史料范畴和艺术史范畴）两大类。史料范畴的艺术图像在教材中的价值不在于艺术本身，艺术图像对文字具有佐证、渲染和丰富的功能，透过艺术图像可以洞察特定时代的历史；艺术史范畴的艺术图像，其价值在于艺术本身，文字往往是为了说明图像而存在，通过图像可以反映出特定时代的历史。

### （一）史料范畴的艺术图像

史料是认识历史的依据和基础，但并非所有的史料都能进入人类认识历

---

[①] 马维林，西北师范大学教授，硕士生导师，江苏省南菁高级中学副校长。

史的视野之中。在历史研究中，人们可以搜集到并经常运用的历史史料主要包括历史文献、考古发掘和现存的实物、口述史料、历史图像等。《普通高中历史课程标准（2017年版2020年修订）》中，对"图像史料研读"做了明确说明：知道绘画、雕刻、照片等图像是重要的史料，选择有代表性的图像史料进行研读[1]。这一表述对图像的史料功能给予了充分肯定，但不同类型的艺术图像在历史解释建构中发挥的作用是不同的，在历史教学中还要注意区分不同类型的艺术史料。

史料范畴的艺术图像以建筑、雕塑、碑刻、古玩、绘画等历史遗迹图像的形式出现在教材中，反映特定历史阶段政治、经济、文化的发展概况，发挥着"以图证史"或"图文互证"的功能。如高中历史统编教材《中外历史纲要》（上）第6页的《何尊及铭文中的"中国"》这幅图像，呈现了西周青铜器及铭文的内容，图像本身具有艺术价值，可以从当时中国人的审美观念、艺术造型的审美取向、书法艺术的风格等方面深入挖掘这幅图像的内涵。但这幅图像在教材中的价值并不是呈现这一时期的青铜艺术和书法艺术，而是为了说明周武王灭商的历史和"中国"天下观念的出现。第34页的《职贡图》，第49页的《雪夜访普图》，第54页的《契丹人引马图》，第60页的《夫妻对坐宴饮图》等这些艺术图像在教材中的价值都不在于艺术本身，而是它们可以作为当时社会文化生活发展状况的佐证。在《中外历史纲要》（下）第2页中出现的《阿尔及利亚塔西利-恩-阿耶洞穴壁画》和第4页的《苏美尔人的战车（绘画作品）》，也是作为史料范畴的艺术图像出现的。作为历史史料，图像如同文本和口述证词一样，也是历史证据的一种重要形式[2]，教师在教学中应该将这类艺术图像纳入史料范畴进行解读，加强学生对相关历史事件的理解，而非对其进行艺术史的考查。

（二）艺术史范畴的艺术图像

艺术史范畴的艺术图像是指反映特定历史阶段的艺术发展史而呈现出来的艺术作品的图像。历史具有美学属性，历史中的艺术作为艺术的本体存在，反映出人类在特定时空背景下的意识观念、价值追求和审美取向。2007年高中历史人教版教材以"古代中国的科学技术与文学艺术""19世纪以来的世界文学艺术"两个单元来专题化地呈现了中外艺术发展史。在这些专题内容中，重点介绍了中国和世界各个时期的艺术发展历史。在高中历史统编教材中，艺术史内容虽然不再以专题的形式集中呈现，但仍单设章节，呈现了各个历史阶段的艺术成就，这类艺术图像应该属于艺术史范畴。如《中外历史纲要》（上）第8课介绍了三国至隋唐时期的书法、绘画、雕塑等艺术。教材用9幅书法绘画图片图文并茂地介绍了王羲之的《姨母帖》、顾恺之的《洛神赋图》等作品和三国至隋唐时期绘画艺术的概况，介绍了石窟艺术，呈现了莫高窟壁画《胡旋舞》。教材在第12课中介绍了宋元时期的书法与绘画，提供了宋徽宗的《芙蓉锦鸡图》这一作品作为图像信息。《中外历史纲要》（下）第5课"古代非洲与美洲"中呈现了《玛雅波南帕克神庙壁画》这一作品，用来佐证玛雅文明的艺术成就和宗教观念。教材选取艺术史范畴的艺术图像是为了让学生了解中国和世界艺术发展的历史，包括艺术发展脉络、艺术风格流派、艺术与时代的关系。

教学不同类型的艺术图像时，运用的分析方法不同，解读的侧重点也不尽相同，应根据其类型、功能建构合理的历史解释，让不同的图像都能充分发挥作用。

**二、统编教材艺术图像教学运用的两种范式**

上述两类艺术图像虽然都是历史教学中的史料，但它们在历史阐释中却发挥着不同的作用，在教学中需要基于不同的运用范式来使用，即史料实证范式和艺术鉴赏范式。

（一）史料实证范式：艺术图像的运用以史料功能的发挥为基础

史料范畴的艺术图像往往在教材的非艺术章节内容中出现，主要发挥图像证史的功能，图像或作为文字的证据，或单独发挥作用。以史料的"身份"出现的艺术图像，分布在教材的各个章节。以高中历史统编教材《中外历史纲要》（上）为例，在"东汉的兴衰"内容中，教材提供了《东汉画像砖中描绘的集市》这一图像，旁证了东汉社会经济的发展状况，形成了对文字内容的补充，让师生对"光武中兴"有了直观的感性认识；在"唐朝的繁荣与民族交融"这一内容中，为了说明唐朝时期中国与周边少数民族的关系，引用了画家阎立本的作品《职贡图》，反映了外国使节和边疆少数民族使臣向唐朝进贡的热闹场面。这幅图像的内容与教材的文字内容关系密切，画面上使节的服饰、贡品的数量、动物的品种等内容本身也承载了重要的历史信息。显然，解读这些图像的重点不在于图像的艺术风格本身，而在于图像承载的历史信息。

在对史料范畴的艺术图像进行解读的过程中，要始终以其史料性功能作为解释尺度的依据。教材中作为史料的艺术作品还有《雪夜访普图》《契丹人引马图》《夫妻对坐宴饮图》《清明上河图》《芙蓉锦鸡图》等20多幅美术作品。史料范畴的艺术图像功能的发挥严格受教材内容的限制，图像解读宜秉持适度的原则，既不可熟视无睹，又不能过度阐释。如对《职贡图》的解读，要以佐证唐朝的民族关系状况为重点，向学生介绍画面中西域使臣拜见唐朝皇帝的情景，其中人物服饰的多样可以体现唐朝的开放程度和各民族文化的多样性，从画面人数多、场面浩大可以看出唐朝的强大以及与周边民族关系的友好。

**（二）艺术鉴赏范式：艺术图像的运用以艺术风格阐释为重点**

艺术史，顾名思义是指艺术发展的历史，与法制史、服饰史、气候史、文字史等专门史一样，研究历史某一领域的发展概况。在历史教材中呈现艺术史范畴的图像是为了说明一个时代艺术发展的状况。这些图像是为了说明艺术而存在，具有非常明确的指示特定时代艺术发展特征的作用，让师生得以对某时代的艺术有直观的体验。在这里，图像与文字一起完成了对特定时期艺术的历史发展概况的建构。"学习和研究某个历史事件时，必须在一定的历史时空环境中去做具体的、动态的分析和把握。"[3]艺术的鉴赏同样要遵循这一原则，师生在对图像的解读中要侧重对特定时代的艺术作品风格、艺术与时代的关系进行分析，同时兼顾把握艺术发展的历程，从时空视野理解艺术发展史。在艺术史解读中，教师对特定时代历史发展的分析重点是通过理解艺术本身来间接理解历史。

在高中历史统编教材《中外历史纲要》（上）"三国至隋唐文化""辽宋夏金元的文化""明至清中叶的经济与文化"这三课中，以专题形式介绍了不同时期的文学艺术成就。教材中的书法艺术作品龙门石刻《杨大眼造像记》、颜真卿《多宝塔感应碑》、顾恺之《洛神赋图》（摹本）、敦煌莫高窟壁画

《胡旋舞》等图像，都属于艺术史范畴的图像。这些作品需要以艺术鉴赏的范式进行阐释，回答好艺术图像反映的主题、产生的时代背景等问题。学生对艺术历史发展进程以及相关艺术风格的了解是艺术史范畴的艺术图像阐释的重要目标。在此基础上，可以通过艺术风格进一步理解时代物质生产和精神文化的整体状况。决定艺术面貌的，并非某种抽象的时代精神，而是生活在过去的那些男男女女，正是他们创造了我们的历史[4]。因此，师生还应在对艺术历程整体把握的基础上，对代表性艺术家及其作品做深入了解，着重研究艺术作品风格与时代的关系。艺术史范畴的图像解读要兼顾对艺术发展演变过程的把握和艺术风格与时代境况的关联分析。

### 三、艺术图像在历史教学中功能发挥的三个维度

通过上述两种类型的艺术图像类型和功能的分析，我们可以对艺术图像在历史解释建构中的价值功能进行整体把握。历史研究中艺术图像的史料价值功能十分丰富，但由于教师往往对图像类型和功能缺乏研究和认识，致使课堂教学中图像的功能发挥往往偏离主题。以历史研究为目的的图像解读不同于艺术鉴赏，纯粹的艺术鉴赏主要欣赏艺术的手法、色彩、风格、画面的布局、作者的艺术个性等，虽然也要考虑艺术创作的背景等因素，但这不是主要的。以历史研究为目的的图像解读往往需要对图像阅读走向和图像背后的情境进行分析，通过对图像语言和形式的解读理解历史。历史研究中对艺术图像的阐释需要结合时代语境，从整个时代的文化背景展开分析，发现艺术与艺术所处时代之间的关联机制。

#### （一）艺术图像具有比文字文献更直观的历史表现能力

艺术往往以实物和图像等方式存在，是历史研究的重要载体。艺术的表现方式十分丰富，建筑、绘画、雕塑等艺术形式至今存在，有的艺术实体本身经过漫长的岁月依然存在于世，还有的艺术实体已经不存在，但以图像的形式保存了下来。当艺术作为历史文献出现在历史研究中，它确实具有比文字文献更强的表现力，直接、形象地表现出其所呈现的历史内容，可以更直观地反映出历史的原貌。唐朝画论家张彦远在《历代名画记全译》中写道："记传所以叙其事，不能载其容；赋颂有以咏其美，不能备其象，图画之制所

以兼之也。……宣物莫大于言，存形莫善于画。"[5]可见，艺术作品在记述历史方面有着不可替代的价值，文与图一体两翼建构了往昔的历史叙事。18世纪中后期，西方史学家对艺术图像的文献价值给予了大力肯定，如法国历史学家丹纳甚至要抛开文献，以时代艺术作品为史料撰写历史，他提出，比之行动与著作，人们往往在其装饰、柱头和圆顶中更清楚、更真诚地表达自己[4]。这些观点都说明了艺术图像表现历史的独特优势。由于艺术图像可以直观地反映和形象地呈现历史，教师在历史教学中需要重视艺术图像史料的运用，图文并茂地呈现与历史相关的图像并对其进行合理的阐释，以增强学生对历史内容的形象把握。

### （二）艺术图像可以反映一个时代的总体特征

艺术是一个时代精神和风俗的表现，时代的精神和风俗又是由整个时代的政治、经济、文化等状况决定的。史料范畴的艺术图像所代表的艺术作品的产生，取决于其时代物质文明和精神文明的总体状况。"如果我们承认艺术家不是生活在世界之外的特殊精灵，而是生活在完全现实条件下的人，那我们就会看到他的创作的动机、目的、需要、思想感情等等都是由他生活的现实世界决定的，都是现实世界在他头脑中的反映。"[6]可见，艺术图像不仅是特定时代历史发展的证据。艺术作为呈现时代特征的史料，具有比单纯的文字史料更大的优势，它往往表现事物的最重要特征，把某方面的特征用艺术手段加以放大。正是艺术源于生活而又高于生活的这种有意加工的特征，让其在历史研究中的史料价值得以更突出地展现出来。教师要引导学生通过关注艺术图像表现的事物特征来实现对特定时代总体特征的把握，让图像在对整个时代的深刻把握中发挥价值。

### （三）艺术图像的丰富性开拓了历史研究的新视野

艺术图像承载着丰富的历史信息，艺术家创作的艺术作品有意识和无意识地体现出艺术作品所在时代的丰富性。艺术家个人的主观理想，往往受社会发展的总体性制约，体现特定时代的总体氛围。艺术的丰富性以及艺术价值的多元性，为历史研究开辟了新的视野。滕固在其《中国美术小史》中引用"苏轼跋吴道子画的语"："智者创物，能者述焉；非一人之所能也。君子之学，百工之于技，自三代历汉，至唐而备矣。故诗至于杜子美，文至于韩退之，画至于吴道子，古今之变，天下之能事毕矣！"[7] 显然，在苏轼看来，诗歌、绘画等艺术可以穷"古今之变""天下之事"。梁启超对艺术图像历史价值也给予了极高的肯定，他认为如果重视历史遗存下来的艺术可以获得文字无法彰明的历史信息，"又如唐画中之屋宇、服装、器物及画中人之仪态，必为唐时现状或更古于唐者，宋画必为宋时现状或更古于宋者，吾侪无论得见真本或摹本，苟能用特殊的观察，恒必有若干稀奇史料可以发见。"[8] 教师在教学中合理运用艺术图像能够开辟新的历史解释视角，丰富学生的历史认知途径。要引导学生在历史研究中注意使用图像史料，就要将思维的方式、感觉的方式和体验的方式综合运用到历史教学中，从而真正让学生获得丰富的审美体验，这是美学精神在历史教学中得以践行的重要体现。

图像的运用丰富了历史研究的视野，但运用图像进行历史解释建构存在着重重陷阱和层层迷雾。这就需要对艺术图像的功能加以区分并综合运用史料实证和艺术史的方法，让文献与图像对话，对图像的历史敞现功能进行合理解读，从而建构科学的历史解释。在历史教学中运用图像建构历史解释始终要铭记的是，图像不是目的，图像的解读始终要服务于历史认识的目标，必须坚持大胆假设、小心求证的史料实证意识，让艺术图像蕴含的历史信息逐渐敞现出来。

**参考文献：**

[1] 中华人民共和国教育部. 普通高中历史课程标准（2017年版2020年修订）[M]. 北京：人民教育出版社，2020.

[2] [英] 彼得·伯克. 图像证史 [M]. 杨豫，译，北京：北京大学出版社，2008.

[3] 贺千红. 点线结合，内化唯物史观——以《战后资本主义世界经济体系的形成》内容教学为例 [J]. 基础教育课程，2019（9下）：62-68.

[4] 曹意强，麦克尔·波德罗. 艺术史的视野——图像研究的理论、方法与意义 [M]. 北京：中国美术学院出版社，2007.

[5] 张彦远. 历代名画记全译 [M]. 贵阳：贵州人民出版社，2009.

[6] 刘纲纪. 艺术哲学（新版）[M]. 武汉：武汉大学出版社，2006.

[7] 滕固. 中国美术小史 [M]. 北京：知识产权出版社，2018.

[8] 梁启超. 中国历史研究法 [M]. 上海：上海文艺出版社，1999.

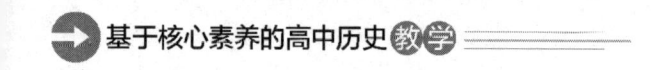

## 第二节　指向历史核心素养的教学方式探索

### 基于历史学科核心素养的有效教学过程设计

李月琴[①]　邹玉峰[②]

随着《普通高中历史课程标准（2017年版）》的发布，越来越多的历史教师积极主动地参与到"如何培养学生历史学科核心素养"以及"如何落实学业质量标准"的研讨中。对于怎样落实历史学科唯物史观、时空观念、史料实证、历史解释和家国情怀的核心素养，中学历史教师从学理和实践两方面开始了全方位的探索。其中，教学过程的有效设计是真正落实学科核心素养的重要环节。

#### 一、核心素养立意，落实教学理念

新世纪伊始的"以学生发展为本"的新课改理念可谓深入人心，然而在实际教学过程中，教师"满堂灌"的现象依然存在。究其原因，"知识立意"在教学中仍占主导地位。知识传递最简洁、成本最低的方法就是以教师讲、学生记为主。当考试只是考知识点时，这种教学方式或许可以取得"辉煌"成就。然而，当考试评价改革全面展开，当真正落实"以学生发展为本"的教学理念时，知识作为促进学生全面发展的载体，更多的应是通过学习，使学生在能力、方法、情感、态度以及价值观方面获得必备的经验与健全的品格。本次普通高中课程标准的修订，提出了各学科的"核心素养"，增加了"学业质量标准"，对学生的全面发展提出了具体可操作的要求和目标，这为我们真正改变学生学习方式、培养全面发展的人提供了方向和路径。因此，

---

[①] 李月琴，华东师范大学教师教育学院副教授。
[②] 邹玉峰，上海市晋元高级中学教师。

在历史教学中，所有的活动都应紧紧围绕"培养和发展学生历史学科核心素养"这个目标展开，以"核心素养"立意，制定教学目标，选择教学内容，实施教学手段，开展教学评价，唯此才能真正落实"以学生全面发展为本"的理念。

不同的教学立意，教学内容和方法的选择完全不同。很多教师认为，在世界史教学中很难落实"家国情怀"素养的目标。其实，家国情怀的内涵包含着"能够确立积极进取的人生态度，塑造健全的人格，树立正确的世界观、人生观和价值观。"[1]比如，在学习"罗斯福新政"内容时，有位教师以"家国情怀"立意，摒弃过去只注重"新政"内容的分析，转而从"家庭、家乡和家国"的角度探究罗斯福一生的活动，以此突出"积极进取的人生态度"，彰显"家国情怀"的核心素养。再如，学习"西欧一体化"内容时，为突出"时空观念"的素养，在叙述"一体化的前世今缘"时，有授课教师从查理曼帝国时代的西欧、凡尔登条约后的西欧、英法百年战争时的西欧、三十年战争前后的西欧、拿破仑战争后的西欧直至第一次世界大战和第二次世界大战后的西欧，以地图的变化呈现了两千多年来欧洲大陆的分分合合，引领学生"把握相关史事的时间、空间联系，运用特定的时间和空间术语对较长时段、较大范围的史事加以概括和说明"[1]，理解历史上欧洲变化与延续、统一与多样、局部与整体的关系，从封建割据、民族国家、战争噩梦思考欧洲何去何从，使得学生能够在时空纵横中理解历史，"时空观念"的素养也由此得到极大的提升。

教学立意决定了教学目标的制定、教学内容的选择和教学手段的实施，甚至教学评价的指向。所以，在深化课程改革的今天，我们应以"核心素养"立意，以"学科质量标准"为依据设计教学活动。

## 二、开展探究活动，促进学生主动学习

在教学活动中，学生的主体性能否有效发挥是落实核心素养的关键。所以，我们的教学要努力调动和发挥学生历史学习的积极性、主动性和创造性，以养成学生核心素养为目标、以学生的自主探究活动为中心来展开。这就要求教师在充分理解教材内容及其历史内涵的基础上，明确所要达成的核心素

养目标，借助典型材料，将教材中已成"定论"的内容转化为探究性的话题。

如"晚清时期的内忧外患与救亡图存"专题，关于"鸦片战争"性质的认识，可以设计探究活动，提供典型材料：

材料1："这场战争是英国资产阶级'旨在维护鸦片贸易而发动和进行的对华战争'。"

——马克思《鸦片贸易史》

材料2："当中国人实行一种激烈的禁烟运动而使危机加剧的时候，战争果然就来到了……它（鸦片战争）不过是一个持续了二十年，并且要决定东方和西方之间应有的国际和商务关系的斗争。"

——马士《中华帝国对外关系史》

材料3："大家都认为……鸦片战争是一次典型的非正义战争……是……用鸦片染成的战争……根本问题是北京愿不愿意和英国订立平等国家关系的问题。"

——费正清《伟大的中国革命》

材料4："鸦片战争……是两种不同文化间的冲突。当两种各有其特殊体制、风格和价值观念的成熟的文化相接触时，必然会发生某种冲突。"

——张馨保《林钦差与鸦片战争》

材料5：英国首相巴麦尊在议会上痛心疾首而又气势汹汹地叫嚣道："清政府竟然把能给我们大英帝国带来无限利益的大批商品，全部给予销毁！我要求议会批准政府去惩罚那个极其野蛮的国家……要保护我们天经地义的合法贸易！"

——姚晓宏《大国博弈与产业战争》

材料可以课前提供给学生，也可以在课堂上发给学生。发放材料的同时请学生关注这些问题：材料中对于鸦片战争的性质有哪些看法？这些看法的论证逻辑是什么？其中存在的问题是什么？你的看法是什么？你将怎样展开论证来驳斥其他看法？这些言论带给我们的历史启示是什么？

高中学生的材料解析能力与综合论证能力较弱，需要教师进行示范引导，帮助学生学会如何运用材料和教材中的知识来分析问题和论证观点。比如，教师以对材料4观点的分析作为示范：这场战争是两种文化的冲突。首先引导学生从当时清朝的礼仪习俗、对外域民族的态度、西方国家的文化习俗等角度，呈现清王朝"天朝上国"高高在上的姿态。这与西方国家依据国际法进行平等交往的观念发生冲突，作者站在西方文化立场上来审视问题。这样看来，似乎这场战争是因为清王朝对西方国家的不敬而引发的。接着，带着学生阅读教材中的战争背景内容，从而认识到，礼仪之争的确是清王朝与西方国家交往中的一个障碍，但是，真正的问题在于西方国家为了拓展商品输出市场而进行的殖民扩张，因此，该作者的观点实为避重就轻，推卸战争责任。

在示范分析与解释之后，教师根据学生的意愿将其分成若干探究小组，模仿教师的分析模式，从观点的提炼、材料的收集到对观点的理解、解释，直至对教师问题的回答，对其他四则材料进行分析梳理。学生在模仿借鉴中，逐渐掌握运用唯物史观的历史思维和方法来分析和解释历史问题，通过这种示范、模仿，学生对鸦片战争性质的认识由表及里逐渐深化，最终透过历史的纷杂表象认识历史的本质。在此过程中，学生的合作探究精神、"唯物史观、史料实证、历史解释"等核心素养以及批判性思维都得到了训练和提升。在教师的示范引领下，学生能够有针对性地解决其他问题，在获得成就感的同时，探究的积极性、主动性大大提高，学习效果更为显著。

### 三、创设问题情境，体验历史境况

学生的核心素养，"在本质上是应对和解决复杂的、不确定的现实生活情境的综合性品质。……是个体在与情境的持续互动中，不断解决问题、创生意义的过程中形成的"[2]。教科书中的历史知识和历史结论是很难引起学生的认同与共鸣的，教师应通过各种历史素材和问题设计"再现"历史瞬间，为学生提供一个与历史对话的机会，使学生学会站在特定的历史时空中感悟历史变迁，逐渐形成运用历史思维和历史方法解决真实问题的能力。

如学习"全球联系的初步建立"内容时，教师就可以创设与现实生活紧密关联的、真实性的问题情境，让学生通过基于问题的活动方式，开展合作、探究学习：

设想一下2030年地球上人口已十分拥挤，食物和能源（如石油）也非常短缺。我们要送宇航员去遥远的星球探寻新资源。科学家认为在一个遥远的星球上或许会存在有价值的资源，一些不为人知的"生物"或许生活在那儿。作为一位探险专家，国家要求你给探险队提供一些建议。我们知道，宇航员要做的事情和哥伦布那样的探险家发现新大陆时所遇到的事情之间有诸多相似之处。你所拥有的知识经验，对于规划未来的事情将非常有用。

这样的情境创设相信一定会让学生跃跃欲试。接着抛出问题，分小组进行合作探究：

1. 这种情形和哥伦布那样的欧洲探险家发现新大陆时所发生的事情具有哪些相似和差异之处？用历史上的特定事件和事例来证明你的观点。

2. 在这一探险使命中，探险家们力图实现的主要目标或明确要做的事情是什么？至少描述两个适合于地球的目标以及两个有利于其他星球的目标。

3. 探险家们应尽力避免和减少的一些可能的问题是什么？至少描述出在地球上或其他行星上可能会遇到的两个问题。给出一些特定的事实或历史事件以佐证你的观点。

4. 在制定一项成功的计划时，还应考虑哪些想法或事情？

5. 牢记哥伦布和历史上其他探险家的探险事宜，为尽力保证这次探险活动的成功，你认为国家和宇航员应作出哪些计划？[3]

在这种基于问题开展的合作、探究、体验式教学中，学生"在对历史和现实问题进行探究的过程中，能够恰当地运用史料对所探究问题进行论述"[1]；"能够将其置于具体的时空框架下；能够选择恰当的时空尺度对其进行分析、综合、比较，在此基础上作出合理的论述"[1]；"在尽可能占有史料的基础上，尝试验证以往的说法或提出新的解释"[1]。学生的时空观念、史料实证和历史解释的核心素养都能得到极大的提升，更重要的是"以史为鉴"使历史在现实中的作用得以展现。

适合的教学方法的关键是要学生能够在课堂学习过程中充分发挥自身的能动性和主动性，亲身感受历史、理解历史，并能够在学习的过程中、在理解的基础上，解决真实情境中的问题，养成必备的品格和关键能力。

历史中存在很多看似不合理的现象，通过具体的史料和恰当的问题设计创设历史情境，能够帮助学生站在历史的现场去理解和感悟这些情理之中的

"悖论"。当然，在一个历史事件中，并非每个环节都适合创设历史情境，也不是每个环节都一定要创设历史情境，要选择能够突出核心素养的环节，找出看似不合理的内容去创设历史情境。例如，"辛亥革命与中华民国的建立"专题，理解辛亥革命与中华民国成立对中国结束帝制、走向民主共和的意义，我们常常更多关注中华民国学习西方先进理念和治国模式，却很少注意孙中山在治国中对传统文化的继承。"三民主义"中的"民生"是对传统儒学"仁政"思想的运用，"中山装"的设计也体现了传统观念中的"礼义廉耻"。所以，教师可以利用文献和图片材料创设的情境，引导学生在学习辛亥革命的过程中，感受中国传统文化旺盛的生命力，增强民族自信心和自豪感，让"家国情怀"油然而生。学生在研习史料的活动过程中，通过时空的定位发展时空观念，通过史料的解读提升史料实证的能力，通过问题解决促进对历史的理解，提高历史解释的能力。

**参考文献：**

[1] 中华人民共和国教育部. 普通高中历史课程标准（2017年版）[M]. 北京：人民教育出版社，2018.

[2] 杨向东. 核心素养与我国基础教育课程改革的关系[J]. 人民教育，2016（19）：19-22.

[3] [美] 威尔顿. 美国中小学社会课教学策略[M]. 吴玉军，等译. 北京：华夏出版社，2004.

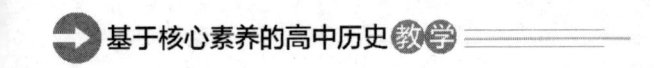

# 《中外历史纲要》上册第一单元教学问题及对策

张逸红[1]

《普通高中历史课程标准（2017年版）》（以下简称《历史课程标准》）在前言部分明确指出，本次修订的主要变化，一是凝练了学科核心素养，明确了学生学习该学科课程后应达成的正确价值观念、必备品格和关键能力；二是更新了教学内容，以学科大概念为核心，使课程内容结构化，以主题为引领，使课程内容情境化[1]。依据课程标准编写的普通高中历史教材，必修《中外历史纲要》、选择性必修1《国家制度与社会治理》、选择性必修2《经济与社会生活》、选择性必修3《文化交流与传播》以及《史学入门》《史料阅读》等，加在一起构成了高中历史课程的学科体系[2]，他们是培育学生历史学科核心素养的重要载体。

2019年秋季，北京市等6个省市在全国率先使用普通高中历史必修教材《中外历史纲要》（以下简称"新教材"）。为准确把握一线教师使用新教材的情况，笔者以北京市西城区为主，深入教学现场，采取听课和访谈的形式，收集了涉及北京多个区的16所学校、20节现场课和4个交流案例。同时，结合2019年9月笔者对北京市西城区全体高一历史教师进行的问卷调查（涉及示范校和普通校共34所，各年龄段的教师共55位）结果，基于调查发现的教师在新教材使用中存在的一些问题，探究问题产生的根源，并尝试提出相应的对策。

## 一、教学中存在的典型问题

通过整理调查问卷、课堂观察和课后访谈记录发现，多数历史教师还未能及时跟上教学内容更新带来的变化，无论是理念还是实践，与《历史课程

---

[1] 张逸红，北京市西城区教育研修学院历史教研员。
[2] 参见张海鹏教授在2019年普通高中统编教材国家级示范性培训班上的讲话。

标准》所提出的"以学科大概念为核心，使课程内容结构化，以主题为引领，使课程内容情境化"的要求还有较大的差距。

### （一）难以抓住学科大概念，教学内容取舍不当

笔者每到一所学校，几乎都能听到同一句话："内容太多了，课时不够用，根本讲不完。"从调查数据来看，80%的教师认为教学的最大困难在于课时不够用，51%的教师认为"不知内容如何取舍"，这二者其实密切相关。造成这种问题的主要原因是教师在教学实践中不能围绕主题取舍内容，节外生枝占用了过多时间。以第3课"秦统一多民族封建国家的建立"为例，主要有几种表现：

表现一：新课导入节外生枝。有位教师出示孟子见梁襄王的故事："……问曰：'天下恶乎定？'吾对曰：'定于一。''孰能一之？'对曰：'不嗜杀人者能一之。'"教师提出的问题："孟子的预言实现了吗？"从战国末期社会发展的历史大趋势导入，强调"定于一"即可，对于后者"孰能一之？""不嗜杀人者能一之"的引导明显偏离了主题。

表现二：不需补充细节之处徒增负担。在讲授秦统一的过程时，5位教师都是出示地图，或自己讲述，或指导学生概述秦灭六国的先后顺序。而对比初、高中教材就会发现，初中教材写道："秦国军队势如破竹，先后攻灭韩、赵、魏、楚、燕、齐六国。"高中教材写道："秦国采取了远交近攻策略，分化瓦解，各个击破，相继灭掉东方六国。"高中教材减少枝节，不强调灭六国的先后顺序，但重点强调"远交近攻"的策略。

表现三：习惯性地将君主专制与中央集权连用，分散精力；课堂板书表述为"君主专制中央集权制度"。分析皇帝制度和三公九卿制度时，均凸显君主专制，而对于树立最高权威、保证从中央到地方政令畅通等巩固统一的作用却强调得不够。

表现四：关于秦始皇的人物评价没有重点突出"巩固统一"的一面。有两位教师先提供《琅琊刻石》《过秦论》《贞观政要》和钱穆的《国史大纲》等材料，然后提出一组思考题："为何以上材料对秦始皇评价不同？谈谈你对秦始皇的认识和评价。"此类设计用于旧课程的选修教材《中外历史人物评说》是较合理可行的，但用在新课程的必修教材《中外历史纲要》，从秦朝建

立统一多民族国家的主题看,就冲淡主题了。

综合分析以上几种课堂问题,其产生的根源在于教师一时还难以抓住单元的核心概念(大概念)。高中必修课程中,中国古代史部分的学科大概念是"统一多民族国家的发展",秦汉两课的课程标准要求落在"认识统一多民族封建国家的建立及巩固在中国历史上的意义"上[1]。教材浓墨重彩、处处体现的是"中央集权",而非"君主专制",如正文叙述的是"秦朝采取一系列巩固中央集权的统治措施",评价部分写道"统一中央集权国家的形成是历史发展的必然,也是客观需要"。"史料阅读"栏目中"历代对秦始皇统一和秦制给予高度评价"有着鲜明的引导性,所提供材料也分别对应统一六国、颁行法律、实行郡县制等史实。但遗憾的是,一些教师忽略了教材的编写意图与重点价值导向,按照自己的想法和习惯去组织教学,难怪会出现"讲不完"的情况。

(二)支解结构化课程内容,内容要素之间缺少必要的联系

1. 支解结构化课程内容

数据显示,对于新教材,教师最为欣赏之处是引入史学研究新成果,表示认同的教师比例高达67%。史学研究新成果不仅包括更新旧知识,还包括出于课程内容结构化的需要而补充进来的新知识。对于"通史+专题"的体例,也有54.55%的教师表示认同,认为其突出了历史学科时序性的特点,便于教学,且单元划分清晰,主线、重点突出。

但调研发现,部分教师课程内容结构化的意识还较为淡薄,教学中典型地体现在对第2课"诸侯纷争与变法运动"的处理上。主要有两种表现:

表现一:大部分教师将思想文化放到下一课另行讲述,把第一、二子目政治、经济的变化和变法运动当作一个整体进行教学设计。加强中华优秀传统文化教育确实是高中历史课程突出的主题,但是从本课4个子目之间的关系来看,第一子目"列国纷争与华夏认同"反映当时政治格局的巨大变化;第二子目"经济发展与变法运动",说明经济发展是基础;第三子目"孔子与老子"与第四子目"百家争鸣"可以合并为"春秋战国时期的学术思想",是社会大变革在意识形态上的反映。三方面的变化构成一个整体,体现出课程内容的完整结构,教材这样的结构设计有助于让学生综合感受政治、经济、

思想文化之间的密切关系，培养唯物史观。

表现二：政治经济的变动与变法之间的关系把握不当。例如，某位教师花了一半多时间用于教学第一子目"列国纷争与华夏认同"，仅用小部分时间讲第二子目的农业和工商业，下课时间就到了，最后给学生留下综合探究作业："根据所学，说明商鞅变法的措施是如何反映历史发展的趋势，并影响后世的。"授课教师较好地区分了初高中教学的区别，设计的探究活动也抓住了本课重点，但问题在于课堂实施时在某一处挖掘过深，而没有将大部分时间交给学生用于探讨重点问题。

《历史课程标准》要求："通过了解春秋战国时期的经济发展和政治变动，理解战国时期变法运动的必然性。"[1]理解变法的必然性应置于春秋战国时期政治变动、经济发展的大背景下去认识。[2]可见，本课重点不是在于了解各种变动，而是结合变动理解变法的必然性。教材对应"列国纷争与华夏认同"一目的"学习聚焦"指出了把握政治变化的角度和程度：一是周天子"天下共主"的地位丧失后，诸侯纷争；二是各民族进一步交融，华夏族发展壮大。对应"经济发展与变法运动"一目则指出"变法成为潮流"。思想学术方面，法家成为战国时期受到重用的流派，法家思想成为商鞅变法的指导思想。本课的立意在于让学生既看到变动是变法的背景，又通过具体的变法内容认识到变法最终推动了社会转型，帮助学生把握历史发展的大趋势。

2. 正文与辅栏、各课内容之间，必修课与选择性必修课之间缺少必要的联系

新教材精心设计的辅助栏目深受一线教师的欢迎，其中使用频率的比例如表1所示，使用最多的是"史料阅读"栏目，其次是单元导言。约85%的教师用一整节课、约10%的教师用半节课上导言课，基本都呈现了高中历史课程的结构。但听课中发现，部分教师在必修课程正文与辅栏、各课内容之间，必修课与选择性必修课程之间未能建立起必要的联系。

表1　新教材中相关栏目的使用频率（多选题）

| 选项 | 比例 |
| --- | --- |
| A. 单元导言 | 56.36% |
| B. 学习聚焦 | 36.36% |
| C. 历史纵横 | 40% |
| D. 思考点 | 40% |
| E. 学思之窗 | 34.55% |
| F. 史料阅读 | 70.91% |
| G. 探究与拓展 | 20% |

问题集中反映在第3课对"编制户籍"这一内容的处理上。作为国家治理的基本模式之一，秦朝建立并不断完善的户籍制度为后世所沿用，其重要性不言而喻。此前虽有文献记载，但有关户籍档案的实物却并未得见。2002年湖南龙山县里耶古城出土了秦简38000多枚，为当时迁陵县的官府档案文书，其中包括部分秦代户籍简文，这引起了学术界的广泛关注，并于2019年在中国国家博物馆展出。新成果及时出现在高中历史教材中，并配以"里耶秦简户籍簿"插图和释文，但听课中发现，教师对此的教学处理过于简单，有的教师甚至没有提及。

其实，新教材对此的设计是十分用心的：第一，插图秦简上的文字可佐证"统一文字"的措施；第二，户籍簿释文包含丰富的历史信息，如户籍登记的单位是"户"，秦朝基层组织"里"负责管理民众等；第三，紧扣主题，赋役制度是维护国家机器运转的重要手段，编制户籍作为征发赋役的依据，直接起到巩固统一的作用；第四，为学习本册书第二单元"隋唐时期的赋税制度创新"、选择性必修Ⅰ《国家制度与社会治理》的"中国古代的户籍制度"奠定基础。

（三）一些教师知识更新不及时，沿用旧提法，忽略新知识

对于新教材，教师最为欣赏之处是引入史学研究新成果，但是关注到这一点不等于在教学实践中他们就会自觉地更新和完善自身的知识结构。课堂观察发现以下几种典型错误表现：

表现一：第 1 课中，对于中华文明的产生与早期国家之间的关系理解不到位，个别教师仍将夏作为第一个国家来讲，而不以距今约 5000 年前出现的一批古国作为标志。教材在两段话中分别叙述"在北方辽河上游有红山文化，长江下游有良渚文化。它们都出土了精美的玉器，并且出现较大规模的祭坛和神庙""大汶口文化和良渚文化等考古发现表明，这时私有制已经产生，中国即将迈入阶级社会的门槛"。良渚文化于 2019 年被列入世界文化遗产名录，"中华文明五千年"，中国存在多处遗址证据，但以良渚最具代表性[3]。因为缺乏相应的知识储备，教学中教师往往一句带过，忽略了对学生进行文化自信、加强历史与现实联系的极好教育机会，非常可惜。

表现二：第 3 课中仍将"焚书坑儒"这一内容归入巩固统一的措施，而不是"暴政"。现行普通高中统编历史教材都将此内容放在"秦的暴政"一目中，初中教材在"相关史事"栏目中讲述："秦始皇为禁锢人们的思想言论……史称'焚书坑儒'"；《中外历史纲要》更是用正文进行记叙，并明确指出："焚书坑儒在中国历史上产生了十分恶劣的影响。"所听 5 次课中，除一位刚教过初中的青年教师外，其余 4 位教师都按巩固统一的措施讲，这是教师传统认识根深蒂固、知识更新不及时的表现。

表现三：第 4 课中教师最易忽略的是西汉政府对东南沿海和西南少数民族地区的治理，尤其是对东南沿海的治理，涉及对学生海权意识的培养。建议补充必要的相关史实，如中国最早发现、命名和开发利用南海诸岛及相关海域，最早并持续、和平、有效地对南海诸岛及相关海域行使主权和管辖权，秦汉时南海已成为当时重要的海上航路等。

综合以上表现可见，在实际教学中，部分教师对新内容、新观点视而不见，舍新用旧的问题比较严重。因此，加强教师与教材编者之间的对话，通过各种形式的培训及时更新知识，加强集体备课等尤显重要。

**（四）缺乏对教材权威性的重视和对学情的关注**

数据显示，教师使用最多的是"史料阅读"栏目，但只有 12.7% 的教师使用教材的史料，60% 的教师除了用教材的史料外自行补充 1~2 则新史料，25.5% 的教师补充 3~5 则新史料。关于使用的方式，近 90% 的教师能融入课堂教学活动中，不到 10% 的教师让学生课下阅读，个别教师不用教材的史料而自己找新史料。依据学情补充恰当资料是可行的，但是首先要用好教材，否则就会过犹不及。有位教师在讲述第1课的"商和西周"这一子目时，补充了5则史料，教学设计如下：

1. 教学目标：了解商和西周的政治制度，通过文献与实物互证，培养史料实证的思维。

2. 教学过程：

（1）提供利簋和康侯簋的铭文、《史记》和《甲骨文合集》等五则资料。

（2）设计六个问题：从材料中能读取哪些信息？反映出商代内外服制度下的什么义务？指出其中两则材料的史料类型；史料主要讲述了哪一历史事件？通过史料能看出西周在地方管理方面实行什么制度？你认为这两则材料对历史研究有哪些价值？

从课堂观察看，教师虽花了许多时间解释材料，但学生仍表示难以理解。学生读不懂材料因此无法展开讨论，整节课基本是教师的"一言堂"。精心设计的一课为何取得的教学效果不尽如人意？

关于本课内容，《历史课程标准》是这样要求的："通过甲骨文、青铜铭文及其他文献记载，了解私有制、阶级和早期国家的特征。"[1]教师制订的教学目标包含了必备知识和核心素养，表述较到位，了解史料的类型和价值也是高一学生应达到的水平。但授课教师不经意说出的"学生阅读水平低、读不懂"恰恰点出了问题所在：选用的材料和设计的问题脱离了学情。调查显示，73%的教师认为"学生差距较大，部分学生基础较差"是高一教学的最大困难。高中历史新教材的亮点在于：一方面贯彻了历史学科五个核心素养，并将之融入历史史实的叙述中；另一方面教材的正文、辅助栏目、活动课等与历史学科核心素养的培育建立了有机的内在联系。因此，在正确历史观指导下编写的教材，不仅是学生学习的范本，也是学生掌握史料实证、历史解释的正确方法和路径样本。

如讲到商朝历史，教材正文部分叙述道："考古学家在河南安阳一带发现殷墟遗址，在遗址出土的大批龟甲、兽骨上刻有文字。"这是提示甲骨文证实殷商历史，中国历史从此进入信史时期，此后史学研究基本以文献记载为主、考古成果为辅。再配合课文提供的"殷墟出土刻有文字的龟甲"和西周早期的铜器何尊及铭文中的"中国"图文资料，说明"中国"一词最早的实物见证即可。

## 二、解决问题的对策建议

通过对教师在第一单元教学中存在问题的分析，笔者发现，它不是教材使用的单一问题，而是涉及课程目标、教材体例与结构、教学内容、教师专业素养等方面的综合性问题，因此需要长期关注、合力研究。直面问题探讨对策，避开类似的误区，建议从以下几方面入手。

### （一）认真研读课程标准，明确教学的任务和重点

《历史课程标准》是指导高中历史教学的纲领性文件，其对必修模块每个专题的内容叙述，基本上是要求通过知识运用对历史的重要问题进行认识。例如"秦汉大一统国家的建立与巩固"这一专题，要求"通过了解秦朝的统一业绩和汉朝削藩、开疆拓土、尊崇儒术等举措，认识统一多民族封建国家的建立及巩固在中国历史上的意义；通过了解秦汉时期的社会矛盾和农民起义，认识秦朝崩溃和两汉衰亡的原因"。其中，"秦朝的统一业绩""汉朝削藩、开疆拓土、尊崇儒术等举措""秦汉时期的社会矛盾和农民起义"等是初中已学的内容，而高中的学习重点在于"认识统一多民族封建国家的建立及巩固在中国历史上的意义""认识秦朝崩溃和两汉衰亡的原因"。可见，我们的教学任务和重点，应定位在学生对历史问题的认识上，如特征、局面、变化、原因、意义、影响等。

### （二）努力着眼单元整体设计，强干弱枝，循序渐进

面对新教材使用带来的挑战，进行单元教学整体设计并在课堂中落实是有效的解决途径。新教材的编写体例是"点—线—面"相结合，"点"是历史事件、人物、现象等；"线"是历史发展的基本线索；"面"是相对较长时段的历史，以专题形式论述和概括。"点—线—面"分别对应"目—课—单元"。教材在排列讲述重要的知识"点"时，都是根据历史的纵向发展和横向发展这两条纵横交错的"线"来安排的，而"面"也是在重要的"点"和基本的"线"的基础上呈现的相对完整的知识结构。

从认识历史的角度上看，只有将相关史事联系在一起进行考察，才能搞

清历史的真实面貌。从学习历史的角度上讲，只有将相关的历史知识联系在一起，才能建构起较系统的知识体系。① 高中历史教学尤其要加强联系，即加强必修课与选择性必修课之间、必修课每一单元之间、课题之间、子目之间的联系与沟通。如第一单元中，从秦国的角度看，串联起"西周分封制—诸侯纷争中秦穆公称霸西戎—战国时期秦国变法崛起—经济发展中的都江堰—秦统一六国"；从民族关系的发展看，串联起"炎黄联盟—华夏认同—汉族形成"；从文字演变的角度看，串联起"早期甲骨文—青铜铭文—秦统一小篆"等。

（三）结合学情，突出重点和主线，优化教学环节

在单元设计思想主导下，第一单元围绕"统一多民族国家的建立和巩固"的主题，突出对学生进行国家主权、海洋权益等方面的爱国主义教育。在教学中可采取以下几个策略：

一是突出疆域四至。第 3 课依托教材的叙述进行简化："秦朝又征服了南方越族地区，加强了对云、贵一带西南夷的控制。在北方，秦朝击退了游牧民族匈奴的进攻。"高中教材关于疆域四至的描述稍显复杂，可以采用初中教材的叙述："东至东海（包括现在的东海和黄海），西到陇西，北至长城一带，南达南海。"

二是强调中央设置的地方管理机构。第 3 课引导学生观看《秦朝形势图》，整体感知秦设置的郡，指导学生找出家乡所在郡的古今地名，拉近学生与历史的距离；第 4 课结合地图讲西汉政府在河西走廊设立的武威、张掖、酒泉、敦煌四郡，以及公元前 60 年设置管理西域的军政机构——西域都护府。

三是肯定重要历史人物对于统一多民族国家的贡献。关于秦始皇和汉武帝，首选的评价角度是统一多民族国家的建立和巩固；讲张骞出使西域，突出其"凿空"之意义；讲"光武中兴"，强调光武帝针对西汉末年的种种社会问题采取的有效措施，继续巩固大一统国家；讲司马迁撰写《史记》，"网罗天下放失旧闻，考之行事""通古今之变"，从一定程度上也起到了加强民

---

① 参见叶小兵教授在 2013 年统编义务教育历史教材国家级示范性培训班上的讲话。

族国家认同的作用。

综上所述,新教材使用时间不长,范围也有限,但是调研发现的问题具有一定的典型性和代表性。因此,这可能是今后理论和实践探索的主方向,督促我们反思自身的教材培训和课堂教学,更好地理解和把握新教材,发挥历史教育立德树人、培育学生核心素养的作用。

**参考文献:**

[1] 中华人民共和国教育部. 普通高中历史课程标准(2017年版)[M]. 北京:人民教育出版社,2018.

[2] 徐蓝,朱汉国.《普通高中历史课程标准(2017年版)》解读[M]. 北京:高等教育出版社,2018.

[3] 秦岭. 良渚的故事(上)[N]. 光明日报,2019-07-07.

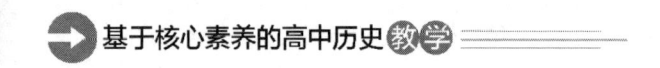

# 基于时空观念的统编高中历史教材的处理

严迎春[①]

任何历史事件都是在特定的、具体的时间和空间条件下发生的。历史是事物发展变化的客观过程,任何过程都存在于时间和空间之中。时间的延续性与空间的关联性是历史学科区别于其他学科最为显著的特点。2018年统编版高中历史教材(简称"统编新教材")采取时序性通史结构编写,弥补了过去一些高中历史教材专题史结构存在的时空割裂问题,也为统编新教材的解读和教学处理提供了时空观念的切入点。

所谓历史的时空观念是指"在特定的时间联系和空间联系中对事物进行观察、分析的意识和思维方式。"[1]教材处理是指"经过一定精选、加工和组织,将知识信息由储存状态,变成有利于学生接受和加工的可输出的状态。"[2]只有立足于特定时空条件下的历史叙述和历史分析,才是有意义的历史研究,而基于时空观念的教材解读和处理,是建构历史有意义教与学的有效途径。

本文以统编新教材"三国两晋南北朝的政权更迭与民族交融"一课为例,从教材目标的定位、教材内容的分析、教材主题的提炼等三个维度探讨基于时空思维的教材处理。

## 一、教材目标的定位:基于时空观念统筹素养要求

本课描述的三国两晋南北朝时段,政权更迭频繁,疆域空间、各民族关系错综复杂,对学生的时空感知有较大的挑战。基于此,我们尝试以历史学科核心素养当中的"时空观念"出发,从以黑格尔自然辩证法论述时间和空间内在统一不可分割的"自然时空",到马克思唯物史观强调的基于社会因素对事件的因果判断的"社会时空",再到在可靠的史料基础上进行辩证分析构

---

① 严迎春,浙江省温州市第二外国语学校教师。

建历史意义的"意义时空",从三个时空维度循序渐进地推进教材内容的解读和历史学科核心素养的落地(图1)。

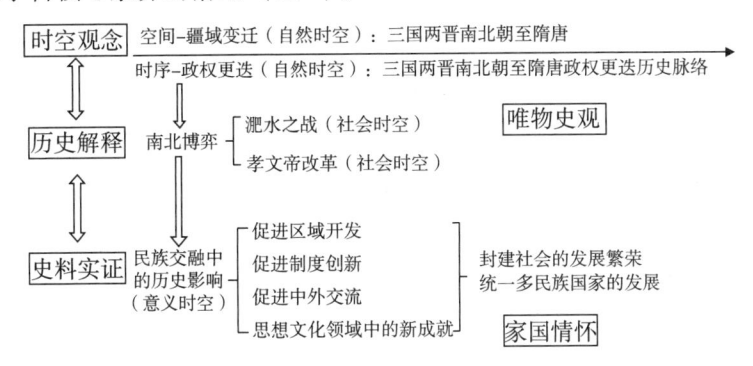

```
时空观念 ── 空间-疆域变迁(自然时空):三国两晋南北朝至隋唐
   ↕      时序-政权更迭(自然时空):三国两晋南北朝至隋唐政权更迭历史脉络
历史解释 ── 南北博弈 ┬ 淝水之战(社会时空)        唯物史观
   ↕              └ 孝文帝改革(社会时空)
史料实证 ── 民族交融中 ┬ 促进区域开发 ┐
          的历史影响  │ 促进制度创新 ├ 封建社会的发展繁荣
          (意义时空) │ 促进中外交流 │ 统一多民族国家的发展
                    └ 思想文化领域中的新成就 ┘ 家国情怀
```

**图1 三个时空推进教材内容的解读和学科核心素养的落地**

(1)运用教材三国两晋南北朝的形势图定位自然时空,使学生掌握这一时期各民族政权更迭的基本时空史实,掌握各民族政权统治区域、演变过程及相互关系。

(2)通过教材典型历史事件选取和史料分析,从北方民族内迁、制度变化、江南和边疆等区域的开发等史实,分析解读社会时空中的民族交融中封建制度、区域开发和思想文化的新发展。培养学生历史解释和历史理解的能力,塑造学生的唯物史观。

(3)综合探究本阶段政权更迭带来的分裂动荡和民族交融促进封建国家的发展,在意义时空层面认识促进民族交融对"统一多民族国家"的形成和发展的价值,增强学生对中华民族多元一体的认同感,培养学生的家国情怀。

**二、教材内容的分析:基于时空观念,重整教材,推进素养落地**

**(一)自然时空:利用教材地图等显性资源,定位时空,纵向贯通时空脉络**

时间和空间是内在统一、不可分割的,黑格尔在自然辩证法中指出:"空间的真理性是时间,因此空间就变为时间;并不是我们主观地过渡到时间,而是空间本身过渡到了时间。"[3]从自然时空维度看,正是在政权更迭的过程中勾勒了不同疆域空间的各民族政权割据并立的历史,自然演进定位了时空线索。

本课内容分为三个子目：三国两晋、东晋与南朝、十六国与北朝。教材内容安排基本按照时间顺序展开，看似不存在时序定位上不清晰的问题。但学生在这一课的学习中面临的困难主要在于本课涉及的历史阶段时间跨度较长，从三国到隋建立近三百年，其间又经历了三国鼎立、南北分裂、民族政权并立等历史阶段，政权众多、空间布局复杂交错。如何贯通时间和空间、清晰宏观定位时空是本课教学的一个挑战。

为此，教学此课时可从教材地图这一直观形象的资源出发，结合纵向时间脉络梳理，解释疆域空间中的政权更迭的时间，综合定位时空，具体处理如下。

案例1：

【教材处理设计】

出示：教材第29页《三国鼎立形势图》、第33页《东晋十六国形势图》、第34页《北齐、北周、陈对峙形势图》。

任务1：观察教材三幅地图，判断历史时期，并说出判断依据。

任务2：从三幅地图的时空变迁初步感知这一历史阶段的特征（可用关键词概括）。

【学生生成活动】

判断：根据疆域范围、政权名称、民族构成判断地图所属的时期。

阶段特征：分裂，动荡政权更迭，少数民族政权多……

【设计说明】

引导学生提取地图信息，从疆域空间入手，直观感知空间变迁，并贯通疆域空间和政权更迭的时间联系。

案例2：

【教材处理设计】

任务3：根据地图结合教材内容，用图示或表格方式归纳出本阶段的政权分合更迭的历史脉络（包括政权名称、建立时间、空间方位等），综合定位时空。

【学生生成活动】

脉络梳理：如图2所示。

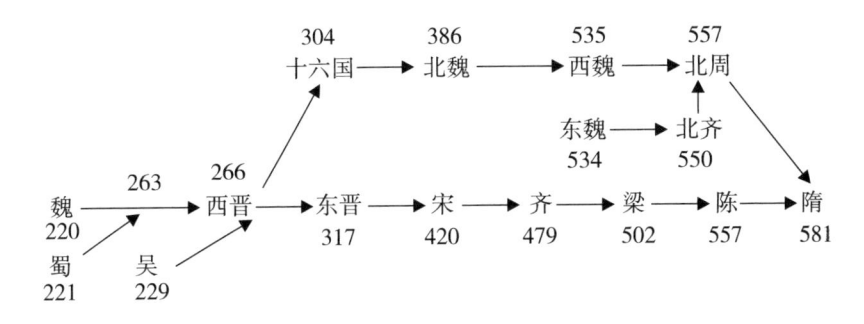

```
                          304      386      535      557
                         十六国 → 北魏 → 西魏 → 北周
                          ↑                ↓
                          │        东魏 → 北齐
                          │        534      550
   魏    263     266                                     ↓
   220 → 西晋 → 东晋 → 宋 → 齐 → 梁 → 陈 → 隋
   蜀    ↑       317   420  479  502  557  581
   221   │
   吴────┘
   229
```

**图 2　三国两晋南北朝的政权分合更迭的历史脉络**

【设计说明】

旨在引导学生自主梳理建构时空线索，形成完整的时空定位。

**（二）社会时空：选择典型资源，把握特定时空，横向解释时代特征**

要把握自然时空演进中的时代特征的横截面，需选具体典型的教材资源，以微观视角解读具体历史事件。这样才能把握社会时空里的因果、特点和规律。社会时空是基于社会因素对事件的因果判断，是马克思唯物史观的重要体现。在自然时空梳理政权更迭的基础上，教师可引导学生以"社会时空"的研究视角进一步分析南北政权之间的博弈，并解释其背后的原因。

如本课从单元整体视角看，蕴含的一条主线是"政权更迭"中的"民族交融"，教师可选取教材西晋的印章史料，增补初中已知的"淝水之战"这一典型事件作为教材解读的切入点。

具体处理如下。

案例 3：

【教材处理设计】

出示 1：教材第 30 页《西晋末年内迁少数民族分布与北方流民南迁示意图》及插图"晋朝颁给内迁少数民族首长的印章：'晋归义羌侯'印"。

任务 1：结合地图信息，以西晋为例梳理这一时期少数民族的分布。

任务 2：以"晋归义羌侯"印章为例，讨论探究少数民族和汉民族政权的关系。

【学生生成活动】

梳理西晋少数民族分布：甘肃、陕西、山西及河北、辽宁长城以南的广大地区。

解读印章：此印应为两晋时期晋王赠给羌族首领的官印。其中"归义"是汉晋政府给予其统辖的边远少数民族首领的一种封号。

结合地图和印章分析：自东汉以来，西、北边陲的一些少数民族不断向内地迁徙，到西晋更甚。从印章信息可推断，少数民族和汉族的交流从民间到政府层面都在不断加强。

【设计说明】

以西晋为具体时间切入点，选择教材印章图片为典型史料进行解读，感知时代特征。

案例4：

【教材处理设计】

出示：①教材第31页插图"北齐仰覆莲六系青瓷尊"；②教材第32页"史料阅读"。

任务3：随着北方少数民族的迁移，他们和汉族之间将会出现怎样的相处局面和民族关系？阅读教材及上述材料，提出观点并提供相应的史实佐证。

【学生生成活动】

观点1：不同民族之间充满矛盾和冲突，民族关系是分裂割据的。

佐证：这一时期地图和政权更迭就是史证，即北方各少数民族政权相互混战割据，南方的士族政权争权夺利。淝水之战就是南北之间分裂战争的典型。

观点2：不同民族之间相互学习借鉴，民族关系是缓和、交融的。

佐证史实1：教材第32页"史料阅读"中江南的开发，是相互交流学习的结果。

佐证史实2：教材第31页插图"北齐仰覆莲六系青瓷尊"，说明北方的手工业、审美也深受汉族文化的影响。

【设计说明】

以史料实证的方式，引导学生自主辨析、运用教材中不同类型的史料，形成自己的解释和观点，体会各民族间既冲突混战又相互学习借鉴的社会时空。"相爱相杀"中见证分裂时代的"民族交融"。

案例5：

【教材处理设计】

补充材料：

［淝水之战的前一年，苻坚欲大举伐晋，会群臣议，会后苻融单独见秦主（苻坚）］融泣曰："……陛下宠育鲜卑、羌、羯，布诸几甸，旧人族类，斥徙遐方。今倾国而去，如有风尘之变者，其如宗庙何！监国以弱卒数万，留守京师，鲜卑、羌、羯攒聚如林，此皆国之贼也，我之仇也，臣恐非但徒返而已，亦未必万全。"

——《晋书·苻坚载记下》

任务4：大分裂时代逐渐形成南北政权的分野和对峙，南方政权军事上处于明显劣势，但北方却为什么一直没能击败并灭亡南方？

【学生生成活动】

表层原因分析：前秦伐晋准备不足，内部统治不稳，民族矛盾较严重，没有较雄厚的物质基础，人民厌战，军队士气不高，缺乏群众基础。

深层原因分析：淝水之战本质上是实现统一的兼并战争。如陈寅恪先生分析："在我国历史上，统一不能从血统着手而要看文化高低"。

小结：南北分野不仅仅是地理界限，更是文化分界线。

【设计说明】

补充典型资料，引导学生从长期共存的南北分野的地理时空里寻找形成这一分界的深层的社会、文化原因。

**（三）意义时空：善用教材核心概念，挖掘隐性知识，内化历史意义价值**

历史概念"是在适量的历史表象（感性认识）的基础上，经过人的思维，抽象概括而成的，反映历史事物的内在联系和本质属性。"[4]可见，历史概念具有时空确定性和概括性的特点，对于学生学科素养和历史思维的培养有着突出作用。

从教材中诸多历史概念里界定和筛选出核心概念，是教材处理中做到统摄全局和深度挖掘的关键，也是全面阐释历史、内化历史知识、形成历史价值观的钥匙。

本课基于教学目标和重难点，在自然时空、社会时空和意义时空层面，分别提炼出三个核心概念，即"政权更迭""中华民族"和"民族交融"，并进行解读挖掘。

1. 政权更迭

政权更迭指国家的执政者发生了变更，现存的国家制度、管理体系、官僚机构和其他元素被全部或者部分取代。由这个史实性的核心概念勾勒自然时空线索，可以引导学生挖掘出历史内在逻辑线：这一时期，国家的执政者发生哪些变更，怎么变更，为什么会如此频繁地变更？

2. 中华民族

民族有两种含义：一是指政治文化共同体，即资本主义上升时期，西方构建民族国家时期形成的现代民族（nation），如法兰西民族，我们常说的"中华民族"即这一层次上的概念；另一含义指社会文化共同体，如中华民族中的汉族、蒙古族等[5]。由这一史实性的核心概念出发，可以引导学生进入社会时空层面分析挖掘：三国两晋南北朝时各民族政权性质是什么？是通常意义的"中华民族"吗？这些政权能代表"中国"吗？为什么？通过对这一核心概念对应的具体历史现象的分析和性质、本质的概括，深化学生对历史现象的理解，内化学生对"中华民族"的民族认同。

3. 民族交融

马克思主义民族理论中，"民族交融"不同于"民族同化""民族融合"，有其特定的含义。民族同化，不论是自然同化还是强制同化，结果都是导致某个民族消失，另一个民族族体规模的增大。民族融合，是民族在长期的交往过程中共同性逐渐增长，一是产生新的特征和认同，最终形成另外一种民族；二是最终完全融为一体，导致民族过程终结，民族消亡。而民族交融，指民族之间交往过程中共性增多的过程，既不包含旧族体的消亡，也不包含新族体的产生，是民族关系的一种运动形式[6]。这是本课最核心也最复杂的史论概念，教师对同类相似概念进行比较分析，可以引导学生进行深入理解：民族分裂、冲突和民族的交流学习，都是逐渐实现"共性增多"的民族交融的过程，从而构建学生对历史意义的认识，获得意义时空。

## 三、教材主题的提炼：从教材主题词里寻内在逻辑，找核心主题，架构知识体系

统编新教材的时序性增强了历史发展的整体通感，但这种结构的特征是平铺直叙，也会让文本的核心主题容易被掩盖和消弭在过程性的叙述中。因此，处理教材时，教师可借助教材主题词，在教材的时空叙事中抽离出核心主题，厘清逻辑主线，并以此统领全篇，图示化地架构教材知识网，培养学生立体深入的时空思维。

本课处于中国古代史部分第二单元，专题主题词为"民族交融"和"大一统"，涉及两条线索：一是统一多民族国家的形成和发展；二是封建社会的形成和发展。这一历史阶段在两条线都处于重要演变和发展时期：在"统一多民族国家"线上，该阶段处于从民族分裂、冲突中走向秦汉以来第一次民族大融合；在"封建社会"线上，该阶段出现民族交融中"制度变化与创新、区域开发和思想文化"的发展。

本课的主题词"三国两晋南北朝"勾勒了纵向的时间线索，"政权更迭"蕴含了空间布局的自然时空演进；"民族交融"则展现了社会时空中社会经历从民族分裂、冲突到统一的过程带来的影响。以这三个主题词为切入点，将民族内迁、淝水之战、孝文帝改革、江南开发等分散的史实进行逻辑建构，形成有意义的知识体系。本课的逻辑建构，可以是从单元视角对教材内容进

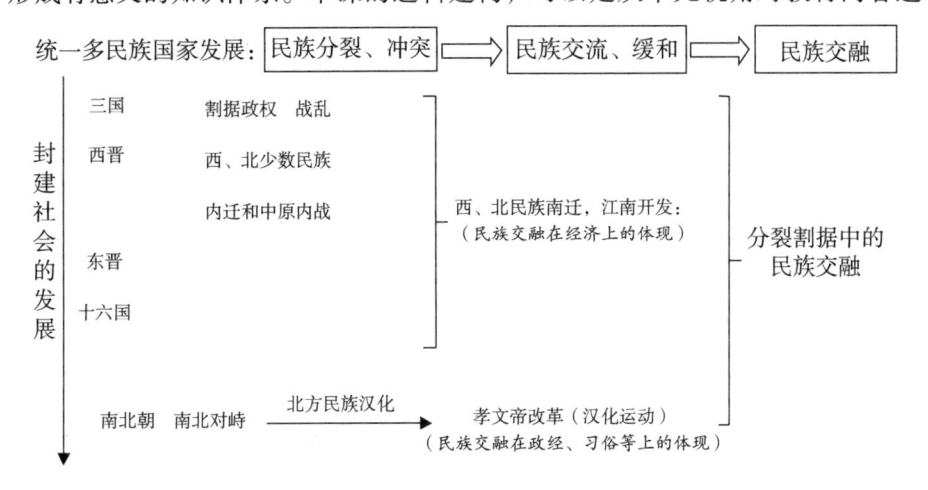

图3 基于单元时空知识网络

行整体时空贯通的知识网络（图3，见上页），也可以是以主题词作为关键词生成主题化的简洁知识网板书（图4）。

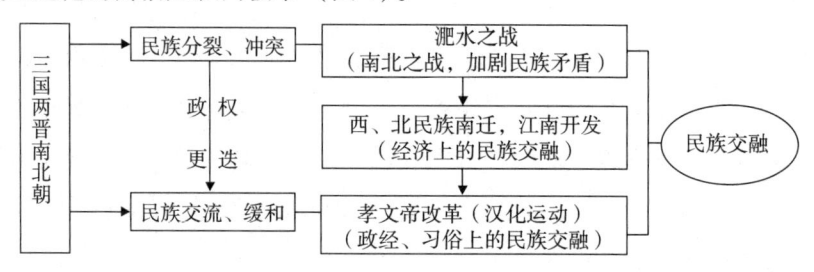

```
                    ┌─ 民族分裂、冲突 ──→ 淝水之战
                    │                    （南北之战，加剧民族矛盾）
 三国          政                         
 两晋  ──→    权   ──→ 西、北民族南迁，江南开发  ──→ 民族交融
 南北          更                            （经济上的民族交融）
 朝           迭
                    └─ 民族交流、缓和 ──→ 孝文帝改革（汉化运动）
                                          （政经、习俗上的民族交融）
```

**图4　阶段时空主题化板书**

综上所述，用好教材文本的自然时空、社会时空、意义时空的三个层级，从目标、内容和逻辑入手进行教材解读和处理，可以更好地发现"时空"的意义，建构有意义的历史教与学。

**参考文献：**

［1］中华人民共和国教育部. 普通高中历史课程标准（2017年版）［M］. 北京：人民教育出版社，2018.

［2］贾荣固. 教材分析与处理策略（下）［J］. 辽宁教育，1999（6）：27-28，33.

［3］［德］黑格尔. 自然哲学［M］. 梁志学，薛华，钱广华，沈真，译. 北京：商务印书馆．1980.

［4］邬巧云. "概念教学法"在历史教学中的运用［J］. 宁波大学学报（教育科学版），2001（3）：58-59.

［5］李龙海. 民族融合、民族同化和民族文化融合概念辨正［J］. 贵州民族研究，2005（1）：14-17.

［6］杨须爱. "民族交融"释义辨析［J］. 广西社会主义学院学报，2013（5）：55-58.

# 图像史料教学的思考与实践

胡红梅[1]

历史教材包括历史教科书、教师教学用书、历史地图册等，其中历史教科书是学校历史教学中最主要、最基本的教材[1]。统编版《普通高中教科书 历史》（以下简称"新教材"）按时间叙事编写，在文字表述的同时配有相应的图像史料。笔者通过课堂观察发现，一线教师在新教材图像史料的使用中存在两种倾向：一是照本宣科，图像使用浅表化。即在教学中重点关注文字部分的叙述，教材写什么就讲什么，几乎每个知识点都要讲，而对图像史料往往只是简单呈现或停留在识记层面。二是标新立异，图像使用泛滥化。即在史料教学名义下，抛开教科书和地图册中的图像不用，标新立异地使用教材以外的各种图像材料，导致学生眼花缭乱、应接不暇。有些图像材料虽然比较新奇有趣，但往往偏离教材和课程标准的要求，这样会误导学生，误读历史。

## 一、新教材中的图像史料是重要的课程资源

图像史料是指适用于历史教学与研究的视觉图像，它形象化地承载着大量历史信息。新教材是参照课程标准要求编写的历史课程的核心教学材料，内容主要由文字和图像构成。新教材以及配套历史地图册中的图像大多是依据历史文献、考古资料等研究选编而成，这些图像史料应作为可靠、可信的素材在历史教学中得到充分使用。

新教材含有丰富的插图图像，仅《中外历史纲要》（上）就含有图像240幅，包括历史地图、历史绘画、历史照片、历史图表等多种类型，总体来看，每课含图像多为7~10幅。另外，配套的历史地图册含有更为丰富的历史地图、图表等图像史料。新教材中的图像史料不仅是历史知识的重要载体，更

---

[1] 胡红梅，天津市河东区教育中心历史教研员，中学高级教师。

# 基于核心素养的高中历史 教学

是教学的重要资源,给历史教学提供了更多的选择,如果利用得当无疑会对历史教学起到重要的促进作用。

## 二、新教材中图像史料的运用策略

历史上出现的事件、人物和现象都是在特定的、具体的时间和空间范围内发生和发展的[2],只有在特定的时空框架中,才可能对史事有准确的理解。在多种类型的图像史料中,历史地图以承载历史现象所发生的空间和时间来呈现课程标准和新教材所设置的重要内容,相较于其他类型的图像,具有信息含量大、专业性强的特点。《中外历史纲要》(上)共有44幅历史地图,有效解读图中信息成为历史教学的重要环节。下面以"秦统一多民族封建国家的建立"一课为例,从三个层面尝试对历史地图信息进行解读和思考。

### (一)事实判断,直观识读

历史地图的直观化识读就是明确地图信息的基本意义,从宏观上概括地图中蕴含的史事信息,初步认识地图信息与主题的联系。

以"秦统一多民族封建国家的建立"中《秦朝形势图》的教学为例。教师可通过问题引导学生直观化识图,初步了解历史事实:

▲ 秦朝形势图

①识读图例:在图例中可找到哪些信息?

学生通过识图可找到秦朝都城、郡治分布、秦长城的起讫点与走向、公元前221年秦边界、政权部族界等信息。由此，初步形成对历史地图表象中所涵盖的历史信息的认识。

②整体观察：观察《秦朝形势图》周边有哪些政权分布？准确描述秦朝的疆域四至。

由《秦朝形势图》可知，周边政权分布有：东北东胡、北方匈奴、西方羌人。秦统一后，建立起"东至海暨朝鲜，西至临洮、羌中，南至北向户，北迄黄河、阴山至辽东"的幅员辽阔的国家。

学生通过整体观察，感知"秦建立统一国家"这一历史事件发生的时间节点和空间位置以及周边态势。对历史地图信息的直观识读实际上是一种事实性知识的判断，属于通过历史地图信息确定事实或弄清楚"是什么"层次上的认识问题。

（二）成因判断，深层解读

在对历史地图做事实判断的基础上进行深层次挖掘，追问为什么会有那样的事情发生？为什么事情会是那个样子而不是另一个样子？就是说，要对为什么会有那样的事实做出解释[3]；而成因判断就是对历史事实出现的原因做出判断，实际上就是对事实出现的因果规律性做出判断[3]。由此要把握直观化事实信息与历史深层次本质的因果联系，透过图像从宏观看微观，由现象到本质。

教师应把历史地图作为创设情境的载体，聚焦时空，探讨特定时空里"人"和"事"之间的因果关系。如《秦朝形势图》中对"公元前221年秦边界"的微观分析：

①观察《秦朝形势图》，找到公元前221年的秦边界，在这个边界区域内发生了什么重大历史事件？你如何知道？为什么会有那样的事情发生？

②在公元前221年的秦边界以南发生了什么重大历史事件？你如何知道？为什么会有那样的事情发生？

③在公元前221年的秦边界以北发生了什么重大历史事件？你如何知道？为什么会有那样的事情发生？

按历史事件发生的时间顺序和空间位置设计问题链，让学生在问题解决过程中，掌握公元前221年秦灭六国、完成统一、在全国各地设郡县等知识。由于春秋战国战乱连年使人民渴望安定统一、列国区域经济发展要求统一，统一成为时代潮流；秦地势险塞、地理位置优越，数代秦王广纳贤才、吏治清明，秦商鞅变法奠定物质基础；秦王嬴政雄才大略、远交近攻等因素，使秦具备了完成统一的条件，最终在公元前221年完成统一。秦统一后，在南方，征越族，修灵渠，设桂林、南海、象郡；在北方，击匈奴，修长城，设九原郡，以加强对这些地区的控制。

成因判断是对历史事实或事件出现的原因做出解释，以地图为载体，通过问题链的引导，层层推进，促进学生的思维水平由低到高发展。学生在挖掘历史地图信息的过程中，将获取的信息与历史中"人"的活动建立起紧密联系，在特定的时空框架下理解历史中"人"的活动，从而做出合理的解释，涵养历史解释素养。

(三) 价值判断，现实解读

价值判断就是研究者对所研究的历史人物、事件、制度或过程的是非善恶或利弊得失做出评价[3]。由于一切历史认识都有一定的现实动机驱使，因此，一切的历史判断都总会包含着某种价值判断[3]，教师应结合教学内容设置问题，先进行事实判断，接着进行成因判断，然后进行价值判断，以问题链的方式提出问题，问问相连、环环紧扣，这样有利于引导学生思考的方向，三个层次的判断组合起来就形成了一个完整的历史认识。

1. 价值判断，提升认识

以《秦朝形势图》为例，认识统一多民族国家的治理，教师可以设计问题链：

①观察《秦朝形势图》，在秦统治疆域内生活着哪些民族？你如何知道？对此，你有何认识？

②面对从未有过的辽阔疆域和众多人口的多民族国家，嬴政是怎么治理的？

③他为什么要进行这样的治理？产生了怎样的影响？如何看待这样的治理所呈现的效果？

学生在问题解决过程中，认识到在秦统治疆域内生活着人口众多的华夏族、越族等民族，自此中国形成了一个以华夏族为主、多民族共居的统一国家。面对从未有过的辽阔疆域和众多人口的多民族国家，秦王嬴政在制度上实行皇帝制、三公九卿制、郡县制，县以上官员由中央任免和考核，县下设乡、里、亭，管理民众和治安；颁行法律，编制户籍。在进行制度治理的同时，在社会经济文化层面采取统一车轨、文字、货币和度量衡，修驰道、开灵渠、迁徙六国豪强、整顿社会风俗等措施。通过这样的治理，尤其是郡县制在全国的推广，使皇帝对官僚和地方实现了独立、完全的统治，使政令能够在全国各地顺利推行，促进了各地区各民族的经济往来和文化交流，对中华民族长期保持文化认同和凝聚力产生了重要影响。秦始皇建立的中央集权制度奠定了大一统王朝的基本政治模式，并为历代沿用，影响了中国两千多年。但秦统治者手段"酷烈"，不能因时而变，为了实现自己的需要，把法治的某些原则推向极端，"最终导致了民变蜂起、政权崩溃的后果"[4]。由此，学生认识到秦统一多民族中央集权国家治理的经验和教训。

2. 联系现实，习图明理

史学的真正使命是探索社会变迁的内在逻辑与规律，为文明的升华提供借鉴与参考。在历史地图的学习中，通过对历史和现实的贯通思考，习图明理，可以充分发挥历史教学知古鉴今、资政育人的作用。以《秦朝形势图》为例，教师可以联系现实设计如下问题：

①秦始皇建立起统一多民族中央集权国家，给后人留下了丰厚的文明遗产，观察《秦朝形势图》，哪些是我们今天的社会生活中仍然可以见到的？

②除了《秦朝形势图》中呈现的文明遗产，你想到的其他方面还有什么？

③面对两千多年来影响至今的文明遗产，你有何感悟？

④在秦统一多民族中央集权国家的治理中，谈谈我们今天有哪些可借鉴的方面？

在学习《秦朝形势图》的过程中，学生能够强烈感受到秦文明遗产的丰厚，由此，教师可以引导学生切身感悟中华文明的悠久与璀璨，在感悟中形成文化认同感，激发学生的民族自信心和自豪感，从而陶冶学生的家国情怀。

## 三、新教材图像史料教学应注意的问题

为了使教学更有针对性和实效性，一线教师在使用新教材图像史料时需注意以下问题。

### （一）根据课程标准的学习重点，合理选择图像史料

新教材每课平均含有图像 7~10 幅，要在课堂 45 分钟内对每一幅图像都进行详细解读，显然不现实，况且还有文字叙述部分及其他栏目需要学习。因此，教学中需要选取适切的图像史料用于深入学习。课程标准在课程内容要求部分对学习内容有明确规定，教师在选择图像史料时，应根据课程内容要求的学习重点，选择最能突破学习重点的最典型的图像史料。

例如，"秦统一多民族封建国家的建立"一课，新教材插入图像史料 8 幅，其中最能反映本课学习重点的是《秦朝形势图》，这幅图涵盖了秦统一后的疆域四至、郡治分布、治理措施等信息，综合反映了秦统一多民族中央集权国家的情况。因此，教学中可以选取此图作为重点解读的对象，配合正文，培养学生时空观念等历史学科核心素养。

### （二）围绕新教材的核心概念，深入解读图像史料

理解核心概念是保证教学质量的前提。从知识的角度看，核心概念是对一目、一节课、一个专题（单元）乃至整个高中历史课程知识起到统领、主导作用的概念。从这个角度看，抓住了核心概念就等于抓住了高中历史知识的精华。图像史料往往蕴含着大量信息，但考虑到教学需要，并不是图像表面的和隐含的所有细节都需要解读，而是要根据教学目标，围绕核心概念，深入分析与教材内容紧密相连的信息，对于那些不重要的信息则可以忽略。

仍以"秦统一多民族封建国家的建立"一课为例。从教材编写角度来看，秦建立的大一统国家，是疆域、制度、权力和思想统一的结晶。秦统一后，"海内为郡县，法令由一统"，大一统国家的治理也随之成为历代王朝面临的重大问题，其重要任务之一是处理好中央与地方的关系。基于以上分析可知，"大一统国家"和"郡县制"是本课的核心概念。因此，在使用《秦朝形势图》时，可以围绕"郡县制"和"大一统国家"进行深入解读并联系现实，使学生感悟到统一多民族中央集权国家建立的意义以及秦朝在国家治理中留

下的经验和教训，从而较好地实现教学目标。

### （三）根据学生的困难之处，恰当使用图像史料

笔者在课堂提问和检测中发现，学生识图时主要存在两个方面的问题：一是缺乏读出相关历史信息的能力，二是缺乏用相关历史知识阐述、分析图像的能力。教师在教学中，应根据学生学习过程中存在的困难，恰当使用图像史料。

例如，在使用《秦朝形势图》时，可以首先从宏观上对地图进行整体观察，然后从微观上对局部的重要时间节点和地理位置上发生的事件进行深入分析。依据教材内容，按时间顺序和地理空间展开叙事，让学生在读图叙事中，厘清这些史事发生的特定时间和空间，以及时序中所隐含的因果联系，从而增进对"统一多民族中央集权国家建立"这一核心主题的理解。

综上，在使用新教材图像史料的教学中，进行"事实判断、成因判断、价值判断"三个层次的判断，充分挖掘教材图像史料"以图证史""图文互补""习图明理"的功能，将历史学科核心素养的培育融入教学过程，理应成为当前历史教学努力的方向。

**参考文献：**

［1］中华人民共和国教育部. 普通高中历史课程标准（2017 年版）［M］. 北京：人民教育出版社，2018.

［2］徐蓝，朱汉国.《普通高中历史课程标准（2017 年版）》解读［M］. 北京：高等教育出版社，2018.

［3］庞卓恒，李学智，吴英. 史学概论［M］. 北京：高等教育出版社，2006.

［4］丁楠. 浅析秦朝灭亡的原因——兼议秦朝制度构建及实施的缺失［J］. 法制与社会，2008（5 上）：217-218.

# 点线结合，内化唯物史观

## ——以《战后资本主义世界经济体系的形成》内容教学为例

贺千红[1]

历史教学中，通过具体生动的历史事实（即"点"）和历史发展的基本线索（即"线"）的结合，以"线"穿"点"，以"点"连"线"，使学生通过对诸多史实的掌握及理解这些史实之间的相互关系，潜移默化地理解唯物史观所阐释的人类历史发展规律，帮助学生形成历史发展的进步观和积极向上的人生态度，是历史教师的职责。本文以《战后资本主义世界经济体系的形成》教学为例，阐述如何帮助学生内化唯物史观。

### 一、聚焦学生问题，梳理总结战后资本主义经济发展的"线"

很多学生对美国的历史、经济都比较感兴趣，教学开始时，教师先向学生征集问题，随后通过梳理归类，聚焦学生的主要问题，最后在问题解决过程中让学生理解历史的发展与变化，从而内化唯物史观。

如关于"布雷顿森林体系"，学生拟探讨的问题主要有：为什么战后重建的是货币和贸易两大体系？英镑中心货币体系和美元中心货币体系的区别是什么？为什么"双挂钩"就标志着美国掌握了资本主义世界经济体系？资本主义世界经济体系与全球化的关系是什么？国际货币基金组织、世界银行和关贸总协定的区别、联系是什么？此体系的建立与我们有关系吗？有哪些关系？能帮助我们解决哪些现实问题？……遵循"为什么—是什么—怎么样"的逻辑链条，师生一起对这些问题进行了梳理，最终聚焦了三个主要问题：（1）为什么战后要重建的体系是货币金融和关税贸易两大体系？（2）以美国为主导的资本主义世界经济秩序是如何形成的？（3）如何评价战后资本主义世界经济秩序的重建？从中我们能得到哪些启迪？

---

[1] 贺千红，北京市十一学校历史教师，中学特级教师，北京市海淀区名师工作站指导教师，海淀区历史兼职教研员。

三个问题环环相扣，可以清晰地看到战后资本主义经济发展的基本线索：二战后世界经济面临困境；经济重建围绕货币金融和关税贸易两大体系展开；美国在其中发挥了重大作用，最终建立起以美元为中心的世界货币金融体系和以美国为中心的世界关税贸易体系，并深刻影响了全世界。

尤瓦尔·赫拉利在《人类简史：从动物到上帝》中写道："'如何'和'为何'之间有何不同？描述'如何'的时候，是要重建一连串从一点导致另一点的事件顺序。至于要解释'为何'的时候，则是要找出因果关系，看看究竟为什么发生的是这一连串的事件，而不是另一连串的事件。"在"为何、如何、怎样"的解决过程中，唯物史观也自然而然地内化生成。

教学基于学生的问题，能让学生感受学习过程是"解决我自己的问题"的过程，从而调动其积极性，帮助学生一步步建立形成体现历史发展变化的内在逻辑问题链，同时在解决问题过程中使学生自然而然地内化生成唯物史观。

**二、情境创设，材料研习，"点""线"结合，内化唯物史观**

教师导入：我们知道新航路开辟后，世界日益成为紧密联系的一体。特别是经过两次工业革命，资本主义世界市场最终确立，亚当·斯密确立的自由贸易、自由竞争、自由经营的自由市场理论极大地促进了以英国为代表的资本主义世界经济的发展。但正如纪录片《大国崛起》里所说，自由市场经济如同没有笼头的野马狂奔了一个世纪之后，灾难出现了。这就是——

学生回答：1929—1933年的经济危机。

材料研习：20世纪初，世界市场由"看不见的手"操控。1929年开始的经济危机使各国之间货币战、贸易战和关税大战愈演愈烈，几年间先后有40个国家实行外汇管制，56个国家实行货币贬值，76个国家提高关税率，导致出现各种货币集团和经济集团。1933年6月，66个国家在伦敦召开世界经济会议，试图稳定货币，实行关税休战，结果不但没有成功，反而使各集团之间的对立越来越尖锐。

——［美］迈克·亚当斯《喧嚣时代：20世纪全球史》

学生总结：材料的主要信息是20世纪初，世界市场由"看不见的手"操控。1929年，开始的经济危机使各国之间货币战、贸易战和关税大战愈演愈烈，各集团矛盾尖锐。

学生回顾，教师总结：面对危机，头号经济强国美国的选择是用国家干预应对自由放任。罗斯福新政是美国政府第一次如此广泛和深刻地影响美国人的生活。国家成为美国经济的发动机，二战后形成了国家垄断资本主义，促进了欧洲和世界经济的恢复发展。但货币战、贸易战解决没有？当时新政相关的举措是什么？

（学生回答略。）

教师总结：罗斯福新政时期，美元贬值、刺激出口，提高关税，转嫁危机，以邻为壑。

罗斯福当时也意识到了这个问题，他曾说："以高关税为代表的对外经济政策中的经济民族化，是造成全世界经济萧条旷日持久的原因之一。只有排除这一障碍，国际贸易才能恢复，我国的经济才能从中获利。"[1]他也想了一些办法，但限于条件，未能很好地解决，美国的大国责任和担当也因此受到质疑。从中，我们看到，战后为什么重建金融货币体系和关税贸易体系？是历史留下的难题，是大危机留下的难题。历史不是割裂的，是传承联系发展的。

学生思考：这个货币和贸易体系是由谁主导建立的？为什么不是英国呢？

材料研习：学生根据教师所提供的下列图片（图1、图2，见下页）及文字材料，进行简要说明。

经历第二次工业革命，更经过两次世界大战，欧洲衰落，英国衰落，英镑中心的世界货币体系难以维系。而美国大发战争横财，黄金储备占世界的59%，工业产值占世界的60%。面对战后重建，负责财务的怀特拿出了一份"怀特计划"与英国的"凯恩斯计划"进行PK，获胜的是美国。怀特计划中包含"稳定各国货币；固定汇率制，不得随意贬值；取消外汇管制"等内容，既有对大危机教训的真诚反思，也反映了美国的野心。

师生共同总结：为什么战后重建的是以美国为中心的世界货币贸易体系？与之相关的关键词排在前几位的有大危机、二战、欧洲衰落美国发展、美国企图等。具体表述为（1）大危机的教训，需要建立有效机制，稳定世界货币

第二章　指向历史核心素养的课堂教学

工业生产　其他国家60% 美国40%

黄金储备　其他国家59% 美国41%

英法"赢得战争输尽财富"，英国约四分之一的财富毁于战火。
德意日战败，重建德国需要1000年。
美国大发战争横财，财富甲天下。

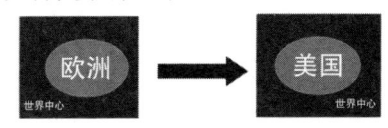

欧洲（世界中心）→ 美国（世界中心）

**图1　1945年美国工业生产、黄金储备在世界所占比重**

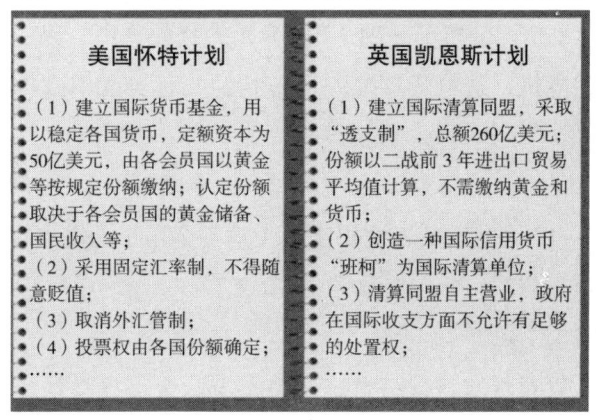

| 美国怀特计划 | 英国凯恩斯计划 |
|---|---|
| （1）建立国际货币基金，用以稳定各国货币，定额资本为50亿美元，由各会员国以黄金等按规定份额缴纳；认定份额取决于各会员国的黄金储备、国民收入等；<br>（2）采用固定汇率制，不得随意贬值；<br>（3）取消外汇管制；<br>（4）投票权由各国份额确定；<br>…… | （1）建立国际清算同盟，采取"透支制"，总额260亿美元；份额以二战前3年进出口贸易平均值计算，不需缴纳黄金和货币；<br>（2）创造一种国际信用货币"班柯"为国际清算单位；<br>（3）清算同盟自主营业，政府在国际收支方面不允许有足够的处置权；<br>…… |

——高德步等主编《世界经济史》中国人民大学出版社

**图2　"怀特计划"与"凯恩斯计划"**

体系；（2）经历两次世界大战，欧洲衰落，美国成为霸主，英镑中心的货币体系难以维系；（3）怀特计划的提出，企图建立美国主导的资本主义货币体系。

　　学习研究某个历史事件时，必须在一定的历史时空环境中去做具体的、动态的分析和把握，既要弄清已经逝去的历史事实的存在状态，又要展现这些历史事件对现在及未来的影响。教师在这部分引导学生回顾从新航路开辟到二战后的历史发展基本线索，呈现出"线"，以"线"穿出"大危机""罗斯福新政""怀特计划"这几个"点"，体现了历史发展的时序性，注重历史发展的演进，从历史、现实，内因、外因，政治、经济等多元角度分析历史发展演进的缘由。

教师陈述：以怀特计划为基础，布雷顿森林会议召开。我们特别注意到，代表有苏联和中国，中国是创始国，当时是孔祥熙代表中国参会。当时二战还没有最后结束，美苏同盟友好关系尚在。参会代表们从两眼一睁吵到熄灯，终于"吵"出了一个协定、两大组织、两个挂钩。

材料研习：学生理解一个协定、两大组织、两个挂钩的相关知识，并通过实例检验自己的理解。

实例一：1997年，韩国爆发金融危机，韩元贬值一半以上，韩国政府向（　　）组织申请紧急贷款，得到了其提供的195亿美元的巨额贷款，并按其方案进行了改革。经过短短两年，韩国经济迅速恢复。

实例二：（　　）公布了一项12亿美元的贷款许可，以应对食品价格上涨带来的全球性危机；这项贷款之中还包括约2亿美元的款项专门针对世界最贫穷地区。

——中国新闻网，2008年5月30日

实例三：5·12大地震后，汶川需要大笔资金用于地震灾后重建，应该向哪个国际机构申请贷款？

（学生总结略。）

教师陈述：再看看双挂钩机制——美元与黄金直接挂钩，其他会员国货币与美元挂钩，即同美元保持固定汇率关系，称"美元—黄金本位制"。美元成了黄金"等价物"，成了国际清算的支付手段和各国的主要储备货币[2]。美元成为美金，成为硬通货国际贸易的清算支付单位，这是美国霸主实力地位的象征。但是也有"特里芬悖论"，感兴趣的同学可以在课下进一步了解。

教师陈述：美国在战后确实为资本主义世界经济的恢复发展做出了贡献。不能否定这是出于美国对大危机教训、二战灾难真诚深刻的反思，并想要有更多的担当，但美国的这些举措绝不仅仅是源于道德和情感因素。随着对资本主义世界经济的掌控，美国的雄心、野心展露无遗。我们看看在重大国际问题上美国的投票权（表1、表2），思考它说明了什么，并全面分析布雷顿森林体系的作用。

**表1　IMF主要国家出资比率变动**

资料来源：IMF

| 国家 | 改革前比率（%） | 改革后比率（%） | 增减（百分点） |
| --- | --- | --- | --- |
| 美国 | 17.68 | 17.41 | -0.27 |
| 日本 | 6.56 | 6.46 | -0.10 |
| 中国 | 3.99 | 6.39 | +2.40 |
| 德国 | 6.12 | 5.59 | -0.53 |
| 英国 | 4.51 | 4.23 | -0.28 |
| 法国 | 4.51 | 4.23 | -0.28 |

\*国际货币基金组织的总裁一直由欧洲人担任，诸多重大议题赞成票必须达到85%以上才能实施。

**表2　世行投票权排名前十国家**

| 名次 | 国家 | 改革后投票权 | 改革前投票权 |
| --- | --- | --- | --- |
| 1 | 美国 | 15.85% | 15.85% |
| 2 | 日本 | 6.84% | 7.62% |
| 3 | 中国 | 4.42% | 2.77% |
| 4 | 德国 | 4.00% | 4.35% |
| 5 | 法国 | 3.75% | 4.17% |
| 5 | 英国 | 3.75% | 4.17% |
| 7 | 印度 | 2.91% | 2.77% |
| 8 | 俄罗斯 | 2.77% | 2.77% |
| 8 | 沙特 | 2.77% | 2.77% |
| 10 | 意大利 | 2.64% | 2.71% |

\*世界银行由美国人担任行长，只有很少的情况下才设置85%赞成票的门槛，以便提高"效率"。美国具有一票否决权。

学生总结：从图中可以看到，在重大国际问题上，美国具有"一票否决权"，坐实了其霸主的地位。而这背后，反映的是经济实力：最初国际货币基金组织拥有 50 亿美元的资本，美国缴纳 27.5 亿美元；世界银行总资本 91 亿美元，美国认缴了 31.75 亿美元。可以说，美国从资金上控制了这两个机构。以美元为主导的国际货币金融体系，为世界货币关系提供了统一标准和基础，为世界经济的恢复发展创造了条件，同时也加强了美国的特权支配地位。

教师通过三个实例及重大国际问题上美国投票权的"点"，有意识地使学生了解认识当代世界已经形成一个息息相关的、多样性的整体，各国之间既相互竞争，也相互依存，合作共赢是世界各国人民的共同追求，中国的命运是与世界的前途命运紧密联系在一起的"线"。同时运用唯物史观，从正、反两方面对历史事件进行全面客观的评价。

教师提问：如何既保持汇率稳定又实现贸易平衡，在经济上是特别难解决的一个问题。布雷顿森林会议只是将这个问题列为议题，因为大家清楚，这样的经济问题，已经超出了确定汇率机制的范围。但是不解决行吗？应该确立哪些基本的解决原则呢？

材料研习：危机期间，各国之间的货币战、关税战、贸易战愈演愈烈，即便是美国也未置身其外。胡佛政府签署《霍利－斯穆特关税法》，对 890 种进口商品提高税率，此举迅速招致其他国家的报复，仅从 1931 年 9 月到 1932 年 7 月，就有 48 个国家增加了关税，26 国实行定额入口，公开禁运。英、美、法等国还相继组成"英镑集团""美元集团""金本位集团"等排他性集团，集团内部实行关税互惠制度，集团外国家则被禁止染指其所属传统市场。但利己主义、保护主义、以邻为壑、转嫁危机等短视行为并未能缓解危机时期各国的经济萧条，相反加剧了两次世界大战之间的世界紧张局势，迫使在国际经济战中处境艰难、国内外市场日益萎缩的德、意、日等国铤而走险，走上以武力夺取市场，重新瓜分世界，从战争中寻求摆脱危机的出路。

——何岚《布雷顿森林体系与美国霸权》

师生总结：依据传统的资产阶级理论，罗斯福时期的美国国务卿赫尔认为"如果不让货物通过国界，士兵就要跨过去"。1947 年 10 月，美国、中国等 23 个当时占世界贸易额五分之四的国家在日内瓦签署《关税与贸易总协定》，并承诺减少贸易壁垒，在实施互惠和非歧视的基础上实现国际贸易自由化。协定于 1948 年 1 月正式生效，客观上创造了一个自由贸易的环境，推动了战后世界经济的发展。但关贸总协定不是常设组织，只是一个临时适用的多边贸易协定，缺乏解决争端时法律性的强制措施。一个更加规范化、法制化的贸易体系有待建立。

### 三、将正确的价值判断融入历史叙述之中，一以贯之内化唯物史观

教师陈述："二战"后世界经济演进的路线，是由解决了欧洲欠美国重建债务的盟国间的金融协定所决定的。针对这些协定的谈判，各国将冲突从战场转移到了外交家的会议室里。盟国与轴心国之间此前的角逐让位于盟国彼此之间的竞赛，而美国则从这场竞赛中胜出[3]。反思这段历史，同学们能得到哪些感悟呢？

经过小组合作学习探讨，学生的认识如下。

合作学习小组1：探讨历史事件发生的原因是一件很费脑子的事情。记得之前学习工业革命时，我们更认同工业革命渐进性说法，强调工业革命发生的历史连续性。确实，历史发展是多因素、多线性、多种力量交互作用的结果。探讨以美国为主导的资本主义世界经济秩序是如何形成也需具备"大历史观"，要从历史的、现实的，政治的、经济的，内部的、外部的等多元角度才能更好地理解，同时对历史事件的评判也需要从当时的、长远的，积极的、消极的等多元角度阐释。我们理解美国主导的世界经济秩序的形成与美国独立战争有关，与美国经历的工业革命有关，与罗斯福新政有关，与美国对第二次世界大战做出的贡献有关，与美国积极的战后重建有关，也与美国大发两次世界大战的横财有关，同时还与欧洲衰落有关，与杜鲁门主义和马歇尔计划的冷战有关，与美国称霸世界的野心有关。这样我们就能站在历史的时空隧道更好地认识每一段历史，更具有联系而非割裂的历史思维。

合作学习小组2：学完这一课，我们发现历史上出现的问题是能找到解决方法的。在我们看来，1929—1933年的大危机暴露出了资本主义的三个主要问题：自由放任、货币贬值和贸易保护主义，但人们都找到了应对举措。如用国家干预解决"自由放任"问题，用法律的形式把国家保障经济稳定和发展的责任固定下来，最终迎来以国家干预经济为特征的国家垄断资本主义时期；用布雷顿森林体系解决"货币贬值"问题，国际货币基金组织的主要任

务是稳定国际汇率，为世界货币关系提供统一的标准和基础，促进了战后世界货币体系的正常运转；用关贸总协定和世界贸易组织应对"贸易保护主义"，减少贸易壁垒，开始建立起规范化和法制化的世界贸易体系。所谓道路是曲折的，但前途是光明的。

合作学习小组3：布雷顿森林体系不是完美的。它不仅加强了美国在国际金融领域的特权和支配地位，也强化了美国的世界霸主地位。美国凭借经济和综合国力优势，强行干预他国，指手画脚，国际经济新秩序的建立任重道远。

合作学习小组4：对如何在保持汇率稳定的同时又实现贸易平衡，布雷顿森林体系也未能很好地解决。1948年正式生效的《关税与贸易总协定》，确立了减少贸易壁垒，在实施互惠和非歧视的基础上实现国际贸易自由化。但关贸总协定不是常设组织而只是一个临时适用的多边贸易协定，缺乏解决争端时法律性的强制措施，世界经济呼唤建立一个更加规范化、法制化的贸易体系。1995年，世界贸易组织终于成立。咱们中国从1986年正式提出恢复关贸总协定缔约国的申请，到2001年正式加入世贸组织，历史在解决问题的同时又总会提出新的挑战，需要我们一起去应对。

基于史实的认知和反思是非常重要的，它把我们的经历从无序模糊状态变成有意义的历程，并引领师生的精神成长。历史发展有其基本线索，即"线"，而这条基本线索，正反映了唯物史观所阐释的人类历史发展的规律性，历史发展的规律又附着于一个一个的"点"加以揭示。帮助学生形成进步的历史观和积极向上的生活态度，是历史给予我们的智慧。

**参考文献：**

[1] 李世安. 一只看得见的手：美国政府对国家经济的干预[M]. 北京：当代中国出版社，1996.

[2] 赫国胜，杨哲英，关宇. 新编国际经济学（二版）[M]. 北京：清华大学出版社，2008.

[3] [美]赫德森. 金融帝国：美国金融霸权的来源和基础[M]. 嵇飞，等译. 北京：中央编译出版社，2008.

# "史料实证"素养落地初探

## ——以"探究新航路开辟的原因"为例

李渊浩[①]　席长华[②]

2017年版普通高中课程标准颁布后,核心素养及学业质量标准如何落地成为教育界普遍关注的问题。本文通过一次以"探究新航路开辟之因"为课题的课例研讨活动,列举三个不同课例,聚焦"史料实证"素养水平分层,将"史料实证"四个水平化成三个关键学习行为,并创设不同史料研习情境,探讨如何在教学中落实核心素养水平分层要求。

### 一、从关键学习行为的角度理解"史料实证"素养水平层次

历史学科核心素养、历史学科学业质量标准要落地,首先要找到、找准证据。学业质量不同水平的证据应该是"表现",与内容标准、学业要求和学业质量紧密相连,解决了"学到什么程度"的问题,是对学生素养的形象刻画,即描述学生通过历史课程学习究竟在知识理解、思维方式、学科思想、学科经验和学科能力上所能、所应发生的具体变化[1]。

在教学实践中,我们把这种"证据",即可观察、可测评的"表现",简明扼要地描述为学生在解决具体问题时所表现出来的关键学习行为,以便于更好地理解、操作和观察(表1)。

基于核心素养水平划分所确定的关键学习行为,为观察、评价学生在历史学科核心素养上的表现提供了有效工具。当它与相应的课程内容相结合时,就可以转化为具体的教学目标,从而对教学和评价起到积极、有序的导向作用,为有针对性地开展教学与评价提供抓手和标准。

以"史料实证"素养为例,"探究新航路开辟的原因"的教学核心目标设定如表2所示。

---

① 李渊浩,广东省广州市教育研究院历史学科教研员,中学高级教师。
② 席长华,广州大学附属中学副校长,广东省特级教师。

表1 高中历史"史料实证"素养关键学习行为水平表现

| 水平分层 | 质量描述 | 表现要点 | 关键学习行为 |
| --- | --- | --- | --- |
| 水平1 | 能够区分史料的不同类型;在解答某一历史问题时,能够尝试从多种渠道获取与该问题相关的史料;能够从所获得的材料中提取有关的信息 | 1. 知道史料类型<br>2. 多渠道获取史料<br>3. 提取信息 | 例证:筛选整理,举证说明 |
| 水平2 | 能够认识不同类型的史料所具有的不同价值;明了史料在历史叙述中的基础作用;在对史事与现实问题进行论述的过程中,能够尝试运用史料作为证据论证自己的观点 | 1. 判断史料价值<br>2. 具有证据意识 | |
| 水平3 | 在探究特定历史问题时,能够对史料进行整理和辨析;能够利用不同类型史料,对所探究的问题进行互证,形成对该问题更全面、丰富的解释 | 1. 整理和辨析史料<br>2. 用史料互证 | 互证:相互验证,合理解释 |
| 水平4 | 能够比较、分析不同来源、不同观点的史料;能够在辨别史料作者意图的基础上利用史料;在对历史和现实问题进行独立探究的过程中,能够恰当地运用史料对所探究问题进行论述 | 1. 比较分析史料<br>2. 辨别史料立场<br>3. 运用史料进行论述 | 辩证:辨别考证,建构历史评述 |

表2 "探究新航路开辟的原因"的教学核心目标设定

| 课题 | 教学关键问题 | 教学核心目标 水平1-2 | 教学核心目标 水平3 | 教学核心目标 水平4 |
| --- | --- | --- | --- | --- |
| 探究新航路开辟的原因 | 新航路开辟的原因有哪些 | 研习材料,通过具体举证说明新航路开辟的原因 | 运用不同类型的历史材料进行互证,合理解释新航路开辟的原因 | 比较分析不同来源、不同观点的历史材料,辩证分析新航路开辟的原因 |

## 二、从材料研习情境的角度实现"史料实证"素养水平的达成

历史是过去的事情,学生要了解和认识历史,需要了解、感受和体会历史的真实境况和当时人们所面临的实际问题,进而才能去理解和解释历史。柯林伍德曾说:"如果历史学意味着科学历史学,我们就必须把'资料'读作'证据'。"[2]教师要善于运用材料,创设历史情境,在具体情境中开展研习活动,对历史进行探究。

核心素养水平分级采取的是两条路径：一是"情境"，即在分析不同情境下的问题，学生展现出不同的素养水平；二是"维度"，即在基本相同的情境中分析情境问题时，以深度的加深或广度的拓展这两个维度来呈现不同的素养水平[1]。在一次以"探究新航路开辟之因"为课题的课例研讨活动中，有三位教师同时授课，采取逆向设计，分别从"例证""互证""辩证"三个不同要求的关键学习行为出发，针对性地创设出三个具有差异性的学习情境，分层式、多维度地涵养学生的"史料实证"素养。

### ■ 课例 1①
### 基于"例证"的材料研习情境设计

【学习材料】

如表 3 所示。

表 3

| 材料类型 | 材料内容描述 | 材料出处 |
| --- | --- | --- |
| 文字材料 | ①货币地租、货币工资；商品流通、交换、物资交流 | 张箭：地理大发现研究（15—17 世纪） |
| | ②欧洲贵金属开采 | |
| | ③欧洲"金银荒" | [英]彼得·弗兰科潘：丝绸之路——一部全新的世界史 |
| | ④大汗的赏赐与大宫殿 | 马可波罗行纪 |
| | ⑤《圣塔菲协议》内容 | 王加丰：扩张体制与世界市场的开辟——地理大发现新论 |
| | ⑥奥斯曼帝国控制东西之间的通商要道 | 吴于廑、齐世荣：世界史（第六卷） |
| 地图 | ⑦传统商道与西班牙、葡萄牙的关系 | |
| | ⑧奥斯曼帝国扩张图 | |
| 视频 | ⑨东西方传统贸易交往 | |
| | ⑩奥斯曼帝国崛起对欧洲的影响 | |

---

① 课例由广州大学附属中学王静老师提供，略有改动。

【学习任务】

结合相关材料，举证说明新航路开辟的原因。

【情境分析】

1. 学习材料特点

（1）叙事性。无论是文字材料还是图片或视频材料，侧重讲述故事，还原史事发展的本来经过。

（2）指向性。材料的提供者是教师，教师按照教学的需求和自己的主观判断，选择并提供的材料，具有较强的指向性，反映了教师对历史问题的认识。

2. 学习任务特点

（1）发现证据。围绕教师设计的问题，即"新航路开辟的原因"，一是要读懂材料，材料的有效信息是什么；二是要读懂教师选择材料背后的意图，即为什么要选择这份材料，选用这份材料能说明什么问题。

（2）形成证据链。所谓证据链，这里指的是问题论证的证据与逻辑，即学生能否还原教材的论述逻辑。通过该学习情境，教师希望学生形成如下证据链，加深对教材基本结论的理解。

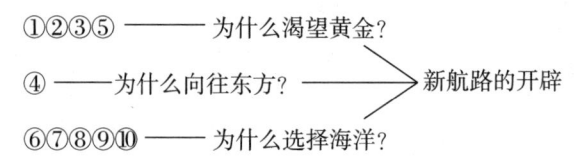

①②③⑤ —— 为什么渴望黄金？
④ —— 为什么向往东方？ ⟶ 新航路的开辟
⑥⑦⑧⑨⑩ —— 为什么选择海洋？

**图 1　"新航路的开辟"证据链**

■ 课例 2[①]

**基于"互证"的材料研习情境设计**

【学习材料】

材料一：

《圣塔菲协议》：（1）赐予哥伦布"唐"的尊称，并且任命他为他所发现的土地的总督。（2）在哥伦布所发现的岛屿和陆地上进行的金、银、珍珠等贸易所得利润的 1/10 属于哥伦布。（3）哥伦布在大洋西方海域发现的岛屿和

---

[①] 课例由广州大学附属中学张惠贤老师提供，略有改动。

陆地，有权在该地推荐三人进行统治。（4）哥伦布拥有大洋西方海域一切贸易纠纷的判决权。（5）哥伦布拥有大洋西方海域一切贸易活动 1/8 的出资权，以及 1/8 的利益权。

——［日］宫崎正胜著，朱悦玮译：
《航海图的世界史——海上道路改变历史》，
北京：中信出版社，2014 年版，第 113 页

材料二：

国王与王后二陛下决意派臣，克里斯托瓦尔·哥伦布前往上述印度各地，拜谒该地诸君王，察访民情，观光名胜，了解风土并使其人民皈依吾神圣宗教。二位陛下还令臣一反昔日之旧径，勿由陆路东行而另辟新途，专取海路西行……前往印度地区，以便将陛下之诏书面呈当地诸位国王，履行君命。

——孙家堃译：《哥伦布〈航海日记〉》，上海外语教育出版社，1987 年版

材料三：

（1492 年 11 月 1 日，哥伦布船队在古巴海岸登陆时曾向土著居民明确表示）"远征军司令来此目的乃寻找黄金。"

（1492 年 11 月 12 日，哥伦布航行到古巴角附近）"吾坚信，彼等不信任何宗教，也不崇拜偶像。彼等非常顺从，不知……胆子甚小……鉴于此，仰祈二位陛下尽早圣断，将彼等变成基督徒。臣认为，一旦发轫，毋须多久，大批居民即会信奉吾人之天主教，二位陛下即能取得大片领土和财产，这里所有人皆会成为西班牙臣民。""当地黄金甚丰""盛产宝石、珍珠以及无数香料""还产大量的棉花，臣以为，无须送回西班牙，在当地即可卖好价钱"。

（1492 年 11 月 27 日，船队行至坎帕纳角附近一个秀丽村庄时，哥伦布触景生情地写道）"臣向二位陛下保证，普天之下，无任何地方比这里景色更美丽……这里的一切都应置于其统治之下，臣以为此地除天主教徒外，陛下不应准许任何异国人染指其间。因为发扬光大基督教乃吾人此行之初衷和目的。"

——孙家堃译：《哥伦布〈航海日记〉》，上海外语教育出版社，1987 年版

材料四：

谁占有黄金，谁就能获得他在世界上所需的一切。同时也就取得把灵魂

从炼狱中拯救出来,并使灵魂重享天堂之乐的手段。

——《哥伦布致西班牙国王和王后书》(1503 年),载齐思和、

林幼琪译:《中世纪晚期的西欧》

材料五:

由于我未能迅速派回载满黄金的船只,各种诽谤以及对此航海事业的反对声便铺天盖地而来。

——[意]哥伦布著,杨巍译:《孤独与荣誉:哥伦布航海日记》第 214 页

【学习任务】

阅读材料,分析西班牙王室与哥伦布的合作基础,进一步认识新航路开辟的社会条件。

【情境分析】

1. 学习材料特点

(1) 真实性。教师提供的《圣塔菲协议》《哥伦布〈航海日记〉》《哥伦布致西班牙国王和王后书》均属于一手史料,对揭示哥伦布进行航海大冒险的动机、西班牙王室支持哥伦布航海的目的极具价值。

(2) 多重性。学习材料提供了协议、日记、书信等多种不同的材料,便于学生运用多种证据、从不同的角度来考证相关的历史问题。

2. 学习任务特点

(1) 辨析史料,即判断史料的价值。如材料一《圣塔菲协议》是西班牙王室给哥伦布开出的条件,反映了哥伦布的利益需求,结合哥伦布与西班牙王室之间的数轮谈判,可以看出哥伦布宁愿不航行,也不愿降低要求[3]。材料二、三则借哥伦布之笔,反映了西班牙王室占领土地、掠夺财富、传播宗教的要求。材料四、五则直接揭示出当时社会的"黄金热"。

(2) 习得"多重证据法"。这种研究方法源于王国维先生在 20 世纪初,根据甲骨文字的释读成果而提出的进行古史研究所运用的"二重证据法",即用文献资料与考古文物相结合的方法,来证实客观的历史实在。多重证据法就是结合不同材料、多种证据对研究对象进行考证的方法,而且所搜集、整理的材料和证据必须是有科学依据、经得起验证的材料。学生通过考证哥伦布与西班牙王室之间的互动材料(协议、航海日记与书信),能更准确、深入

地理解新航路开辟的内在动力,即 15 世纪的欧洲商品经济的发展和贸易的扩大,资本主义生产关系的发展和新兴资产阶级的需求。

■课例 3①
**基于"辩证"的材料研习情境设计**

【学习材料】

材料一:

如图 2 所示。

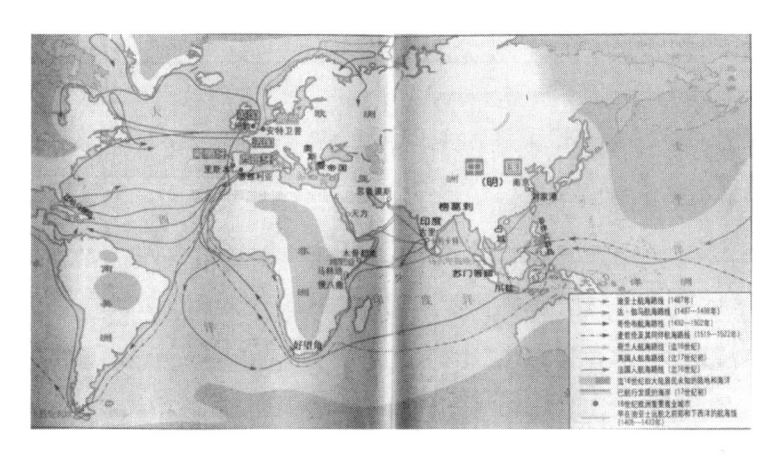

**图 2　开辟新航路**

材料二:

如表 4、表 5 所示。

表 4　土耳其人的扩张过程关键事件

| 年份 | 重大事件 |
| --- | --- |
| 1362 年 | 夺取亚德里亚堡,进而侵占马其顿平原 |
| 1384 年 | 攻占索菲亚,不久控制整个保加利亚 |
| 1389 年 | 科索沃战役中,土耳其人大败南斯拉夫人的军队,塞尔维亚帝国灭亡 |
| 1453 年 | 攻占君士坦丁堡 |
| 1516 年 | 土耳其人于 1516 年占领叙利亚 |
| 1517 年 | 征服埃及 |

---

① 课例由广州大学附属中学陈昭鹏老师提供,略有改动。

表5　新航路开辟的重要事件

| 年份 | 事件 |
| --- | --- |
| 1415 年 | 葡萄牙人占领北非的休达城 |
| 1441 年 | 葡萄牙人发现布朗角，探险队从非洲带回黑人奴隶 |
| 1488 年 | 迪亚士绕过非洲南端的好望角 |
| 1492 年 | 哥伦布第一次航行到美洲 |
| 1497—1498 年 | 达·伽马的船队到达印度 |
| 1519—1522 年 | 麦哲伦船队环球航行 |

材料三：

西欧人的急于寻求由海洋上直达远东的航路，是由于土耳其人征服近中东后对于原有东方贸易商路的故意阻塞——这是一般世界史书中的说法。实际这个说法完全是捏造，并且还不是凭空的捏造，而是反咬一口的颠倒事实的捏造：阻塞原有东方贸易路线的正是西欧人，而是土耳其人想要继续维持旧商路反被西欧人所阻挠。

——雷海宗：《世界史上一些论断和概念的商榷》，《历史教学》，1954 年

材料四：

随着蒙古帝国的崩溃，中亚的局面变得非常混乱，1340 年以后，北部的商路实际上已堵塞。此后，大部分产品汇集到那时以前受控于穆斯林商人的南部的海路，顺海路运往各地。……尽管有蒙古帝国衰落和奥斯曼帝国兴起的诸多干扰，但十分重要的香料贸易并没有受到什么影响。

——[美] 斯塔夫里阿诺斯：《全球通史——1500 年以后的世界》，上海：上海社会科学院出版社，1999 年，第 51-52 页

材料五：

《新编剑桥世界近代史》的作者在叙述地理大发现前夕的欧洲与东方的贸易时，一再使用了"竞争"或"竞争者"的字眼，特别是意大利各城市之间的竞争，还有意大利人、法国人、阿拉伯人的竞争。

——[英] G. R. 波特：《新编剑桥世界近代史》（第一卷），北京：中国社会科学出版社，1988 年

材料六：

斯塔夫里阿诺斯也把地理大发现的原因归之于西方人的"竞争"：意大利人继续与阿拉伯商人做生意，双方都"颇称心如意"，但是其他欧洲人深感不满，他们想自己另寻一条到东方的航路，"以分享这笔厚利"。

材料七：

随着威尼斯的优势地位转化为垄断，意大利的部分工商界在热那亚和佛罗伦萨的推动下，逐渐转向西方的巴塞罗那，尤其转向巴伦西亚、摩洛哥沿海、塞维利亚和里斯本……里斯本乃至整个葡萄牙在一定程度上受外国人的控制。

——［法］费尔南·布罗代尔：《十五至十八世纪的物质文明、

经济和资本主义（第三卷）世界的时间》，北京：商务印书馆，

2018年版，第163页

最终，热那亚通过西班牙和葡萄牙打破威尼斯人的垄断和穆斯林的封锁……

——［美］沃勒斯坦：《现代世界体系（第一卷）》，

北京：高教出版社，1998年版，第73页

【学习任务】

结合材料，谈谈西欧开辟新航路所具备的独特因素和条件。

【情境分析】

1. 学习材料特点

（1）学术性。这个研习情境中的材料类型明显区别前两个情境中的材料。材料选摘自雷海宗、斯塔夫里阿诺斯、G.R.波特、费尔南·布罗代尔、沃勒斯坦等中外史学名家的研究成果，以呈现学术观点为主，带有较强的学术性。解读这一类型的材料，需要学生具有较好的史学基础和知识迁移能力。

（2）冲突性。围绕"西欧开辟新航路所具备的独特因素和条件"这一主题，研习情境提供了中外学者、二战后等多组观点、立场与教材及学生固有认知经验不同的材料，形成认知冲突，派生出"土耳其人有没有阻断商路？若有阻碍，影响有多大？土耳其人若未阻断商路，那西欧人开辟新航路的动力是什么""为何西欧商品经济最发达的地区、最早出现资本主义萌芽的意大利没有走上探险之路，而当时其国内商品经济不发达、资本主义萌芽没有充

分发展的葡萄牙、西班牙为何成为最早进行海外探险、成就最大的国家"等问题。这种冲突性地研习情境有利于引导学生做批判性思维训练。

2. 学习任务特点

（1）辨别材料。一是要辨别材料的核心观点与立场。如材料一用地图呈现西欧海外探险的地缘政治条件；材料二用年表的方式呈现奥斯曼帝国扩张与新航路开辟的时空联系；材料三、四则用中外学者的观点，激发学生对传统商路问题的反思；材料五、六、七则反映了二战后西方史学界关于新航路开辟的内部动力的认识。二是要进一步辨别观点后面作者的立场与意图。如二战后西方学者转向从资本主义起源的角度来看待地理大发现。

（2）先破后立。首先是引导学生对教材的结论进行思辨；其次是学术引领，通过史学名家的观点，引导学生结合所学知识深入分析新航路开辟的复杂背景，扩展学生的视野；最后，由学生陈述自己的解释（图3）。

西欧商品经济发展，出现资本主义萌芽，经济发展程度最高的意大利却没有出现在开辟新航路之列。　矛盾：商品经济发展发挥不出其作用　如何解释？

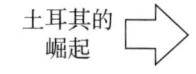

土耳其的崛起 ⇒ 部分经济较为发达的意大利城市，如热那亚、佛罗伦萨为了与威尼斯竞争，向西发展。

是否阻断商路——未必　　推动

商品经济不甚发达的葡、西走在海外探险的最前列

根源还在于西欧商品经济的发展（建立逻辑，解释了根本原因，解决了矛盾）
重要原因：西欧内部竞争

**图3　新航路开辟的背景**

### 三、"史料实证"素养教学实践的启示

通过本次以"探究新航路开辟之因"为课题的课例研讨活动，就"史料实证"素养的落地问题，我们认为可以达成以下共识：

**（一）教学核心目标应聚焦关键学习行为**

教学目标应从简单的、形式上的目标转变为具体的、可操作并可检测的目标，使目标的指向针对学生通过学习表现出来的进步程度。正如本文所述，将"史料实证"素养四个水平指向三个关键学习行为，即"例证""互证"

"辩证"。三个关键学习行为动词可操作，又能切合四个水平层次。如"时空观念"素养的四个水平层次，在表述中，多次出现"表达方式""特定的时间和空间"等用语，那么是否也可指向几个关键的学习行为呢？有了关键学习行为，素养才有抓手，才落得了地。

### （二）研习情境创设应呈现素养发展梯度

历史学科核心素养的水平划分反映了核心素养发展的连续性和递进性。基于核心素养的水平划分与要求，教学策略的选择也应更加具有开放性和多元性。多元、开放的教学策略能尊重学生的个性化需求，也有利于学生能通过不同情境的学习体验，获得个性化发展。就"史料实证"素养而言，它的梯度体现在学生发展的不同学段，即在高中学习过程中，在"史料实证"素养培养方面应区分高一到高三的不同层次。它的梯度还体现在同一学段不同学习力水平学生，针对不同学习力水平的学生，我们应创设不同的学习情境，以适合学生的发展。

### （三）核心素养培育应突出历史学科特征

历史学科具有多维度的时空意识、历史内容的过去性、史与论的高度统一性、学科知识的综合性和复杂性、科学性与人文性的统一等本质特征[1]，历史学科核心素养的培育应突出以上特征。以"史料实证"素养的培育为例，需要引导学生批判性地阅读史料，以及帮助学生问出关于历史证据性质的深入问题。它培养学生去处理的不仅是过去的复杂性，也包含现在的复杂性。这是一种面对今天、面向明天的历史[4]。

总之，在面对当前的新教材、新课标、新考试改革环境下，不论是理论学者还是一线实践者，都在围绕学科核心素养的落地进行各角度、各层面的探讨。我们认为，所有的探讨都是有意义的，至少说明了一直在思考，一直在追求历史教育的初心。本文就"史料实证"四个水平化成三个关键学习行为，并创设不同史料研习情境，也算是众多探讨中的一个吧。

**参考文献：**

[1] 徐蓝，朱汉国.《普通高中历史课程标准（2017年版）》解读［M］.北京：高等教育出版社，2018.

［2］［英］柯林伍德. 历史的观念［M］. 何兆武，张文杰，译. 北京：商务印书馆，1997.

［3］王加丰. 关于地理大发现的动因问题［J］. 历史教学，2008（21）：5-9.

［4］Sam Wineburg，Daisy Martin，Chauncey Monte-Sano. 像史家一般阅读——在课堂里教历史阅读素养［M］. 宋家复，译. 台北：台大出版中心，2016.

## 构建"时空框架" 涵养"时空观念"

### ——以"关内关外的抗日救亡运动"一课的教学设计为例

王少莲[①]

《普通高中历史课程标准（2017 年版）》阐释"时空观念"这一核心素养时指出，"任何历史事物都是在特定的、具体的时间和空间条件下发生的，只有在特定的时空框架当中，才可能对史事有准确的理解"。可见，时空框架是准确理解史事的充要条件。缺失历史理解的时空框架是空洞的，脱离时空框架的历史理解是无序的。因此，时空观念是在时空框架下理解历史的过程中养成的。

所谓时空框架，即时空结构，是指后人在历史上客观存在的自然时空基础上，选择"时""地""人""事"构建理解史事的叙事结构。构建时空框架因时而动，因地而变，因人而异，因事而迁，故曰"特定的时空框架"。笔者以历史教材"关内关外的抗日救亡运动"一课的教学为例，探索构建"时空框架"、涵养"时空观念"的一般路径。

**路径一：整理事实搭建时空框架，明确时空联系的要素**

"关内关外的抗日救亡运动"一课以"抗日救亡"为主题，叙述了九一八事变后，面对日军的武装侵略和国民政府的不抵抗政策，从中国共产党到东北人民和未撤走的东北军，从国民党爱国将领到爱国民众、工商业者，从北平学生到平津学生，中国民众义愤填膺，吁请抗战，全国掀起抗日救亡运动高潮。

整课的叙事结构具有纪传体特点。有教师据此搭建了以空间为中心的"关内关外抗日救亡运动"的时空框架（表1）。

---

① 王少莲，浙江省温州市教育教学研究院高中历史教研员，中学高级教师。

表1　关内关外的抗日救亡运动大事记

| 社会空间 | 时间 | 地理空间 | 主要史事 | 方式 |
| --- | --- | --- | --- | --- |
| 中国共产党 | 1931年九一八事变爆发后 |  | 发表宣言 | 宣传、会议、组织抗联、号召 |
|  | 1935年8月 |  | 八一宣言 |  |
|  | 1935年12月 | 陕北 | 瓦窑堡会议 |  |
|  | 1936年 | 东北（满洲省委） | 抗日联军 |  |
| 东北人民和未撤走的东北军 | 1931年九一八事变爆发后 | 东北 | 抗日义勇军 | 组织抵抗 |
| 国民党军队和国民党爱国将领 | 1932年一·二八事变爆发后 | 上海 | 国民党第十九军蔡廷锴、蒋光鼐奋力抵抗 | 英勇抗战、发动"兵谏"等 |
|  | 1933年1月，日军进犯山海关 | 长城及多伦 | 东北军、安德馨全营和二十九军宋哲元等部英勇抗战 |  |
|  | 1933年5月，日军越过长城各口 |  | 冯玉祥联合共产党员吉鸿昌组织察哈尔民众抗日同盟军，收复多伦 |  |
|  | 1936年12月 | 西安 | 西安事变及其和平解决 |  |
| 爱国民众、爱国工商业者 |  |  | 各种方式投身运动：工人罢工、募捐、抵制日货、拒绝日钞、要求政府对日经济绝交等 | 各种方式 |
| 群众及北平、天津学生 | 1935年5月（中日民族矛盾上升为主要矛盾） | 全国 北平 天津 | 抗日救亡运动扩展为全国规模的群众运动；北平学生一二·九运动；天津学生响应中国共产党号召南下深入工厂、农村和军队进行抗日宣传 | 运动、宣传 |

这个时空框架中，空间定位有两个层次：一是以"自然"为中心的地理空间，包括"关内"和"关外"等；二是以"人"为中心的社会空间，包括中国共产党、国民政府等社会各阶级、阶层的抗日力量。该框架以后一层为中心。

无论地理空间还是社会空间，都因有"人"的实践而存在且有意义，因此，不同空间之间或同一空间内部，都因"人"的活动而生发各种联系。"位置""距离""方向"是空间的三大要素，其中"位置"是第一要素，其他两个要素依托它而存在。基于此，教师围绕表1提出供学生思考的问题：（1）1931—1936年，日本法西斯先后对东北地区、淞沪地区和华北地区的大肆侵略对抗日救亡运动的兴起和发展分别有怎样的影响？（2）社会各阶级、阶层在抗日救亡运动中分别发挥着怎样的作用？它们的力量发展趋势是什么？这两个问题意在让学生借助空间要素的思考，感受当时来自全国不同地域的中国社会不同阶层的各种力量日益高涨的抗日诉求和民族救亡的压力，并初步认知这一时期是中国抗日的局部战争时期，各种抗日力量从分散逐渐走向联合。

有教师调整了教材的叙事方式，采用编年体的方式，按照史事发生的时序梳理知识，以时间为中心搭建了"关内关外抗日救亡运动"的时空框架（表2）。

**表2　关内关外的抗日救亡运动大事年表**

| 时间 | 空间 | 主要力量 | 主要史实 |
| --- | --- | --- | --- |
| 1931年九一八事变爆发后 | 东北 | 中国共产党 | 发表宣言 |
| | | 东北人民和未撤走的东北军 | 抗日义勇军 |
| 1932年一·二八事变爆发后 | 上海 | 国民党军队和抗日将领 | 国民党第十九路军蔡廷锴、蒋光鼐奋起抵抗 |
| 1933年1月，日军进犯山海关 | 长城及多伦 | 国民党军队和爱国将领 | 东北军、安德馨全营和二十九军宋哲元等部英勇抗战 |
| 1933年5月，日军越过长城各口，攻占多伦 | | | 冯玉祥联合共产党吉鸿昌组织察哈尔民众抗日同盟军，收复多伦 |

续表

| 时间 | 空间 | 主要力量 | 主要史实 |
| --- | --- | --- | --- |
| 1935 年 |  | 中国共产党 | 八一宣言 |
| 1935 年 | 北平、天津 | 北平、天津学生 | 北平学生一二·九运动；天津学生响应中国共产党号召南下深入工厂、农村和军队进行抗日宣传 |
| 1935 年 12 月 | 陕北 | 中国共产党 | 瓦窑堡会议 |
| 1936 年 | 东北（满洲省委） | 中国共产党 | 抗日联军 |
| 1936 年 12 月 | 西安 | 国民党爱国将领 | 西安事变及其和平解决 |
|  |  | 爱国民众 | 各种方式投身运动：工人罢工、募捐、抵制日货、拒收日钞、要求政府对日经济绝交等 |

有学者认为"历史学是时间的科学"，因为"时间在历史学中已经充分渗透，不论在历史学者身上，还是在历史研究的对象、方法和手段上，也不管历史研究者是否意识到，时间在历史研究过程中无处不在"[1]。和空间一样，时间也是因"人"的活动而生发各种联系。基于"人"的实践活动，"走势""分期""节点"构成了时间的三要素。"走势"有正反之别，探讨处在特定时间中的人或事的发展趋势问题；"分期"有快慢之别，探讨处在特定时间中的人或事的变迁问题；"节点"有轻重之别，探讨处在特定时间中的人或事的特殊作用或意义问题。基于上述思考，教师围绕表2提出供学生思考的问题：（1）以抗日救亡运动为主题，对1931—1936年，如何分期？结合所学简要说明理由。（2）你认为这一时期的历史节点是什么？结合所学简要说明理由。这两个问题意在引导学生结合时间三要素，感受这一时期抗日救亡运动的趋势和节律。

由上可知，搭建时空框架除了"时""地""人""事"等必备的"原材料"之外，一要遵循"有序"原则，即遵循时空的客观自然之序和主观理解之序；二要思考"要素"问题，这是理解时空联系、构建时空框架的重要基础。

**路径二：聚焦时空解读时空框架，理解时空联系的因果**

有联系，必有因果。聚焦时空，探讨特定时空里人和事之间的因果关系，是构建时空框架的重要内容。

在这一课的教学中，探讨"为什么1935年的华北事变成为中国社会主要矛盾变化的转折性事件"这个问题是必要的，也是有价值的。1931—1936年间，华北事变是推动抗日救亡运动走向高潮的"枢纽"性质的历史事件。从空间上看，日本法西斯、国民政府、共产党、国民党爱国将领、广大抗日民众等各种力量交织在一起的华北地区处于影响抗日救亡运动的"中心"位置；从时间上看，华北事变的发生是抗日救亡运动发展，也是整个抗日战争从局部抗战走向全面抗战的重要时间节点。

历史代表着"过去的"时空，一切发生过的事情都属于历史的范畴。追寻客观是历史的基本任务之一。要把"过去的"时空从客观真实的角度进行还原的话，最好的方式就是以"过去"自身的时序呈现，即以自然的物理的时空呈现。历史叙事是呈现的一种重要方式。

教师依据教材内容，适当补充史事，以"华北事变"为主线按时序展开如下叙事：

1935年1月，日本关东军召开大连会议确定了侵占华北的具体方针、政策。同月，中国共产党在遵义召开政治局扩大会议，成为中国共产党从幼稚走向成熟的标志。4月，日本在军事进攻的同时，确定政治谋略，策动华北五省脱离国民政府，实行所谓"独立"。6月的"秦土协定"和7月的"何梅协定"，逼走了国民党的中央军，华北地区在军事上出现"真空"，华北命运岌岌可危。8月，在莫斯科的中国共产党代表团大声呼吁要建立抗日民族统一战线，这就是"八一宣言"。11月的国民党"五全"大会上，蒋介石终于承诺，到了他心目中的最后关头，政府准备全面抵抗。12月5日，面对日本咄咄逼人的态势，国民政府代表何应钦无奈地提出设立"冀察政务委员会"方案以应对华北危机。但是这一方案是大多数国人无法忍受的，4天后就引发了一二·九爱国学生运动，并在全国引起广泛的共鸣与呼应。12月17日，中共中央在陕北召开瓦窑堡会议，25日，明确提出要建立抗日民族统一战线，坚决抗日。华北事变使蒋介石政府"攘外必先安内"政策的根基被彻底撼动。国民政府由张治中主持修筑了上海、南京间的3道永久性国防工事。年底，在南京近郊，大批空军与机械化部队参加了联合大演习[2]。有学者指出："1935年，渐渐失去了华北主权的中国，身不由己地跌入谷底。……日本政府万万没有想到，把中国逼进无路可退的死胡同将迫使中国人焕发出求生的勇气，并找回共同对敌的紧迫感。1936年将验证这一点。"[3]

"1935年华北事变叙事"，充分体现了"时""空""人"三者之间的互动关系。华北乃国民政府腹脏之区，日本对此区域的侵占和控制既进一步暴露了日本的狼子野心，也使国民政府的危机感明显加重，更是前所未有地激发了包括华北地区在内的全国不同区域的各个阶层民众的抗日爱国救亡运动。叙事过程按史事发生的时间顺序推进，从1月到年底，将这一年中与"华北事变"密切相关的，包括中共、国民政府、爱国将领、普通民众等在内的多元力量为主体的重要史事呈现出来，将人、事、时、空之间复杂的联动关系呈现在学生面前。学生在类似编年体例的叙事中更好地厘清了这些史事发生的时序、时序中所隐含的因果关系，以及它们之间空间的变化和联系，从而增进对"中国抗日力量是如何从分散走向联合"这一核心主题的理解。

聚焦时空，理解时空联系中因果关系的设问大致有以下三个层次：

第一层次："某事为什么出现在某时？""某事为什么发生在某地？"该层次的设问意在认识事物发展的来龙去脉，理解空间和环境因素对认识历史的重要性。

第二层次："将较长时段的史事进行历史分期，说明分期理由；阐释不同时期之间的变迁；阐释某一时间节点的史事或某一空间的史事对历史发展的影响。"该层次的设问意在把握相关史事的时间、空间联系，理解历史上的变化与延续、统一与多样、局部与整体及其意义。上述"华北事变"问题属于这一层次。

第三层次："将史事放在不同的时空框架中，阐释这一史事，提炼历史解释的共性与差异并说明原因。"该层次的设问意在将历史问题置于具体的时空框架下，选择恰当的时空尺度进行分析、综合、比较，并做出合理的解释。

不同层次的设问体现了时空观念素养由表及里、由浅入深的结构。

**路径三：运用史识认识时空框架，领悟时空联系的意义**

时空框架不仅是我们记忆历史的线索，更是我们理解历史的基石。记忆与理解都包含了我们对时空框架内历史叙事的意义的认识。以往教学中的历史时间和空间常常是单一的、孤立的，不问史观，而现在的时空框架本身就是一种历史解释，故须追问框架背后的历史观念或历史认识。

前述表1、表2所示的时空框架，呈现了两种不同的叙事表达，然而它们所用的主要史事却基本相同，即都选择了1931—1936年间能突出中国共产党的积极作用，国民党军队及爱国将领、普通民众和学生等的爱国情怀，能展现不同社会空间力量的主要史事。叙事者在构建时空框架时，以什么为依据选择"这些"史事而放弃"那些"史事，这是关键问题。

从表1、表2所选择的主要史事中，我们可以看到：这些主要史事都凸显了"民族"与"爱国"，特别强调"民族觉醒""民族认同""民族精神"等核心价值。这样的选择依据既与我们确立并强调的"中华民族认同"的主流价值相合，又与当前史学界对抗日战争的地位和作用的研究结果相符。叙事者对时空史事的选择既强调核心价值观，又尊重客观存在的历史事实，这凸显出叙事者认识历史的基本观念。

当然，相同时空下基本相同的主要史事呈现的两种不同的叙事又各有自己的特殊意义。如表1所示以"社会空间里的多元力量"为序构建的时空框架，涉及时序和空间联系。"多元力量"突出的是历史中的"人"，凸显了"人"在推进历史进程中的作用。1931—1936年间的局部抗战阶段，来自关内关外的社会各阶层的抗日救亡运动，在打击国民党和国民政府的不抵抗政策，敦促其调整和改变对日政策的同时，更让日渐深陷日本侵略的中国渐渐觉醒过来并最终奋起反抗。在这场关系着中华民独立和生存的反侵略战争中，中国各民族各阶层人民都积极地贡献了力量。抗日战争是一次动员最广泛、影响最深远的伟大的民族解放战争，它是全国各族各界人民用自己的悲壮行动谱写的一曲可歌可泣的全民族反侵略颂歌[2]。"以社会空间里的多元力量"为序的时空框架，表达的正是叙事者对"人"的精神和力量的礼赞。

叙事者取舍"时空"之时，时空框架"基于过去，向着现在，为了未来"的价值就已经呈现出来。而当他们构建时空框架时,更是将他们对"现在"和"未来"的认识蕴含其内,凸显了特定的时空框架的特定价值。时空框架不仅包含着曾经客观存在的自然时空,也包含着当下的社会时空,更包含着未来需要的心灵时空。因此,通过构建时空框架涵养的时空观念是"过去"与"现在"两个时空对话的产物,建构"过去",引领"现在",面向"未来"。

如果我们和我们的后代在从过去向未来前进的道路上有着共同的方向,那么来自历史回忆的、能形成意义的未来的塑造会更加完美。这样,我们就能将一个照亮未知道路的火炬传递到他们手中[4]。荡开一层,时空观念的理解不是孤立的,综合各种素养的历史解读方能养成时空观念,故核心素养各有侧重,更是一体。

**参考文献:**

[1] 俞金尧. 历史学:时间的科学 [J]. 江海学刊, 2013 (1): 149-154.

[2] 张宪文, 庞绍堂, 等. 中国抗日战争史第一卷日本侵华与中国的局部抗战 1931.9— 1937.6 [M]. 北京: 化学工业出版社, 2016.

[3] 李继锋. 中国抗日战争全记录 (1931—1945) [M]. 南昌: 二十一世纪出版社, 2015.

[4] [德] 约恩·吕森. 历史思考的新途径 [M]. 綦甲福, 来炯, 译. 上海: 上海人民出版社, 2005.

## 基于核心素养的图像史料运用策略

——以油画《苏格拉底之死》的解读为例

刘 强[①]

### 一、图像史料的运用价值：基于核心素养的价值判断

图像史料具有直观、形象的特征。恰当地运用图像史料，可以有效地拓展学生的历史学习空间和思维视域，为学生进行历史理解性学习提供便捷有效的途径，还可以发展学生的观察力、想象力和历史叙事能力。《普通高中历史课程标准（2017年版）》（以下简称"课程标准"）"史料研读"模块中对"图像史料研读"进行了简明扼要的阐释："知道绘画、雕刻、照片等图像是重要的史料，选择有代表性的图像史料进行研读；认识图像史料的价值，知道对图像史料的运用不仅需要历史学的方法，也需要借助艺术史等不同学科的方法。"英国历史学家迈克尔·斯坦福认为，在日益成长的亚文类世界（subilitera world）中，历史也经由下列媒体传递，如戏剧、影片、电视，抑或图像等。[1]他把图像史料当作历史传承的途径之一。

当下历史教学实践中，历史教师对历史图像的运用进行了卓有成效的实践探索，丰富了史料教学的形态，一定程度上彰显了新课程改革的理念。但不可否认的是，在历史教学中，图像史料的运用还存在着泛滥化和浅表化的现象，有的课堂中充斥着五彩缤纷、光怪陆离的图像，让学生眼花缭乱、应接不暇，导致视觉疲劳、思维分散。同时，图像史料未经加工处理，缺乏设计策略，只是简单地把图像资料呈现给学生，使得图像的运用未能真正发挥其独特的素养立意和思维提升的功能，甚至还有图像史料选择不当、解释不准的现象，这样会误导学生，污渎历史。

课程标准对"史料实证"核心素养是这样要求的："史料实证是指对获取的史料进行辨析，并运用可信的史料努力重现历史真实的态度与方法。……

---

[①] 刘强，江苏省锡山高级中学历史教师，中学高级教师。

必须重视史料的搜集、整理和辨析，去伪存真。"这就为图像史料的运用提供了学理依据。图像史料形式多样，如政治漫画、历史题材的绘画、政治海报、纪念邮票、文物实物图等，教学中应挖掘不同形式的图像史料的人文功能和思维功能。图像史料本身是艺术品，其审美功能和历史教育的学科功能有机结合，可有效地实现教学目标的达成。正如雅斯贝尔斯所言："艺术美是最终起决定意义的因素，因为'美是善的象征'。……欣赏艺术作品可以带来震颤、神驰、愉快和慰藉，这是理性所根本不能望其项背的。"[2] 充分发掘图像史料独特的美育价值有助于落实立德树人的育人任务。

**二、图像史料的运用策略：解读油画《苏格拉底之死》**

图像史料千姿百态、浩如烟海，历史教学中应当精心选取、精当设计、精美处理，才能充分发挥图像史料的教育功能。本文以笔者教学实践中解读油画《苏格拉底之死》为例，说明图像史料运用的方法与技巧。

这是一幅世界名画，描绘了哲学家苏格拉底临死时的情景。学习高中历史必修一《古代希腊民主政治》、必修三《西方人文主义思想的起源》时均可运用。苏格拉底的死，是一个著名的哲学问题。笔者在教学实践中，通过课堂讨论、考试试题设计和布置书面作业等形式让学生解读"苏格拉底之死"，从而让学生深入理解苏格拉底的思想和雅典民主政治的局限。

**（一）解读油画《苏格拉底之死》——感悟苏格拉底的哲学思想**

问题设计：《苏格拉底之死》是法国著名画家雅克·达维特（或译雅克-路易·大卫）在1787年创作的油画作品。这幅作品描绘了哲学家苏格拉底死时的情景，体现了哲学家为信仰和真理而献身的精神。请运用历史思维，从以下几个方面解读这幅名画：

（1）苏格拉底临终前仍与诸弟子侃侃而谈，结合苏格拉底的一些思想，试图解读他谈论的内容。

（2）苏格拉底最得意的弟子当属柏拉图，请猜测，图中哪位是柏拉图，说出你的判断及理由。

（3）了解苏格拉底之死的过程，从"苏格拉底之死"分析雅典民主政治有什么弊端。

(4) 赏析这幅历史名画，研读相关著述，你从中能生成哪些哲学思考？

很多教师在教学时都使用这幅画作为补充史料，遗憾的是总有人解读有误。如油画中苏格拉底临终前一手指天和弟子交谈，有教师讲解道："苏格拉底临终前伸出一个手指头，告诉学生，他欠邻居某某一只鸡，要求死后不要忘记帮他还上。说明苏格拉底道德高尚。"这位教师把苏格拉底之死的哲学问题演绎成一个道德故事，这显然是不恰当的。翻阅柏拉图《苏格拉底之死》可以弄明白苏格拉底临终前对话的内容和含义。

"当冷感扩展到他腰部的时候，苏格拉底把盖在他脸上的遮盖物拿掉，说（那是他最后说的几句话）'克里托，我们应该献一只公鸡给阿斯克勒庇俄斯。务必要做到，别忘了。''不会忘的，我会做到'克里托说。'你能确定没有别的事情了吗？'苏格拉底没有回答这个问题，可是过了一会儿，他抖了一下。"[3]

这里"献鸡"包含有古希腊宗教意义。阿斯克勒庇俄斯乃古希腊医疗之神，用雄鸡致献有两种方式：一是病人在晚上临睡前致献，希望醒来病能痊愈；二是在痊愈后致谢。哲学家张东荪的看法是："现在苏格拉底快死了，这是能够解脱肉体的痛苦，所以要献鸡以表谢意。"[3]这样，我们就理解了苏格拉底之死的哲学意义了。因为在苏格拉底看来，死亡可以使人的灵魂摆脱肉体的纠缠，独自思考，而进入纯洁、永恒、不朽、不变的境界，达到智慧的状态。

进一步阅读傅佩荣的《哲学与人生》，他在谈到苏格拉底之死时，引用了雅斯贝尔斯的描述，有助于我们加深理解上述名画的内涵："苏格拉底临终前，安慰朋友说：'你们所埋葬的只是我的躯体，今后你们应当一如既往，按照你们所知最善的方式去生活。'那些在他死前环绕身旁的朋友都怀着复杂的心情，既昂扬又绝望。在悲哀哀恸与兴奋莫名的气氛中，他们领悟了一种神妙的境界。苏格拉底立下了伟大的典范：在面对浓烈的哀愁时，能够解放灵魂，展现伟大仁慈的平安气氛。死亡于此失所凭依。这不是掩藏死亡于不顾，而是肯定：真正的生命不是走向死亡的生命，而是走向善的生命。"[4]

我把上述问题布置成书面作业，学生的回答颇有新意，略选两例。

学生1：苏格拉底即使知道死神在头顶盘旋，还是断然拒绝放弃他一生追求的信念,也放弃他可能求生的希望,他依旧谈论着"知识即美德",谈论着"德行可教"。

他最得意的弟子柏拉图是个坚持独立思考、坚持理性主义的人。所以图中位于床前低着头坐着思考老师哲理的人应该是柏拉图。

在生活中,不论我们处于何种位置、处于何种状态,我们都不能丧失自己的信念和追求。人都会离开这个世界,肉体可以死亡,但精神和信念不能被扼杀,要做一个为理想、为真理、为信仰而奋斗的人。

学生2:苏格拉底正与学生谈论自己对死亡的态度,他不害怕死亡,因为那只是灵魂离开肉体的表现,他希望的是他传授的知识和智慧不会在他死后一并消失,他希望他的弟子如他一样坚持真理,不惧权威。

我认为静坐于苏格拉底身旁,仰头看着他的人是柏拉图,因为他在苏格拉底的感化下就如同苏格拉底一样是一位无畏的斗士,他似乎并不伤心。在他看来,灵魂从肉体的羁绊中解脱后,才实现了光明的天国境界。他静静地聆听苏格拉底最后的哲学思想,并把它传承下去。

要做一个如同苏格拉底一般坦荡的人,人不应该畏惧死亡,人生当追求真理。

从学生书面解读情况看,他们并没有背抄苏格拉底思想的条目要点,而是融合自己对苏格拉底思想的理解,用内化、个性化的语言表达自己的历史解释。有趣的是,判断画面人物中谁是苏格拉底最得意的学生柏拉图时,学生说法不一,而且都能给出较为合理的解释。这样的争辩,也有助于培养学生的对话意识和探究品质。其实,让学生解读《苏格拉底之死》,也是一次人文精神洗礼的经历,苏格拉底之死在哲学史上具有重要意义,学生通过对先哲的追寻、对真理的探讨,从而树立正确的价值观和人生观,这也彰显了历史学科的素养立意功能。

**(二)解读油画《苏格拉底之死》——分析雅典民主政治的局限**

至于前面设计的第三个问题——从"苏格拉底之死"分析雅典民主政治有什么弊端,教师课堂教学中,需要补充一些文本史料和图像对照,即"图像文本"。这样,才能更好地帮学生理解教师所提出的问题。

【史料1】《骑士》一剧里,阿里斯托芬(古希腊喜剧家)通过一个将军试图劝服一个卖香肠的人去夺取民主领袖克里昂的职位,尖刻地嘲讽了过于泛滥的民主制度成为滋生腐败的根源。

卖香肠的人:请您告诉我,像我这样一个卖香肠的小百姓,怎样才能成为克里昂那样的大人物?

将军:这是世上最容易的事。你已经具备了享有这一职位的一切条件:卑贱的出身,在市场上受过买卖的锻炼,蛮横无理。

卖香肠的人:我想我还不够格。

将军:不够格?看来你似乎还有点良心。你父亲是一位绅士吗?

卖香肠的人:我对天起誓,完全不是这样!全家老小都是无赖。

将军:幸运儿!你要担任公职的话,这是一个多么好的开端啊!

卖香肠的人:可我几乎不识字。

将军:要做政客,唯一的麻烦就在于你什么都知道。适于做人民领袖的不是那些有学问的人,或诚实的人,而是那些无知而卑鄙的人。你可千万别错过这个绝好的机会。

【史料2】苏格拉底对雅典民主政治的论断:"没有人愿意用抽签的方法去雇佣一位舵手或建筑师、吹笛手或其他行业的人,而这类事若出错的话,危害还比在管理国家事务上出错轻得多。"这说明泛滥的直接民主并不是真正的民主政治,也不利于政治的良性运作。

【史料3】图示"雅典居民的构成成分及比例"(如下图),以此说明雅典民主政治的狭隘性。

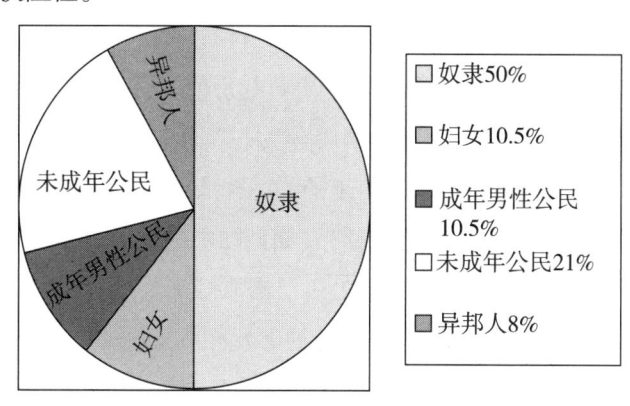

通过研判解读这三份材料,结合"苏格拉底之死",学生就会理解"雅典

最民主的制度却给最智慧的人判了死刑"。说明这种狭隘的"小国寡民"的民主制度具有局限性和不足之处，从而培养并发展学生的辩证思维能力。

其实，如果继续深入下去，对这幅历史名画的解读尚未结束，我们还可以回到画者上来做进一步的探讨。人教版必修三第 23 课"美术的辉煌"介绍了大卫的名画《马拉之死》，必修一第 9 课"资本主义政治制度在欧洲大陆的扩展"插入了大卫的名画《拿破仑的加冕仪式》，这样我们可引导学生以大卫为例说明新古典主义画家的创作风格和历史地位。大卫追求历史事件的真实感，在这一类题材上他始终保持一种观点："艺术之道在于模仿'地道的'古代艺术品"，并"立志从艺术上作一些考古式的真实再现"。他说："我的意图是要以一丝不苟的准确性去描绘古代风尚，要让那些希腊人、罗马人看了我的画后，不会感到我的画同他们的风俗习惯有多少出入。"[5] 这样，不仅让学生获取更多的历史文化信息，更可拓展学生的思维视野。

### 三、图像史料运用的注意事项

1. 图像史料可能存在某种陷阱，选取图像史料时，要结合文本学习要求仔细鉴别，辨别真伪，弄清图像背后的故事和意图，不可简单照搬照用，更不可武断地望"图"生义。

2. 图像史料运用要精心设计，通过设计富有启发性和层次感的问题链，让学生深入思考，发挥想象，准确表达，甚至形成书面作业，这样有助于核心素养的落实。

3. 教学设计中，要充分深入发掘图像史料的内涵，这就需要和文献史料对应，图文互照，最大限度地利用图像史料的价值。《图像证史》一书的作者引用潘诺夫斯基的理论，把图像的解释分为三个层次：第一个层次主要关注图像的"自然意义"，并由可识别出来的物品构成；第二个层次是严格意义上的图像志分析，主要关注"常规意义"（如把图中的战役识别为某个特定的战役）；第三个层次是图像学的阐释，关注"本质意义"，即揭示决定一个民族、时代、阶级、宗教或哲学倾向基本态度的那些根本原则[6]。掌握了这样的方法，方可利用图像史料进行理解性学习。

**参考文献：**

［1］［英］迈克尔·斯坦福. 历史研究导论［M］. 刘世安，译. 北京：世界图书出版公司北京公司，2012.

［2］［德］雅斯贝尔斯. 什么是教育［M］. 邹进，译. 北京：生活·读书·新知三联书店，1991.

［3］［古希腊］柏拉图. 苏格拉底之死［M］.［英］休·特里德尼克，谢善元，译. 上海：上海译文出版社，2011.

［4］傅佩荣. 哲学与人生［M］. 北京：东方出版社，2005.

［5］朱伯雄. 世界美术名作鉴赏辞典［M］. 杭州：浙江文艺出版社，1991.

［6］［英］彼得·伯克. 图像证史［M］. 杨豫，译. 北京：北京大学出版社，2008.

# 社会热点"壁虎风波"之教学设计与实施

## ——基于现实社会生活的史料实证

金丽君[1]

**引子:一则社会热点引发的思考**

2018年9月,一只不知从哪里来的壁虎搅动了杭州教育界,还引来全国媒体的关注[2]。事情很小也不复杂:2018年9月17日中午,一只壁虎光临杭州市某学校四(3)班教室,几位学生围绕"壁虎"写了三个不同版本的故事:甲同学日记《可怜的小壁虎》,写的是小壁虎被张同学"残忍"地折磨致死;乙同学日记里的小壁虎,却是能飞檐走壁的《特殊"同学"》;丙同学日记《壁虎访客》中,张同学十分"温情"地让突访班级的小壁虎在"微微张开的指缝"中哧溜一下溜走了……事实真相是当时张同学把壁虎放在了窗台上,而甲同学的位置离窗台比较远,看上去好像是张同学把壁虎扔了下去。

当天,教师按惯例把日记晒到班级群里。因担心由此对孩子带来负面影响,晚上10点多,班级微信群中张同学家长13分钟内连续向教师发出6条质问微信。此事经媒体报道、网络传播,迅速成为媒体和社会舆论关注的热点。时隔不久,2018年10月28日,重庆发生公交车坠江事件,此次事件中,媒体和社会舆论跌宕起伏大反转,一场"事故"成了众人演绎的"故事"。酿成"壁虎风波"与造成"重庆公交车坠江事件"网络暴力的真正推手,是公民独立思考、理性精神的缺失和实证精神、实证能力的缺乏。历史审视过去,历史教学面向现实和未来,一个强烈的念头驱使笔者把现实生活中的热点引入课堂作为史料教学的素材,以学科方式解决现实问题,凸显历史学科的现实意义及价值,让实证的精神成为学生的基本素养。

---

[1] 金丽君,浙江省杭州市学军中学历史教师,中学高级教师。

[2] 《都市快报》2018年9月27日、《浙江新闻》2018年9月28日对此事进行了报道及微信转载。本文事件的引述主要来自《光明日报》2018年9月28日"光明时评"胡欣红的文章。

## 一、教学设计思路

为什么教、教什么和怎么教是组织课堂教学的核心。在确立教学主题是让学生"在理解历史的同时，直面他们即将在其中生活的世界"[1]，"能够以实证精神对待历史与现实问题"[2]之后，教学内容和教学方式的确定是教学主题与目标实现的关键。

马克·布洛赫在《历史学家的技艺》中提出："历史感的培养并非总是局限于历史本身，有关当今的知识往往能以一定的方式更为直接地帮助我们了解过去。"[3]要从现实社会的体验和感受出发寻找理解历史的基础。中学生的认知心理和认知能力特点是他们对自己身边的相关信息感兴趣，一个具体到现实生活中的实例能让他们的理解有所依托，通过对现实生活问题的分析，学生将认识迁移、补充到历史事物中，增强理解力和兴趣度。从现实生活中学生感兴趣的社会热点出发，是历史教学培育史料实证素养的有效途径。"壁虎风波"恰好发生在笔者学校所在的城市，又跟学生生活相关，贴近学生心理认识和生活认识，由此笔者确定"壁虎风波"为本课的教学素材，并以探究问题链的方式推进教学进程。

## 二、教学主要流程及设计说明

### （一）导入：还原"壁虎风波"事件

首先了解学生对"壁虎风波"事件的知晓情况并还原事件。

【设问1】这件小事引发家长对此连连"质问"的关键点是什么？这件事跟我们的高中历史课堂教学有关系吗？

【设计意图】第一，利用同时、同地的现实生活事例来推开历史探究的"窗口"，能够激发学生探究的兴趣和热情，同时消除历史的距离感，增强历史的亲和力和感染力。第二，德国历史学家德罗伊森强调历史认识之所以可能，是"因为历史材料里面所表现出的前人言行，与我们今日的言行性质上是根本相类似的"[4]。今天之生活即明天之历史，如能以今天之同理理解昨天之生活，那么学生会有一种自然的代入感、参与感，唤醒内心的情感体验，增进对事件的理解力。第三，教师与张同学家长的"矛盾"焦点在于两者的出发点不同：教师从真实记录学生"生活"角度出发，家长从孩子是否会受伤害的利益角度出发。这就要求学生理解：方法论上的视角差异会造成不同的历史解释；不同的利益考量及与之密切相关的不同立场或价值观，是造成历史解释多样化的基本原因。第四，用问题切入，引导学生思考史料不实所导致的"风波"后果，以事实启迪学生：对任何史料都要有一种实证意识，强调以实证精神对待历史，而现实问题的观察和思考同样需要实证的态度和精神。

【过渡】三位亲历者对同一事件不同角度的描述，引发不同身份的人发出不同的感触，进而引发了"风波"，那假设一百年、一千年后有人对"壁虎风波"事件感兴趣，该如何进行研究呢？这一过渡环节设计的意图在于建立课堂探究的"壁虎风波"事件与史料运用之间的关联，将学生思维引入到寻找史料运用之法则中。

（二）过程：解读"壁虎风波"中的史料

学习任务一：认识史料的意义和分类

【设问2】研究者可以通过哪些途径了解"壁虎风波"？"壁虎风波"中留下了哪些史料，又属于哪种类型的史料？

【设计意图】第一，认识史料是了解历史的唯一途径，树立证据意识。依据梁启超提出的史料是"过去人类思想行事所留之痕迹，有证据传流至今日者"[5]，"壁虎风波"中涉及的"人类思想行事"包括三位亲历者的日记、班级微信群中家长与教师的互答、媒体的采访和评论及社会舆论等。第二，历史学习需要考问史料的类型及其对历史考证的影响。从时间来看，这三类史料都是最初的、最原始的记录；从人物亲历角度来看，除媒体、社会舆论外，当属当事人所做的笔记、著作、记录等。这些史料接近或直接在事件发生的当时产生，属于后人眼里价值高、可信度高的第一手史料。把一个现实生活中的真实事件作为历史研究情境，有利于帮助学生建立现实生活与史料之间的关联，纠正对史料来源和内涵认识上的一些偏解和误解。

学习任务二：探究史料和事实的关系

【设问3】假设后来的研究者发现了三位亲历者的日记，他们运用这三则日记史料的第一原则是什么？

【设计意图】提出史料运用的第一原则为判别史料的真伪。该问题是为弥补本课教学素材局限（学生不需要判别即可认定史料的真实性）而延伸的，目的是强调史料运用的第一原则是判别史料的真伪，强调"求真"是史料教学的主旨和基石。

【设问4】那么真实的史料都是客观的吗？

在甲、丙同学的笔下，这只壁虎生死命运迥异。显而易见，第一手史料所记载的史实不一定全是客观的。究其原因，客观因素是甲同学的位置离窗台较远，主观因素是甲同学不经意间渗入了对小动物的怜爱之情，无意间加入了自己的想象，不知不觉中写下了"有误"的史实。由此可知，史料受主客观因素的影响，即使是后人认为价值高的第一手史料也有可能不是客观事实。

【追问】甲同学提供的第一手史料与事实有差异，那么这个史料还有价值吗？甲同学日记中，事件的时间、地点和人物都是正确的，部分内容也是真实的，作为"失真"的史料，仍然有一定的史料价值，这也是史学家对第一手史料的价值评价高的缘由。乙同学日记主要探究壁虎从哪里来，他推测壁虎飞檐走壁而来，但没有交代壁虎在班级引起的轰动和最后的去向。显然，乙同学描述的只是整个事件的一部分，是其中的一个历史碎片。由此可知，要区别史料中的"具体真实"和"整体事实"。一则史料可能反映部分事实，但不等于真实，对于第一手史料，也存在一个辨别真假或确定其有多少客观性的问题。片面的事实会导致谬误，全面的事实才能反映真实。

【设计意图】高中历史课程标准关于史料实证素养的首要目标是"知道史料是通向历史认识的桥梁"[2]。史料是认识历史的唯一途径，想要尽可能地避免史料运用中的失误，准确而全面地认识历史，需要掌握史料运用的法则和原则。

学习任务三：探讨史料运用的一些基本法则

【设问5】如果只有乙同学一位亲历者的日记，你会对事件得出什么结论？如果只有三位亲历者的日记，你能判断壁虎的"生死命运"吗？

【设计意图】仅有乙同学"壁虎风波"日记史料，结论至多是"教室里来了一只壁虎"，无法肯定壁虎是死是活，是留在教室还是溜走。由此可得1：

史料运用中,有一分材料说一分话,没有材料不说话。即使具有三位亲历者日记也无法判定壁虎的"生死命运",还需有班级微信群对壁虎事件的说明,才能确定壁虎最后的去向。三位亲历者对同一事件,观察的角度不同,个人的性格、兴趣,甚至文字表达能力不同,导致形成了三个不同版本的故事。这种明显的差异,让学生直接感受到"史料具有片面性"。由此可得2:史料产生的背景、时间和制作者的身份、情感等会影响到史料的客观性,要尽可能多地收集和占有来自多方面的史料做依据,并相互印证。

(三) 小结:归纳史料及运用的教学意义

结合上述案例,归纳"壁虎风波"史料价值的教学意义:一是培育质疑、求真、理性的精神;二是掌握史料运用的一般规则、方法、步骤。日常的史料运用范式:(1)史料本身是真的还是假的?只有真实的史料才具有意义。(2)史料是客观的还是主观的?分析史料的类型,了解史料制作的时间和地点、制作者是谁、如何得知此事、基于什么原因制作的、希望得出什么结论,理解其倾向并以此判断史料的客观价值。(3)史料是全面的还是部分的?孤证不立,要搜集更多史料,多种史料相印证;论从史出,有一分证据说一分话。

三、学习效果的分层评价:指向现实生活的实证运用

把实证的精神和实证的能力指向为学生未来生活和未来社会服务,指向解决生活世界问题,通过学生在应对复杂现实情境中的外在表现来推断其核心素养的达成度,检测本课的教学效度。

出示材料1:(2018年)10月28日上午10时8分,重庆一辆公交车与一辆小轿车在万州区长江二桥相撞后,公交车坠入江中。网友们第一时间看到的消息,是在社交网络上疯狂转发的两张图片。从第一张图片中可以看到,红色小轿车头部已经被完全撞毁,道路旁边的横梁和护栏被撞开两个大口子。在第二张图片中,小轿车旁边坐着一个女司机,看样子惊吓过度(不知是否受伤)。①

---

① 文中四则材料中关于重庆公交车坠江事件的内容摘自2018年11月2日"网易号"新闻。

（1）据此材料，你能得出什么结论？

【问题指向】史料实证水平1：能够从所获得的史料中提取有关的信息。

出示材料2：随即有消息传出，事故原因是"小轿车女司机逆行导致大巴车坠江"。这条未经证实的言论经自媒体和网民的转发后，迅速蔓延开来，网络上充斥着对"肇事女司机"的声讨。

（2）你认为导致网络充斥对"肇事女司机"声讨的原因是什么？从实证精神出发来分析，他们违背了哪些原则？

【问题指向】史料实证水平2：能够认识不同类型的史料所具有的不同价值，能够尝试运用史料作为证据论证自己的观点。历史解释水平3：能够分辨不同的历史解释。

出示材料3：正当网民议论甚嚣尘上的时候，事情突然反转，重庆警方发出通报："经初步调查，事故原因是公交客车行驶中突然越过中心实线，撞上正常行驶的红色小轿车后冲上路沿，撞断护栏，坠入江中。"之后有网友上传了事故现场的行车记录仪视频。

（3）导致事情突然反转的原因是什么？你的启示是什么？

【问题指向】史料实证水平3：能够利用不同类型史料的长处，对所探究的问题进行互证，形成对该问题更全面、丰富的解释。历史解释水平2：能够选择、组织和运用相关材料并使用相关历史术语，对个别或系列史事提出自己的解释。

出示材料4：即使在事情发生两天后，网络上仍然充斥着很多不理智的声音。有人说："为何护栏形同虚设？像纸糊的一撞就烂了，这要一查，铁定又是个窝案！大家分析一下？""为什么事故发生两天了，公交车还没捞出来？""为什么一个人也没救到？有关部门都是干什么吃的？"

（4）这些"不理性"的声音依旧存在，你认为原因是什么？

【问题指向】史料实证水平4：能够比较、分析不同来源、不同观点的史料，在对现实问题进行独立探究的过程中，能够恰当地运用史料对所探究的问题进行论述。历史解释水平3：能说明导致不同解释的原因并加以评析。

【设计意图】第一，依据历史学科核心素养水平划分，侧重从史料实证和历史解释方面评价学生达成情况。第二，演绎学科方式解决现实问题的过程：

把生活世界现象转化为学科问题，用学科思维和学科方式建构学科的解决方案，迁移建构解决实际问题的方案，最终来解决现实生活问题。第三，用鲜活的现实事例告诉学生，培育实证的意识、态度、精神和实证能力的意义；认识在信息时代人人都是自媒体，我们在充分享受新媒体带来的便利的同时，必须坚持实证之精神，擦亮眼睛，不轻信、不盲从；我们在表达态度时，凭证据说话是处理社会生活的基本准则，不盲传未经证实和思考的事情，这是一个现代公民最基本的素养，也是本课要表达的核心主题。

  教学主题指向公民生活必备的实证精神和实证能力，结合学生的生活经验，尝试用现实生活的热点作为课程资料是本课的特色；同时，基于现实生活的热点问题依循、理解、总结历史学科史料实证的内涵、方法和价值意义，是本课不同于惯常依托教材教学的一次挑战。教学主题的落实有赖于教学资源的合理利用和教学方法的有效组织，本课的教学，通过学生在现实生活中的切身体会，以同理之心寻找史料实证的意义和方法，并最终运用于现实生活问题，抓住了学生的心理和认知特点，得到学生的肯定和喜欢。同时，我们分析历史与现实中的类似现象，寻找其相通或相似之处，并不否定历史和现实差异之处，恰是在共同的思考中形成我们正确的历史意识及基本历史方法。

**参考文献：**

［1］［法］费尔南·布罗代尔. 文明史纲［M］. 肖昶，冯棠，张文英，王明毅，译. 桂林：广西师范大学出版社，2003.

［2］中华人民共和国教育部. 普通高中历史课程标准（2017年版）［M］. 北京：人民教育出版社，2018.

［3］［法］马克·布洛赫. 历史学家的技艺［M］. 张和声，程郁，译. 上海：上海社会科学院出版社，1992.

［4］［德］德罗伊森. 历史知识理论［M］. 胡昌智，译. 北京：北京大学出版社，2006.

［5］梁启超. 中国历史研究法［M］. 上海：华东师范大学出版社，1995.

## 全球视野与家国情怀的涵养

——以《历史文化与时代变迁下德法关系嬗变》一课为例

黄桂兰[①]

历史学的核心价值在于从群体记忆中获得理性启示和现实关照，历史教育的最高境界则是从过往的故事中汲取营养，立德树人。《普通高中历史课程标准（2017年版）》将"家国情怀"作为历史学科五大核心素养之一，不仅体现了历史教育的一般教化功能，更是历史教育在情感态度价值观方面的集中体现和人文追求。如何在世界历史教学中培养学生的"家国情怀"？如何在全球化背景下正确处理民族国家的文化认同、情感皈依与整体世界的包容理解、和谐共处？这些需要我们在微观具体的课堂教学中加以体现和渗透，让历史课充满对人类世界的宽容与理解和对多元文明的尊重与敬畏。

本文以笔者的一堂公开课《历史文化与时代变迁下德法关系嬗变》为例，分享在世界历史教学中滋育学生"家国情怀"的探索和反思。

### 一、小切入，大情缘——小城悲情与故土乡愁

家国情怀植根于对故土的精神皈依与情感眷恋。要在历史教育中培育学生纯真和质朴的家国情怀，离不开对"家庭""家园"的追忆和依存，并由此延展到对"家国"的认同和挚爱。而在世界历史的教学中，我们也应该善于从不同地区、不同民族的这种"恋土"情愫中，汲取人类世界共有的精神力量，反哺中国人的家国情怀。

为了从一个微观视角梳理德法关系的历史演变，并从中体会人们在备受战争折磨后的别情离愁，笔者为本节课设计了一条贯穿始终的线索——以德法边境的小城斯特拉斯堡为切入点，描绘德法两国关系的历史图谱，梳理小城居民的命运与德法两国国运之间的内在联系，探讨如何在史料支撑和时空变换中渗透"释史怡情"的目标。基于此，笔者在教学实施过程中有意识地

---

① 黄桂兰，上海外国语大学附属外国语学校校长助理，中学历史高级教师。

引导学生从长时段、大空间、多视角出发，在史料支撑和历史理解的前提下对德法两国关系的嬗变加以深度分析，渐次达成关于历史解释的四个层级水平要求。与此同时，力求在历史叙事和历史解释的理性思维过程中，拨动学生的情感之弦，感受和体验故土情结与家国情怀之间精神的纽带。

小城归属轮转、兴衰沉浮的经历及其所折射出的德法关系长期剑拔弩张、冤冤相报的悲剧，恰恰从反面提供了许多耐人寻味的历史教训，也为我们进行"家国情怀"教育提供了可以利用的感人素材。

第一，时代变迁下小城斯特拉斯堡的归属轮转和国籍变更，最早可以追溯到公元前后的古罗马帝国时代。5 世纪中叶，随着西罗马帝国的灭亡，斯特拉斯堡被纳入法兰克王国的版图。直到 843 年《凡尔登条约》三分查理曼帝国之后，小城的归属就在意、德、法三国之间轮转：起初它归属意大利；而伴随着德意志奥托一世的征服又归属于神圣罗马帝国；三十年战争后法国渔翁得利，抢占了德国西部的阿尔萨斯、洛林地区，1681 年，路易十四以武力夺取了中立的自由城市斯特拉斯堡，由此它开始第一次归属法国；普法战争后，法国战败，斯特拉斯堡伴随着阿尔萨斯—洛林的割让又归属德国；一战结束后，它被法国重新夺回；二战期间，法国战败投降，德国再次将其占领；二战后，德国纳粹投降，小城从此归属法国。

在欧洲三十年战争之后的短短 300 年间，随着德法冲突的此消彼长，小城斯特拉斯堡在德法两国之间轮番易手，当地人更换过五次国籍。当归属法国时，当地居民被要求挂法国的国旗和法国总统的画像；而当被德国占领时，居民们又被要求挂德国国旗和德国国王的画像。为了应对这频繁的交替变更，当地居民家里普遍准备了德法两面国旗，甚至流传着一个双面相框的故事：当地人做了双面相框——一面是德国国王，另一面是法国总统。看似荒诞的故事中，流露出斯特拉斯堡人内心的苦涩和精神的飘摇。

第二，在战争重创之下，小城斯特拉斯堡屡屡变成废墟。早在 15 世纪末，小城斯特拉斯堡就凭借其欧洲中心地带和莱茵河优良港口的地理位置优势，成为当时欧洲的商贸中心、印刷中心，乃至欧洲人文主义学术中心。斯特拉斯堡人耗时 300 多年建成了当时世界上最高的建筑——斯特拉斯堡大教堂，这个纪录保持了 400 年左右，直到 19 世纪后期科隆大教堂落成才被打破。这也足以证明了当时斯特拉斯堡城市的繁华。

但就在1870年，在那场无情的普法战争中，斯特拉斯堡城市建筑毁于战火，"二战"期间斯特拉斯堡归属德国，当地犹太人被驱赶，当地欧洲最大的犹太会堂被夷为平地。1944年，斯特拉斯堡又遭到英美盟军的轰炸，整个市中心被摧毁。

通过勾勒小城斯特拉斯堡的历史变迁，学生深刻地感受到，正是德法两国长达数百年的仇怨宿敌、兵戎相见的历史，才导致小城归属轮转，饱受战争创伤，成为悲情离乱之地。在对小城春秋和小城居民命运的往事钩沉的过程中，学生体验到"乡愁"不仅是一种对故土依恋和牵挂的情缘，还是一种根植于这片土地上的每个人心中祈祷和平的社会情结和内心情感，更是一种基于精神家园和民族皈依的家国情怀。

## 二、小细节，大震撼——冤冤相报与家国伤感

历史的魅力在于其往事中蕴含的理性思考和人性感怀。而要让悠久和潜在的历史魅力得以彰显，在很大程度上有赖于那些鲜活、生动甚至是令人纠结的历史细节，要借助历史细节的刻画带给学生强烈的心灵震撼与冷峻思考。为此，笔者在众多的历史材料中精选了几则既相对独立，又彼此关联的经典故事，试图透过看似如烟的往事，在揭示德法两国在历史上相互羞辱与循环复仇的同时，体验两个民族的历史阵痛和国殇悲情，从历史的不幸中反思"家国情怀"的内涵和真谛。

细节一：拿破仑将柏林勃兰登堡门上的和平女神与驷马战车拆下运回法国

拿破仑战争，拿破仑曾一度横扫欧洲，使本来已经名存实亡的神圣罗马帝国彻底崩溃。并且在1806年，拿破仑继续向东进入柏林，普鲁士战败后被迫割让了16万平方公里的领土（当时普鲁士总面积30万平方公里），并赔款1.3亿法郎。当时拿破仑甚至将普鲁士的标志性建筑——勃兰登堡门上的和平女神与驷马战车都当作战利品拆了下来，运回法国准备装到巴黎的凯旋门上。这是对普鲁士人的极大羞辱，此举也埋下了普鲁士人复仇的种子。

细节二：凡尔赛宫上演的两幕德法之间的恩怨情仇录

　　普法战争法国战败。1871年1月18日，普鲁士国王威廉一世在法国巴黎凡尔赛宫加冕为皇帝，并宣告德意志第二帝国成立。这是普鲁士对此前拿破仑战争的复仇，也是对法国的故意羞辱。一战结束后，巴黎和会在凡尔赛宫召开，也是1月18日，当时法国总统克列孟梭说："48年前的今天，德意志帝国就出生在这个大厅里。由于它生于不义，自当死于耻辱！"

　　细节三：福煦车厢上演的两幕德法之间的恩怨情仇录

　　1918年11月11日，德法两国代表在法国元帅福煦乘坐的车厢内，签订了《贡比涅停战协定》。福煦当时傲慢无礼，其至极度羞辱德国代表，"福煦车厢"由此得名。据说这节编号为2419D的特殊车厢，曾是拿破仑三世的御用车厢。拿破仑三世在1870年普法战争中被俘，是法国历史上最屈辱的一幕。如今在这节车厢里进行对德作战胜利的签字仪式，是无声地宣示法国惨败之后的崛起。可时隔22年，天平又倒向德国。希特勒希望在贡比涅一雪当年之耻。1940年6月22日，希特勒特意命令将陈放在博物馆中的福煦车厢运到了贡比涅森林，并精确地停在1918年所在的位置。希特勒坐在了福煦元帅当年坐的那把椅子上，脸上流露出轻蔑、愤怒、憎恨、报复和满足的表情。

　　"夫明镜者，所以照形也；往古者，所以知今也。"历史是一面镜子，回首德法关系的历史悲剧和战争魔咒，我们似乎可以发现一堵横亘于两国之间的心理阴影之墙——无限膨胀和疯狂的极端民族主义，相互排斥和狂躁的国家利己主义，因此造就了两国关系中周期性"复仇主义"的群体精神病态。所以，在世界历史教学中我们需要审慎、慎重地分析处理那些看似"爱国"，实则祸国、贻害人类的精神毒素。从历史的反面教训中帮助学生树立健康、全面、包容的民族观、国家观和文化观。

　　**三、小人物，大格局——全球视野与家国情怀**

　　"和羹之美，在于合异。"文明的繁盛、人类的进步，离不开求同存异、开放包容，离不开文明交流、互学互鉴。《普通高中历史课程标准（2017年版）》将"了解世界历史发展的多样性，理解和尊重世界各国、各民族的文化传统，具有广阔的国际视野"作为家国情怀目标的一个要点，具有深远的意义和现实的价值。但是，如何在全球化背景下全面、准确理解"家国情怀"的核心内涵与外延，在世界历史教学过程中发掘相关的历史元素，并将其精妙适切、纯熟自然地融入教学环节，让课堂充满人文气息和情感氛围，以陶冶学生的精神世界，在大教无痕中借他山之石臻攻玉之境，借多样性的世界各国各民族的历史"回馈"和"反哺"我们中国学生的"家国情怀"，这是一个永恒和重要的历史教学话题。

本堂课在追述德法关系的嬗变的同时，有意识地设计了贯穿各环节始终的一条"情意链"：家人—家乡—家国情怀和人类相互理解—依存—共处的理念，试图让学生在感悟历史人物复杂的内心世界中，提升对"家国情怀"内涵的正确认识。

人物一：德国大文豪歌德沉痛的感叹："德意志在哪里？"

引导学生从拿破仑战争和神圣罗马帝国的崩溃、勃兰登堡门的和平女神被拆解运往法国的背景下，理解德国大文豪歌德发出"德意志在哪里？"的沉痛苦恼和感叹，理解德意志人的民族意识和渴望统一的强烈愿望。他说："没有一个城市，甚至没有一块地方，使我们能够坚定地指出，这就是德国。如果我们在维也纳这样问，答案是，这里是奥地利；如果我们在柏林提出这个问题，答案是，这里是普鲁士。德意志在哪里？"这个历史性的问题，拷问着每一颗德意志人民的心灵。

人物二：法国作家都德《最后一课》中韩麦尔老师的无奈："今天是你们最后一堂法语课。"

当叙述到普法战争后法国战败被迫割让阿尔萨斯—洛林这段历史时，笔者带领学生一起回顾大家熟悉的一篇语文课文——都德《最后一课》，并为学生背诵最令人撕心裂肺的那段话："柏林已经来了命令，阿尔萨斯和洛林的学校只许教德语了。新老师明天就到。今天是你们最后一堂法语课。……他说，法国语言是世界上最美的语言——最明白，最精确；又说，我们必须把它记在心里，永远别忘了它，亡了国当了奴隶的人民，只要牢牢记住他们的语言，就好像拿着一把打开监狱大门的钥匙。"从而感受作者对国破家亡的悲怆与无奈，体味作者对世界上最美的语言即将消逝的感伤和痛苦。

人物三：法国外长罗贝尔·舒曼发表"欧洲一体化宣言"。

引导学生从罗贝尔·舒曼的家乡——洛林，一个家乡、两个祖国——被人们善意笑称"国界线上的人"的苦难经历，体会他在1950年访问西德城市波恩时那段诗一般演讲背后的包容、联合、自强的内心呐喊——"人们将会承认，我们曾经在莱茵河畔，在我们德国和法国的莱茵河畔，哪怕具有一切民族界限而仍然构成一个整体的莱茵河畔，试图做过一项重要的事业。我相信，这一事业必将取得成功！"

以上人物的情感与思想，无疑都对"家国情怀"的内涵做了很好的阐释：对故土的归属感，对家乡的皈依感，对民族国家的认同感和使命感，对人类的理解与包容，乃至关注人类社会前途的深情大爱。遥想人类历史上血淋淋的战争和冲突的教训，面对当今出现的欧盟"脱一体化"和"逆经济全球化"的困局，习近平总书记提出构建"人类命运共同体"的畅想，高屋建瓴地提出了一份超越民族、国家和意识形态的中国方略，不仅为人类在包容、理解、对话中和谐发展提出了一种理想和智慧，也为我们在历史教育，特别是在世界历史教学中如何培养学生的"家国情怀"，提出了新时代的新要求。

"涵养我们的历史思维，还意味着一种历史责任。"[1]在世界历史教育中涵养学生的历史思维，教师不仅要在唯物史观的指导下，从历史的大时空出发去思接千载、视通万里，从史料实证和历史理解出发去释史求通、以史为鉴，还要对世界历史心存温情与敬意，以包容理解的博大胸襟体验人类对"家庭—家园—家国"的至诚之心，以冷峻反思的理性精神汲取人类历史的惨痛教训，培养学生在全球化背景下的广阔的国际视野和真切的家国情怀。

**参考文献：**

[1] 范正伟. 涵养我们的历史思维——从历史中汲取走向未来的智慧②［N］. 人民日报，2019-01-25.

## 第三节　指向历史核心素养的课程资源开发与跨学科融合

### 高中历史乡土文化课程资源的审美开发

马维林[①]

《普通高中历史课程标准（2017年版）》指出："课程资源既是课程实施的支撑环境，也是课程内容的重要来源，还是教学活动的展开条件。"历史学科课程资源非常丰富，其中，乡土文化课程资源是通过对地方和学校自身的历史文化进行有选择的开发和利用，开发出有助于学生丰富历史感知、理解课程内容、提升历史价值立意的课程资源。哪些乡土文化资源可以作为课程资源，如何对乡土文化课程资源进行开发使用，这取决于对课程价值的理解和课程目标的预设。江苏省南菁高级中学（以下简称"南菁高中"）在"历史课程是一种审美的生活"的课程价值理念引领下，对乡土文化课程资源进行了审美发掘，形成了彰显审美精神的历史乡土文化课程资源的开发范式。

#### 一、乡土文化课程资源开发的审美内涵

普通高中课程改革的根本任务是立德树人，这本身就鲜明地体现了课程的价值性，人是一切的目的，而不是手段。传统教学的最大弊端在于教育的工具性价值被过度彰显，课程的育人价值被遮蔽。从历史学科本身来说，其对人类社会的鉴戒价值被严重弱化，碎片化的历史史实和机械的记忆取代了历史的审美叙事。"历史课程是一种审美的生活"，这应是美学的生活转向，亦是课程价值的现代觉醒。学生的学习生活不应是机械的和无意义的，而应

---

① 马维林，西北师范大学教授，硕士生导师，江苏省南菁高级中学副校长。

该是丰富多彩的，是生命尽情舒展的。

历史学科学性与艺术性的两重性决定了历史学具有科学价值和审美价值的两重性。科学价值在于其真，包括真知和真理。真知是指历史知识的真确、新材料的发现和证实；真理是指实事求是，探求历史发展规律，以期指明事物发展的方向。审美价值在于其美，指的是运用正确的审美观念，鉴别历史上的人和事之美丑善恶，发掘历史美的因素，以历史之美去陶冶人的情操、净化人的心灵，引导人们更加自觉地按照美的原则去塑造自己、改造世界、创造历史，这就是历史美学和美育的意义所在。

历史记忆是构成人基本文化知识的基础，每一个人都需要了解本民族以及全人类基本的历史演进过程，了解世界的昨天和今天，获得对世界的整体把握。历史教学就要充分挖掘历史中那些人类今天和未来特别需要的价值内核，告诉今天的人该怎样处理人与自我、人与他人、人与社会的关系，从根本上说就是人如何审美地对待自我、他人和世界。这些内容往往蕴含在乡土文化课程的资源中，蕴含在中华优秀传统文化的价值体系中。中国儒家思想重视情理交融，以理节情，这正是健全人格的审美表达。为了实现历史对生活的审美建构，让人的生活更有意义，我们总是会选择那些承载着希望和价值的内容，即使面对"黑暗的、落后的、丑恶的"过去的历史，它仍然可以激起人们对"光明的、进步的、美善的"现今的历史的追求。正是从这个意义上说，特定时空背景下的历史文化资源经选择后可以进入课程学习的范畴。

## 二、乡土文化课程资源的审美化开发

乡土文化课程资源是一定地域历史文化的产物，寄托着特定时代人们对美好生活的向往，体现着人类生生不息的劳动和创造，凸显出人类特有的审美价值追求。认同"历史课程是一种审美的生活"，一切课程资源就必须以审美的眼光去挑选，以审美旨趣出现在学生的学习生活之中。

南菁高中所在的江苏省江阴市是吴文化的发源地，有祁头山遗址、佘城遗址、高城墩良渚文化等多处历史文化遗址；名人故居有徐霞客故居、刘氏三兄弟（音乐家刘天华等）故居、柳宝诒故居、吴文藻故居、巨赞法师故居等；博物馆有军事文化博物馆、解放战争渡江战役纪念馆等。从非物质文化遗产方面来看，江阴还曾获得故事、民乐、戏剧（月城镇）3 项"中国民间文化艺术之乡"称号。南菁高中校园内历史课程资源也相当丰富。学校前身是建于 1882 年的南菁书院，保留了大量的书院碑刻、文化典籍，是研究近代中国教育发展史的重要资源。学校依托这些乡土文化课程资源，可以开发出诸多历史校本课程。学生通过考察研究，把课程学习变成一场充满惊奇、感动和想象的审美之旅。

乡土文化课程资源大体以两种方式存在着。一是以传统的文化古迹、文明遗址、文化艺术等物质和非物质的形态存在，诠释着特定时空背景下人类文明的成就；二是以现代的风貌出现在课程视野之中，特定地域的风土人情、生活方式总是带有历史的印记，体现文化的延续性。

学校对乡土文化课程资源的审美开掘从传统与现代两个层面进行。传统层面的课程开发基于对历史文物古迹等的考察，让学生增强史料实证意识，学会在特定的时空背景下认识历史。以"江阴考古与文物"校本课程为例。这一课程是作为历史选修课开设的，依托江阴考古所、江阴历史博物馆和江阴市考古遗址等资源，学校通过组织课堂讲授、实地考察和专家讲座等一系列丰富的课程活动，让学生了解家乡历史演进，激发对家乡文化的热爱。这是一种典型的、具有一定文化意味的现代"乡愁"，有助于培养学生的家国情怀。

现代层面的乡土文化课程资源开发主要是借助课程资源这一载体，在历史与现代之间建立联系，让传统照进现实，使历史与现实相互映照。如体现历史和化学学科整合的"民间传统纺织印染工艺鉴赏"课程，结合高中历史"中国古代手工业"和高中化学学科的原理，再现"江南织造"的历史场景。这样的课程充分体现了科学和艺术的完美融合，是对中华优秀传统文化的创造性转化和发展。这门课程还作为南菁高中的国际理解课程，向前来中国学习的德国、澳大利亚等国家的中学生开放，传播中华优秀传统文化，让世界感受中华优秀传统文化的魅力。

### 三、课程资源审美开发的范式建构

顾明远教授提出，课程开发有相互递进的四个层次。最高层次是课程标准，这是国家课程意志的体现；第二个层次是依据课程标准进行教材开发，这是专家学者开发的课程；第三个层次是教师依据课程标准和教材进一步开发的教学课程，这是国家课程的校本化开发；第四个层次是习得课程，即学生在教师指导下学习的课程。历史学科乡土文化课程资源的开发体现的是第三和第四层次，是国家课程目标得以实现的关键环节。南菁高中在实践中将这两个层次的课程开发提炼为三种范式。

一是"情境陶冶式"的乡土文化课程资源开发。在这种课程资源开发范式中，乡土文化课程资源构成了历史教学的重要情境，引发更丰富的历史画面出场。如"重走霞客路"的乡土文化课程，主要是带领学生参观江阴徐霞客故居，绘制徐霞客走过的路线，了解徐霞客考察的历史风土人情等。这样的课程以徐霞客这一历史资源为现实的情境，使学生在学习历史知识的同时，对徐霞客以步履丈量祖国山河、多次遇险而不改初心的精神产生地缘亲近性的移情与情感共鸣。

二是"实践体验式"的乡土文化课程资源开发。在这种课程资源开发范式中，乡土文化课程资源成为课程实施的重要载体，为学生学习创造了实践体验的空间。如"陶瓷之美与化学"课程，教师从中国陶瓷发展史简介入手，带领学生参观江阴博物馆和南菁高中的沈鹏艺术馆，进而了解陶瓷的制作工艺，学习古代陶瓷的鉴定方法。在课堂上，教师引导学生学习陶瓷的主要化学成分、烧制温度、釉上彩和釉下彩等基础知识，探讨陶瓷釉色变化的化学原因，以及介绍碳十四测年技术；在实际工坊学习过程中，教师鼓励学生亲手烧制陶瓷。这样，通过三种课堂场域（博物馆、工坊和教室），对学生之于陶瓷的日常生活经验进行三个层面的改造，分别是审美（动心）层面、操作（动手）层面和知识（动脑）层面。这样的课程开发，不但提高了学生的审美情趣，培养了学生的鉴别能力，更重要的是激发了学生对以陶瓷为代表的看似平常无味的日常生活的兴趣，激发了他们对家乡之美的深厚情感。

三是"价值体悟式"的乡土文化课程资源开发。在这种课程资源的开发范式中，需要充分关注课程资源的价值属性，从真、善、美的维度来体悟课程资源的审美价值。历史乡土文化课程资源的审美开发，在价值取向上将课程视为一种美学，赋予课程丰富的美学内涵：从课程实施的美学情境出发，赋予课程以美学旨趣；从课程价值的美学关怀出发，将教学定义为促进人的全面发展；从艺术教育本身出发，阐释乡土文化资源的审美特性。事实上，课程的美学意蕴大体对等于"真、善、美"三者的并置，通过乡土文化课程资源开发，开展对客观事实"真"的认知，对道德行为"善"的选择，对生活世界"美"的品味。而其例证则如对文物的考证与鉴别，达到"求真"（知识价值）；探究传统艺术与文化的精神，达到"求善"（道德价值）；体验艺术的外在美与内在美，达到"求美"（审美价值）。

事实上，历史学科乡土文化课程资源的开发体现了鲜明的课程整合的思想，上述三种课程开发范式兼而有之。瓷器、绘画、文学等历史乡土文化资源作为课程资源，都总是立体地、鲜活地展示着曾经人们的审美取向，体现着他们在特定时空背景下对生活的态度和对美的理解。

# 综合实践活动与高中历史教学有效融合的策略

孙伟萍[1]

现行高中历史教材内容丰富，涵盖面广，而教学课时数有限，这对教师的教学设计提出了更高的要求。然而，如何将抽象的教学内容化为具体、将模糊的历史概念化为清晰？实践证明，开展以学生为主体的主题实践活动，有助于拉近历史与现实的距离，让学生在考察、探究、体验、创作等一系列的活动中发现和解决问题，引发对历史问题的现实思考和对现实问题的历史反思，发展实践能力和创新精神，达到事半功倍的教学效果。为此，我们团队在普通高中历史教学中尝试与综合实践活动课程融合，探索以下策略。

## 一、创新活动形式，让学生"动"起来

### （一）社会实践调查

社会调查作为一项重要的研究方法，为学生认识社会、增长才干提供了重要途径。教师可从学生兴趣和生活实际出发，让学生自由组合，结合县情、乡情开展社会调查活动。如探究我县古老山寨——白崖寨，学生撰写了实践活动报告《探究古寨寻精髓　弘扬科学显文化》；开展纪念改革开放40周年活动，学生撰写了调查报告《家乡巨变》等。这些活动都极大地提高了学生参与实践的兴趣，培养了学生的研究能力和创新能力。

### （二）寻找身边的历史

学生以小组为单位，搜集身边的历史素材，形式不拘。可以是新闻采访，如纪念中国人民抗日战争胜利70周年采访当地老兵，活动小组拍摄、制作有关抗战老兵的专题片《不能忘却的纪念》；可以是口述史记录，如《"老三届"谈今昔教育》；可以是图片展，如《我家的藏品》《票证时代》等。这类

---

[1] 孙伟萍，安徽省安庆市宿松中学教师，安徽省历史特级教师，安庆市学科带头人和名师工作室主持人。

活动素材来自生活，贴近学生实际，学生在见证者的真情诉说中、在沧桑的历史画面中、在珍贵的历史遗存中感悟历史，思考历史，觉得历史并不遥远，历史就在我们身边。

（三）编辑历史小报

毋庸置疑，历史小报应该有"历史味儿"，这就要求学生要有"历史感"，版面内容要有主题。教师指导学生确定主题，成立活动小组，学生利用周末、节假日查阅历史资料，设计版面、编辑文字、绘图，几番讨论打磨后合作完工。他们编辑的主题小报有《文人墨客与宿松》《图说宿松非物质文化遗产》《宿松的古民居》《黄梅戏探源》等。学生在指点江山、激扬文字、评古论今的制作过程中，满怀兴趣和激情，充分拓展了想象空间，培养了能力。

（四）走访大家族，编写家史

"张"姓在我县属于大姓，当地有"无张不成村"的说法，意思是任何一个村落都有姓张的。这引起了学生特别是张姓学生极大的兴趣，他们成立了一个兴趣小组，查阅有代表性的张家的家谱，参观张家祖祠堂，采访德高望重的张姓乡贤，弄清楚了"土著张"与"外来张"的派系融合的基本历程，也了解了张家家训、家风、名人轶事等，编写了张家家史。字里行间，弘扬家族正能量，莘莘学子的家国情怀溢于言表。

（五）历史剧创作与表演

我校学生创作的历史剧《天亮之隙》获得第二届"青史杯"全国高中生历史剧创作大赛三等奖。该作品由5个学生合作创作，讲述的是1940年，一列列火车接踵而至，来到奥斯维辛集中营。在无数绝望的受难者中，一个雏菊般美丽纯洁的犹太小女孩却始终微笑着面对集中营的黑暗。她经受了失去母亲的痛苦，却也收获了素不相识的人们给予的温暖。只是，集中营是没有阳光的地方，这朵雏菊最终在风雨中凋零……作品共五幕：噩梦开端、母女分别、偶遇叔叔、雏菊凋零、灵魂救赎；中间插有三幅图画、若干段背景音乐等。该剧本主题突出、情节合理、思想性强；剧本创作、编剧、排练均由学生自主合作完成，教师关注活动过程并适时给予指导。类似创作、表演历史剧等实践活动培养了学生的团队精神、合作的责任感，能让历史学科知识和学科观念通过实践得到升华，能让学生感受到创新的魅力。

## 二、指导活动过程，让教师"能"起来

在实践活动中，学生是活动的主体，教师是活动的参与者、组织者、指导者。教师要关注的是，活动选题是否具有创新性、可操作性？活动方案是否科学、方法是否得当？学生所写论文格式是否规范、论证是否充分有力？等等。

如在指导学生探究古寨的活动中，历史、语文、地理、政治、数学、生物、化学等学科教师精诚合作，开展行动研究。教师带领学生探究古寨的历史文化、寨体保存至今的科学因素、古寨在历史上所起的作用、古寨的修复有无必要等问题，把理论学习和实践活动联系起来。为完成指导任务，教师围绕实践活动积极开展教科研工作，学校的教科研氛围日渐浓厚，创新实践活动开展得如火如荼。教师的活动规划和设计能力、依据活动场所和学情变化适时调整的应变能力、与学生和同事合作交流的能力、理论联系实际的能力、开拓创新的能力等都得到了锻炼和提高。活动使教师成长为研究型教师、创新型教师、深受学生喜爱的教师、一专多能的教师。

## 三、整合活动资源，让教学"活"起来

为充分重视以学生的现实生活和社会实践为基础，开发利用本土教育资源，将教学活动由课内延伸到课外，我们以活动为抓手，以资源为载体，彰显学科特色，构建魅力课堂。

### （一）走出课堂，考察走访寻资源

1. 寻访古迹，感受"正"气

参观宿松县博物馆、宿松县革命烈士陵园、徐文藻烈士墓、隘口乡烈士陵园等教育基地；访问家乡名人后代，以家乡名人为榜样，追寻家乡名人成功之路，探讨人生价值。

2. 今昔对比，感受"福"气

调查当地居民物质生活（衣食住行用）的变化和精神生活的诉求；了解农民经营方式、耕作方式、应急抗灾方式的变化，设计《关于改革开放以来宿松县人民生活变化的调查问卷》，见证党的富民政策、美好乡村建设带来的新面貌。对宿松县北门街批发市场、许岭镇或二郎镇进行调研，感受本地商

业古镇的商业气息，探寻本地集市贸易繁荣的原因并对进一步促进商业繁荣提出合理建议。调查宿松县工业园区的明星企业，走访了解企业老总的创业之路，感受改革开放给家乡带来的巨变。

3. 探寻特色，感受"灵"气

走访老祠堂，借阅名门望族的家谱，感受盛世修谱体现家族正能量的民俗文化；考察本县有名的寺庙，探寻宗教在当地兴盛的原因；尝家乡美食（铁寨橘子、陈汉板栗、下仓螃蟹、佐坝特色小吃等）、品家乡名茶（柳溪香芽、陈汉野茶）、听地方名曲（黄梅戏、文南词等）、说方言民谣儿歌、集地方民俗节日，感受家乡的风土人情，领略家乡丰厚文化底蕴的魅力。

（二）回归课堂，学科整合用资源

如何合理取舍本土资源？要精选具有代表性的与高中历史教材密切相关的本土资源，如与必修一政治史"宗法制"有关的祖祠堂，与必修二经济史"改革开放"有关的工业园区，与必修三文化史"文艺戏曲"有关的黄梅戏和文南词等。所选资源既要符合中学生的认知水平和兴趣特点，又要便于搜集整理材料和开展研究，能够起补充、活化教材的作用。

如何渗透、整合本土资源？教师在课堂上要因课制宜，适度、适当地穿插本土教育资源，切不可喧宾夺主。可以利用每周的研究性学习时间开展地方文化史讲座；可以指导学生举办以"美丽宿松"为主题的黑板报或演讲比赛；可以以地方史导入新课，一石激起千层浪；可以植入本土资源突破教学重难点；可以在总结新课时有机联系本土资源，起画龙点睛之功效。

（三）延伸课堂，聚焦乡土传资源

组织学生考察宿松县国家级森林公园、白崖寨或小孤山，让学生献计献策，设计如何开发家乡旅游资源的方案；设计加工家乡的特产美食包装；利用宿松中学"V20创新社"和"松子"文学社平台，举办以"爱我家乡"为主题的文艺活动，让学生说家乡、写家乡、唱家乡、赞家乡，抒情励志。

透过课题研究满意度调查表，我们听到了学生的心声：学生喜欢"活"的历史课，喜爱与他们平等交流的历史教师，享受愉悦和谐的历史课堂。这样的历史课，教师不再一言堂、填鸭式教学；学生不再坐享其成、被动接受。师生合作探究学习，充满生机和活力，充满灵气和智慧。

### 四、借助信息技术，让二者融合"巧"起来

现代信息技术与高中历史教学、综合实践活动的优化整合，解决了日常教学所面临的难题，搜集资料、摄制图片、分析处理数据、PPT制作、"焦点访谈"视频录制、活动小组成员QQ群及微信群管理与交流、网络问卷调查、活动作品评选、活动满意度测评等，既推动了实践活动的开展，又大大提高了高中历史教学的质量。

我在执教完人教版高中历史必修2探究活动课《中国民生百年变迁（20世纪初~21世纪初）——历史展览》后，举办了一个"中国民生百年变迁"历史展览会。学生自由组合了6个研究性学习小组，每个组都将自己的研究成果制作成PPT，分别是服饰组的《"衣"网情深》、饮食文化组的《舌尖上的宿松》、住房组的《中国特色住房》、环境组的《我们的环境》、娱乐组的《娱乐大家谈》、习俗组的《中国传统习俗的变迁》。这6个PPT，都巧妙地融入了"宿松元素"，每一个主题下都有学生深层次的思考。如学生在《娱乐大家谈》中的"娱乐感言"："古代的一些娱乐被历史的尘埃所掩埋，现代的娱乐越来越科技化、多元化、国际化。这些变革的背后，都有一个巨大的推力——社会的进步。如今，人们的娱乐生活越来越丰富多彩，如全球旅行、网上冲浪、K歌跳舞、甚至是像蹦极一类的挑战人体极限的运动。当然，也存在着一些危害人们身心健康的娱乐，如吸毒、赌博等。我们应当正确娱乐，科学娱乐，让娱乐真正娱乐身心。"

通过活动QQ群实现师生互动、生生互动，通过搜索引擎获取资源，通过计算机软件处理图片、声音……在这里，现代信息技术是将实践活动与历史教学有机融合的抓手，有效解决了融合过程中的一些难题。信息技术为实践活动的顺利开展提供技术支持，为历史课堂教学注入新的活力，为学生的高效学习插上翅膀。

综上所述，综合实践活动与高中历史教学的有效融合体现了历史课程教学改革的基本理念，即要扎根于历史学科，拓展于实践活动，浸润于研究氛围。这种融合有利于鼓励教师创造性地实施课程，促进学生学习方式的变革；有利于锻炼师生课外实践、合作学习的能力，从而将核心素养落到实处。

# 生涯规划教育离不开学科阵地

## ——以高中历史学科为例

江子磐[①]

高考综合改革中，打破文理科界线的选考模式凸显出生涯规划教育的重要地位，教育部相关文件提出"要加强学生生涯规划指导"[1]"正确认识自我，具有一定的生涯规划能力"[2]。但据笔者的观察和了解，由于开课频次、教师专业素养和课程资源等原因，不少地区和学校（尤其是县级中学和农村学校）的生涯规划指导偏离初衷，被窄化为选科指导，选科指导又被窄化为追求未来高考利益最大化的技巧性辅导。仅凭学校开设几节生涯规划课程已无法满足社会、家庭和学生的需求，探讨学科教学中渗透生涯规划将成为高中学校教育教学的新热点。

### 一、学科教学融合、渗透生涯规划教育的优势

高中生最主要的经验仍然来自具体学科的学习。因此，生涯规划教育离不开学科这一主阵地。学科教学与生涯规划教育的融合与渗透，是指教师站在学科育人的高度，围绕学科与专业、职业的关系，挖掘和开发学科教学及知识领域中的生涯规划教育资源，为学生创造体验职业生活、感悟职业精神、培养职业兴趣的平台和机会，使学生能以"立足当下、着眼未来"的视野做好自己的生涯规划，实现自己的生命价值。

以学科教学来推进生涯规划教育，具备以下几点优势：

**（一）在课程资源方面，学科教学中有丰富的生涯规划教育资源**

取消文理分科，选考科目的选择直接关系到高一、高二的同学。但这个学龄阶段的学生恰恰面临着选择能力严重不足的问题，自我规划能力以及对职业特点和基本素养的了解几乎空白。学科教学中蕴含着丰富的生涯规划教

---

[①] 江子磐，福建省永定第一中学教科室副主任，高级教师。

育资源,如很多文学作品蕴含着关于苦难和生命意义的思考,倾注着实现梦想的坚定信念和生命不息、为民请命的崇高献身精神。高中思想政治课尤其是《经济生活》《政治生活》模块更是涉及社会诸多行业和部门,蕴含丰富的职业生涯教育素材,还有物理学科的"科学漫步""STS"等栏目、生物学科的"与生物相关的职业""科学家的故事"等栏目、化学学科的"化学史话""化学与生活"等。通过学科教学与生涯规划教育相互融合和渗透的方式,可以展现各学科的前沿研究领域及其职业前景,可以为学生创设初步的职业体验情境。这样,既有助于激发学生的学习热情,又有助于学生深化对专业和职业的认识,从而更科学、更合理地规划学业,以及对未来发展的审慎思考。

(二)在教育团队方面,学科教学有利于推动全员参与生涯规划教育

学校最大的资源就是学科教师,仅靠心理教师团队和班主任"象征性"开设几节生涯规划课和拓展活动的施教形式效果极其有限。学科教师与学生日常接触频繁,更容易发现学生的兴趣、爱好、能力、特长,实施生涯规划教育远比心理教师更具有"私人定制"和效果更加持久的优势。因此,回归学科、立足课堂,寓生涯规划和职业体验于课程教学之中,有利于树立和建立全员重视和参与生涯规划教育理念,有效地解决生涯规划教育团队"势单力薄"和"通识教育"的窘境,最庞大的学科教师群成为生涯规划教育的生力军,必将促使生涯规划教育真正落地、开花、结果。

(三)在教育频度方面,学科教学有利于生涯规划指导系统化、常态化

生涯规划的主体是学生,生涯规划教育本质上是学生在整个高中阶段不断思考和明晰自己发展道路的过程[3]。因此,生涯规划教育是一项系统性工程。学科教学的系统性决定了学科教师能够日积月累持续、系统地在学科教学中融入生涯规划教育,通过各学科教师开发一批富有学科特色的生涯规划学科课程和社会实践活动,使学科教学与生涯规划无缝对接,实现生涯规划教育的全科渗透、全员参与、全程实施,这样能有效地解决频度不足的问题,尤其对于缺乏师资和教育资源的广大农村学校更具有现实意义。

## 二、高中历史教学融合和渗透生涯规划教育的途径

从历史学科角度而言,教师要牢固把握"时空观念、史料实证、历史解

释"这些历史学科的特质,以学科课程目标和学科核心素养培育为出发点和归宿,选择适当内容、适当素材、适当时机、适当方式有意识地渗透生涯知识,在培养学生的生涯规划能力过程中实现学科课程教学目标。

### (一)挖掘生涯教育资源,促进学生认识自我

历史是叙述和研究人和事的学科。人物教学是非常关键的一个组成部分和重要的课程资源,现行高中历史教材更是单列《中外历史人物评说》作为选修,教师可把这些历代杰出人物作为生涯规划教育的课程资源,使学生从杰出人物的嘉言懿行中汲取历史智慧和人生经验,客观理性地认识、评价自我,增强学生的历史使命感和社会责任感,进而确立积极进取的人生态度和人生选择。

比如,在近代中国救亡图存的艰难探索中,就不乏热血青年的身影。笔者曾经在高三历史复习教学中开设过"从中国近代史看当代青年的时代使命"的专题,整理了以下材料:

材料一:

表1 近代中国救亡图存探索中的热血青年

| 黄花岗72烈士(1911) | | 新文化运动(1915) | | 中共一大(1921) | |
| --- | --- | --- | --- | --- | --- |
| 人物 | 牺牲年龄 | 人物 | 当年年龄 | 人物 | 当年年龄 |
| 喻培伦 | 25 | 胡适 | 24 | 王尽美 | 23 |
| 方声洞 | 25 | 钱玄同 | 28 | 邓恩铭 | 20 |
| 陈更新 | 21 | 刘半农 | 24 | 刘仁静 | 19 |
| 林觉民 | 24 | | | | |

材料二:《红小鬼——打开尘封半个多世纪的红色档案》一书(王一楠、李一星著,中共党史出版社出版,2007年)所记述的部分红小鬼(他们参加红军时均是9-17岁的未成年人)成长为军队高级将领和新中国领导人的革命历程。

这些素材给予学生强烈的心灵震撼。笔者以"一百年前的青年,面对千疮百孔的苦难中国,怀揣'振兴中华'的理想,高举'民主、科学'和'马克思主义'的伟大旗帜,喊出了'一寸河山一寸血,十万青年十万军'这一响彻云霄的口号。一百年过去了,在实现中华民族伟大复兴的中国梦征程中,

当代青年应该有怎样的历史使命和责任担当？"引领学生畅谈自己的理想、信念、使命和担当的同时，启发学生认识到生涯规划应该在小至集体、大至国家和民族中寻求定位，获得发展，从而自觉地把自己的生涯发展和职业规划与国家意志和民族利益紧密联系在一起，进而提升生命的意义和价值。

### （二）借助史料对话先贤，感悟职业精神

当今社会存在各种错误的择业观念，如用"体面、权力、待遇、舒适"等标准来区分职业的高低贵贱。高中生涯规划教育应着重引导学生树立"职业无贵贱""行行出状元"的职业信念，引领学生树立积极乐观、爱岗敬业、忠诚有为的职业精神。如笔者以"李时珍"为例，通过精选史料、创设情境、分析演绎，引导学生回到"历史现场"，实现了李时珍与学生的"对话"。

材料：李时珍，字东璧，蕲州人，好读医书。医家《本草》，自神农所传，（后经南朝梁陶弘景、唐苏恭、宋刘翰等增补），先后增补合一千五百五十八种，时称大备。然品类既繁，名称多杂，或一物而析为二三，或二物而混为一品。时珍病之，乃穷搜博采，芟烦补阙，历三十年，阅书八百余家，稿三易而成书，曰《本草纲目》。增药三百七十四种，厘为一十六部，合成五十二卷。首标正名为纲，余各附释为目，次以集解详其出产、形色，又次以气味、主治附方。书成，将上之朝，时珍遽卒。未几，神宗诏修国史，购四方书籍。其子建元以父遗表及是书来献，天子嘉之，命刊行天下，自是士大夫家有其书。

——摘编自张廷玉《明史·方伎传》

至顺治间，钱塘吴毓昌重订付梓，于是，业医者无不家有一编，《明史·方伎传》亟称之盍集本草者，无过于此矣！

——光绪《蕲州志》卷十《著述志·本草纲目》

笔者设置了以下问题情境：

（1）李时珍为什么要编撰《本草纲目》？概括指出李时珍能够取得重大医学成果的原因。

（2）概括指出《本草纲目》在中国古代医药学发展史上的重要地位。

（3）从李时珍身上我们可以学习到他的哪些优秀品质和职业精神？他的职业选择对我们有什么启迪吗？

在这一环节的教学中，笔者引导学生在体悟研习史料、演绎推理等"史料实证"方法的过程中，也引领学生感悟李时珍的科学精神和职业追求，促使学生从前人的职业精神和职业选择中，思考自己的人生态度和人生选择，从而，在实现学科课程教学目标的同时，以润物无声的方式增强学生的学业发展和生涯规划意识与能力。

### （三）合理创设角色情境，增强职业体验

现行的高中教育体制下，绝大部分学生对自己"能干什么""想干什么"一无所知。因此，教师可以结合课程目标和教学要求，积极开发和拓展课程资源，合理创设情境，使学生在角色扮演中重新演绎历史事件或者某种历史现象，对职业进行初步体验。

例如，人民版历史必修一《罗马人的法律》一课教学中，笔者提供相关案例素材，模拟历史情景"拍案说法"，请部分学生当"法官"开展学习和探究活动。

学生通过"法官"这一角色体验，围绕问题、分析资料、引案说法，加深了对习惯法、公民法和万民法的适用时间、适用范围和法律特点的理解，提高了知识迁移能力和运用所学知识分析、处理问题的能力，同时也对"法官"这一角色注重依法断案、讲求证据的职业特点有了初步体验。

再如，在新课的小结阶段，可以尝试让学生以角色扮演来代替教师总结，为学生创设更多的角色体验机会，使学生在角色体验中学习历史，在历史学习中体验职业规范和职业素养。

### （四）开展学科特色活动，激发职业兴趣

龙岩市永定区是著名的革命老区、苏区，又是蜚声世界的客家土楼之乡，有着丰富的红色文化课程资源和客家文化资源。笔者所在学校的历史教研组充分发挥学科优势和特色，带领学生走进中央苏区（闽西）历史博物馆、走访革命基点村，挖掘和开发了诸如"风展红旗如画——闽西革命根据地简史"校本课程和"重走红色交通线""红色山歌的传唱与保护"等社会历史调查活动。具有浓郁地方特色的红色文化与学生有着天然亲近的成分，在真实情境中亲身参与、感受并弘扬红色文化精神，主动参与课程开发，实现了课内学习与课外实践的结合。尤其是"红色山歌的传唱与保护"和"永定红色遗

址调查——现状与保护"活动的两个调查报告，还得到了当地文化、文物部门和相关党组织的重视，促成了一系列保护措施的出台。

校本课程和社会实践活动让学生在潜移默化感受着家乡文化博大精深的同时，也以各种不同的角色转换和职业体验，提升了学生的审美情趣，培养了学生的实践能力和创新精神，促进了学生的个性发展。

**参考文献：**

[1] 中华人民共和国教育部. 教育部关于普通高中学业水平考试的实施意见［Z］. 教基二〔2014〕10号，2014-12-10.

[2] 中华人民共和国教育部. 普通高中课程方案（2017年版）［M］. 北京：人民教育出版社，2018.

[3] 韩秀. 新高考背景下高中生涯规划课程的实践与思考［J］. 中小学心理健康教育，2015（19）：38-41.

# 第三章

# 历史核心素养怎么考

## 核心素养立意，历史价值引领
—— 2017年高考历史（浙江卷）评析及教学建议

朱世光[①]

2017年4月浙江省普通高校招生选考科目考试历史试卷（以下简称"4月卷"）命题，依托历史学科核心素养立意，重视历史思维能力的考查，渗透历史价值观教育。该试卷依据《浙江省普通高中学业水平考试暨高考选考科目考试标准·历史》相关要求，顺应新课改趋势，具有很好的指导作用和借鉴意义。

一、试题特点

（一）学科核心素养立意，历史思维能力考查

1. 考查历史时序思维和历史时空观念

如4月卷第19题以《欧洲人在亚非的贸易分布格局图》入题，要求学生根据殖民贸易点的分布空间判断图中所示国际贸易发生的历史时间，厘清时序中的因果关系，判断影响这一分布格局形成的主要因素。第21题要求学生

---

① 朱世光，杭州师范大学附属中学历史特级教师，浙江省高中历史学科专业指导委员会专家组成员。

正确判断英国工业革命中棉纺织业的飞梭、手摇纺纱机、骡机、水力织布机等发明先后顺序,考查学生对"市场需求推动技术发明""织布速度的提高,推动纺纱技术的改进,纺纱技术的改进,又呼唤织布技术的革新"等历史事物发展的逻辑关系的理解能力。

2. 考查史料实证意识和能力

注重考查学生"对史事的推理和论证必须依据可靠的史料作为证据"的史料实证意识和史料实证能力。如第 26 题以"20 世纪 60 年代,有学者发表《由王谢墓志出土论到兰亭序的真伪》,从文章和书迹两方面否定《兰亭序》是王羲之所作。后有人发表《兰亭序的真伪驳议》表示不同意见。对此该学者又写了《驳议的商讨》以作回应。毛泽东当年对此形式颇表赞同。"为题干材料,考查学生对这种讨论方式说明"历史学家应像其他社会科学一样提倡百家争鸣,而非定于一论"的历史结论的理解判断能力。

3. 考查学生运用唯物史观分析考察历史事物的能力

如第 32 题第(1)问,要求学生根据材料一并结合所学,从政治、经济的角度概括指出亚非国家在合作发展方面的诉求并简述上述诉求提出的时代背景。第 33 题第(1)问,要求学生根据材料一所提示的角度并联系所学,分析说明中国近代民族工业产生的路径。第 34 题第(1)问,要求学生根据材料一并结合所学,概述作为护国公的克伦威尔在实现英国"真正增长"中所做出的努力等。

4. 考查学生的历史解释能力

如第 31 题要求学生阅读材料一并结合所学知识,指出"周人统治的机制"并概括这种机制在当时的积极作用。要求学生结合所学,概括材料二《周颂·我将》所蕴含的主要意义并综括指出材料一、二所反映的中国早期政治制度的特点。第 32 题第(2)问,要求学生根据材料二,概括亚太经合组织运行方式的特点并综合材料一、二,结合所学知识,简要指出亚洲国家合作发展的有益经验。第 33 题第(2)问要求学生就"詹天佑为代表的近代仁人志士追求国家富强、民族振兴、人民幸福的追梦之旅"的两种认识中一种进行阐述。

## （二）家国情怀教育渗透，历史价值观念引领

任何对历史的阐释和评判，都蕴含着一定的价值判断和思想观念。家国情怀是学习历史和认识历史在思想、观念、情感、态度等方面的重要体现，是实现历史教育育人功能的重要标志。4月卷试题渗透了家国情怀教育，体现了历史价值观念引领。

如第6题蕴含着使学生理解明清之际的黄宗羲提出振聋发聩的主张"天下为主，君为客"、顾炎武揭示"私天下"的危害、王夫之猛烈抨击"孤秦""陋宋"的思想是"使思想文化走向近代化的先声"。第8题以"有学者痛陈"入题，使学生铭记"当20世纪揭开帷幕的时候，中国是那样贫穷、衰败，任人摆布，仿佛奄奄一息，濒临灭亡的边缘"。第11题使学生明白20世纪是革命的世纪，一场前所未有的国民革命曾深刻影响中国近代历史，这场革命运动的"旗帜"是"新民主主义的三民主义"。第13题摘选"某抗日将领在一次战役时写给妻子的信"入题，考查"淞沪会战"相关历史事实。材料出自国民党抗日将领蔡炳炎的一封家书。这封信引自《抗战家书：我们先辈的抗战记忆》一书。试题材料描述的是"淞沪会战"的情形。"一寸河山一寸血"，最初说的就是淞沪会战中中国守军在宝山罗店一带对阵地的坚守与反复争夺。正是中国守军的浴血奋战，才换来了"淞沪会战打破日本三个月内灭亡中国的计划"。第13题从答题角度的确"不难"，但试题背后所关注的历史价值取向才是我们教学的应有之义。第16题意在使学生明白"香港回归是中华民族发展史上的重大事件，它的重要意义是中国在完成统一大业道路上迈出重要一步"。

第33题以"实现'中国梦'是中华民族近代以来最伟大的梦想"为主题词，通过对"詹天佑为代表的近代仁人志士追求国家富强、民族振兴、人民幸福的追梦之旅"两种认识的阐述，"家国情怀"教育的渗透水到渠成，历史价值引领得以鲜明体现。

## 二、教学建议

### （一）注重历史学科核心素养和历史思维能力的培养

#### 1. 培养历史时空观念

时空观念是了解和理解历史的基础，是认识历史所必备的重要观念，所以我们在历史教学中，要注意培养学生的时序思维和空间意识，引导学生将所认识的历史事物置于具体的时空条件下进行考察。在历史时空基础上建构历史事件、历史人物、历史现象之间的相互关联性，从时空观念的角度出发认识历史。如复习教学人民版历史必修一专题二第三课《伟大的抗日战争》时，可画一幅时间轴图，把十四年抗战的重大历史串联起来，构建伟大的抗日战争历史发展的清晰线索。

此外，还要充分利用教材中的《侵华日军细菌与毒气部队分布图》《敌后抗日根据地形势图》和《历史图册》中的《日本帝国主义全面侵华示意图》《淞沪会战》《中国人民的抗日战争》等地图掌握《伟大的抗日战争》一课中历史事件的空间概念和范围。

#### 2. 提高史料实证能力

史料实证是学习历史和认识历史所特有的思维品质，是理解和解释历史的关键能力与方法。要形成对历史的正确、客观的认识，必须重视史料的搜集、整理和辨析，去伪存真，去粗取精。通过对史料的辨析和对史料作者意图的认知，判断史料的真伪和价值，并在此过程中体会实证精神；从史料中提取有效信息，作为历史叙述的可靠证据，并据此提出自己的历史认识；以实证精神对待历史与现实问题。

我们可以通过对浙江省文综高考和选考考过的史料实证题目的训练，掌握"论从史出，史由证来，孤证不立，史论结合"的历史学习与研究的重要方法。树立"对史事的推理和论证必须依据可靠的史料作为证据"的史料实证观念，提高史料实证能力。

#### 3. 掌握历史学科核心理论唯物史观

唯物史观是揭示人类社会历史客观基础及发展规律的科学历史观和方法论，它使历史学成为一门科学。唯物史观是学习和探究历史的核心理论和指导思想。我们只有运用唯物史观的立场、观点和方法，才能对历史有全面、客观的认识。如我们教学人民版历史必修二专题三"中国社会主义建设道路的探索"，可以运用唯物史观"生产力决定生产关系，生产关系对生产力具有反作用"来分析中国"农村经济体制改革"的原因、主要内容及历史作用。农业集体化后，人民公社经济体制高度集中，广大农民的生产积极性受到压制，农业生产发展缓慢，农民的收入和生活水平停滞不前，这说明人民公社这种生产关系阻碍农村生产力的发展，必须进行改革，改变农村生产关系不适应生产力的发展状况。农村的经济体制改革实行家庭联产承包责任制，联产承包责任制采取统一经营与分散经营相结合原则，使集体优越性和个人积极性同时得到发挥。农村经济体制的重大变革，极大地调动了农民的生产积极性，从根本上改变了农村的经济形势和社会面貌。

学习历史，我们必须掌握社会存在决定社会意识，经济基础决定上层建筑，生产力决定生产关系，同时每一个后者都会对前者产生反作用；人类社会是有规律的运动，是从低级向高级发展的；生产方式的变化引起社会形态的变迁等唯物史观的基本观点和方法，正确认识人类历史发展的总趋势，理解唯物史观是科学的历史观，将唯物史观运用于历史的学习与探究中，并将唯物史观作为认识和解决现实问题的指导思想。

4. 训练历史解释能力

所谓历史解释能力，是指以史料为依据，以历史理解为基础，对历史事物进行理性分析和客观评判的能力。历史解释是在形成历史理解和认识的基础上叙述历史的能力，是检验学生的历史观和历史知识、能力、方法等方面发展水平的主要指标。

我们可以利用往年浙江高考文综历史试题和历史选考试题来训练学生的历史解释能力，对各种历史解释加以评析和价值判断；客观论述历史事件、历史人物和历史现象，有理有据地表达自己的看法；学会从历史表象中发现问题，对历史事物之间的因果关系做出解释；面对现实社会与生活中的问题，以全面、客观、辩证、发展的眼光加以看待和评判，反思历史，汲取历史的经验教训。

5. 提升历史价值观

历史选考命题常用周年或次周年范围的社会热点问题为载体，架起历史与现实之间的桥梁。载体在课外或题外，旨趣在书本之内，考查运用教材基础知识分析解决问题的历史思维能力。教学时可引导学生对尾数为7、8年份所发生的重大事件进行重点复习。如2017年是德意志宗教改革500周年，俄国十月革命100周年；南昌起义、八七会议、秋收起义、井冈山革命根据地创建90周年；中国恢复高考40周年，中国恢复对香港行使主权20周年等。

通过历史教学，使学生能从历史的角度认识中国的具体国情，形成对伟大祖国的认同，对中华民族的认同，对中华民族文化的认同，对中国特色社会主义道路的认同。树立道路自信、理论自信、制度自信和文化自信；养成求真求实的意识和精神，具有关注人类和国家命运的情怀，对历史和现实中的社会问题做出正确的价值判断；形成正确的国际理解意识，尊重、理解、包容世界各国、各民族的文化传统，形成广阔的国际视野；确立积极进取的人生态度，塑造健全的人格，树立正确的世界观、人生观和价值观。

### （二）注重必修选修模块综合复习

历史学科选考命题常常将必修模块和选修模块的知识综合起来考查。如4月卷第29题将历史必修一模块的"雅典的民主政治"和选修模块的"世界文化遗产雅典卫城"的相关知识综合进行考查。第33题考查历史必修二"近代民族工业产生"和选修人物模块"詹天佑"的相关知识。第34题"资本主义是西方近代以来发展的一条主线"为主题词，将人民版历史必修二、必修三和选修人物模块"克伦威尔"等相关事实综合考查。

我们在教学时，应该注重历史必修和选修模块内容综合，注意中国历史与世界历史的关联。比如，复习选修6"雅典卫城"和"古罗马遗址"时，可以与必修Ⅰ中"雅典民主政治、罗马人的法律"和必修3"西方人文精神的起源"等内容综合，还可以将"雅典卫城、古罗马遗址"与中国的世界文化遗产"故宫"进行对比。再如，复习"布达拉宫"时，可以补充"唐太宗的民族政策""元朝行省制度""康熙帝对西藏的管理""清朝的边疆政策""民族区域自治制度"等内容联系起来复习，从而得出一个结论——西藏自古以来是中国不可分割的一部分，还可以将"布达拉宫"与故宫、颐和园等历史文化遗产进行对比分析。

## 思想立意，能力考查，改革导向

### ——2017年高考历史全国卷评析及教学建议

郭井生[①]

2017年高考历史全国卷三套试题坚持"一体四层四翼"的原则，试题注重从思想价值观的高度进行立意，落实立德树人的根本任务。试题注重基础性、综合性、应用性和创新性，通过精心选择丰富多样的素材，营造新颖情境，考查学生的必备知识、关键能力、学科素养、核心价值。试题稳中求新，渐进改革，积极稳妥地通过考试推进中学历史教学改革。

### 一、试题整体特点

#### （一）思想立意，传递正能量

2017年高考历史全国卷三套试题紧扣立德树人的根本宗旨，将社会主义核心价值观、中华优秀传统文化及依法治国理念要求，通过新材料，设置新情境，融入试题当中，使考试成为思想熏陶和情感再教育的过程，达到潜移默化的教育效果。比如，全国Ⅰ卷第30题，讲述了抗战时期中国共产党在根据地扩大民主的努力，体现了民主、平等的核心价值观。再如，全国Ⅰ卷第47题，通过春秋时期吴国公子季札"挂剑于墓"的行为，强调了儒者重"信"的理念，彰显了诚信的积极意义。另如，全国Ⅱ卷第47题叙述了孔子弟子颜回的生平及其安贫乐道、尊师重教的高尚品格，饱含了儒家文化中鼓励人们向上向善的内容，引导学生形成积极的人生态度。

#### （二）突出考查学科思维能力

2017年高考历史全国卷三套试题注重基础性、综合性、应用性和创新性，突出考查历史学科思维能力。选择题以主干知识为依托，通过精心选择丰富多样的素材，营造新颖情境，考查学生独立思考、最大限度提取材料信息，

---

① 郭井生，北京教育科学研究院基教研中心历史教研员。

再运用所学知识分析和解决问题的能力，体现了考查中的基础性和应用性要求。非选择题考查的能力更加多元和开放，要求也更高，体现了综合性和创新性。

### （三）稳中求新，渐进改革

与2016年相比，2017年高考历史全国卷三套试题在试卷的题型、结构、设问，考查的内容、难度方面基本保持一致。试题在体现稳定的同时，也体现了改革性，蕴含许多新因素。

1. 选择题出新，落实新的考查要求和目标

2017年高考大纲的考核目标与要求和2016年相比，在四项能力中的"调动和运用知识"具体条目下有很大变化。具体来说，2016年是辨别历史事物和历史解释；理解历史事实，分析历史结论；说明和证明历史现象和历史观点。而2017年更新为辨别历史事实与历史叙述；理解历史叙述与历史结论；说明历史现象和历史观点。这一更新就充分体现在了2017年的试题中，最为显性的就是考查学生辨别历史叙述与历史事实的能力。

2. 选择题综合中外历史进行考查

以往的选择题命制，对中国史和世界史知识的考查是分开的，"井水不犯河水"，但2017年全国卷在这方面有所创新，要么在题干中综合中外历史知识设置情境，要么在选项中引入中外知识点，彼此"混搭"，更加考查学生对中外历史知识的比较和认识。比如，全国Ⅰ卷第31题，乍一看会以为是一道世界史题，实则是一道中国史题，试题以凯恩斯和罗斯福新政等内容设计情境，考查中国20世纪90年代对经济体制改革的新认识，题干和选项中均有世界史内容。再如，全国Ⅰ卷第35题从试题排序上看属于世界史题，而且西方七国集团、八国集团也是二战后资本主义世界出现的重要集团，但也加上了中国元素，如今变成了G20会议，考查学生对这一变化历程的认识。

3. 非选择题更具开放性

开放性主要体现在那道要求学生自主概括信息，提炼主题，再运用史实予以阐释的试题上，与2016相比，2017年的这道试题更具开放性。如2016年全国Ⅰ卷要求学生从"制度构想与实践"提炼主题，再运用史实进行阐释，主题已经被限制在"制度构想与实践"上，既要求有思想，也要求有具体的

实践。而 2017 年全国Ⅰ卷第 42 题以表格形式呈现 14—17 世纪中外历史事件，要求学生从表中提取相互关联的中外历史信息，自拟论题，并结合所学知识予以阐述。这种开放性试题留给学生的自由空间更大，有利于他们从多个角度表达，创新发挥。

4. 选做题开始贴近教材内容

以往全国卷中的三道选做题常受一线教师诟病，因为选做题考查的主题，如改革、人物，均离教材非常遥远，学生对其感觉非常陌生。2017 年选做题中选取的事件、人物，均与教材有着密切的联系，学生可以结合所学来解答。

## 二、典型试题评析

### （一）选择部分试题评析

【例1】全国Ⅰ卷第 25 题：

表1

| 皇帝纪年 | 公元纪年 | 郡级政区 |
| --- | --- | --- |
| 汉高帝十二年 | 前 195 年 | 15 郡 |
| 汉文帝十六年 | 前 164 年 | 24 郡 |
| 汉景帝中六年 | 前 144 年 | 68 郡、国 |
| 汉武帝元封五年 | 前 106 年 | 108 郡、国 |

表 1 为西汉朝廷直接管辖的郡级政区变化表。据此可知（　　）

A. 诸侯王国与朝廷矛盾渐趋激化

B. 中央行政体制进行了调整

C. 朝廷解决边患的条件更加成熟

D. 王国控制的区域日益扩大

【评析】试题以西汉朝廷管辖的郡级政区数量变化设置情境，考查考生对这一变化的理解和认识。A 选项说王国与朝廷矛盾渐趋激化，不对。从汉文帝开始筹划削藩问题，到汉景帝削藩引起吴楚七国之乱，可以说这个过程会导致王国与朝廷矛盾逐渐激化，而且激化的最高潮就是吴楚七国之乱。汉景帝平定叛乱后处置王国问题就只是余声了，之后的矛盾没再出现比吴楚七国之乱更激化的了，所以渐趋激化不对。B选项与D选项明显错误。正确答案C，要求学生理解表格信息，既然王国问题得到了成功解决，意味着中央集权得到了加强，那么对于解决北方匈奴问题的时机也就差不多了，而事实也正是汉武帝时期开始大规模向匈奴用兵。这道选择题告诉我们，全国卷不会那么直接地考查"点对点"，有时需要"转转弯"，抓住本质，思考全面。

【例2】全国Ⅱ卷第32题：

在梭伦改革之后的雅典，有的执政官是未经正当选举上台的，被称为僭主。他们一般出身贵族，政绩斐然，重视平民利益，但最终受到流放等惩罚。这种现象表明，在当时的雅典（　　）

  A. 贵族垄断国家政权　　　　B. 政治生活缺乏法制基础

  C. 平民没有政治权利　　　　D. 民主政治已是人心所向

【评析】解答这道题的关键是要理解民主政治的内涵和雅典民主政治的特征。民主政治这个词来源于古希腊，意思是人民的统治，不是君主个人的统治，也不是贵族少数人的统治，而是人民的、大众的统治。而雅典民主政治的特征又是公民直接参政，通过公民大会、五百人议事会、公民陪审法庭，公民或是全体，或是以抽签的方式参与这些机构，行使自己对国家的治理权力。所以，如果执政官未经正当选举上台，即使他政绩显著，重视平民，最终也没有好下场，原因就在于他的权力缺乏合法性，缺乏公民的选举，即授权这个最关键的环节，也说明了梭伦改革为雅典民主政治奠定了坚实的基础，之后民主政治已成为不可逆转的趋势。

【例3】全国Ⅲ卷第31题：

图为1954年画家汤文选创作的《婆媳上冬学》，这一作品（　　）

  A. 继承了传统文人画的特点

  B. 受同期西方流行画派影响

  C. 体现了现实主义绘画风格

  D. 注重表现作者的艺术想象

【评析】本题一是要结合新中国成立初期的史实，二是要迁移世界史中有关绘画流派特点的

知识来解答。新中国成立后,妇女地位发生了翻天覆地的变化,特别是1950年5月1日公布施行的《中华人民共和国婚姻法》,极大地解放了妇女,保障了她们的权利,实现了男女平等,家庭生活也发生了极大的变革。《婆媳上冬学》正是对这一社会现象的反映,从作品可以看出婆媳关系是融洽的、平等的,还可以共同去上学。这些在以往旧社会是不太可能实现的,真实地反映了新中国成立后的社会变革,符合注重表现社会现实的现实主义绘画风格。

(二) 非选择部分试题评析

【例4】全国Ⅰ卷第42题:

表2

| 时间 | 中国 | 外国 |
| --- | --- | --- |
| 14—15世纪 | 朱元璋在位期间,与占城、爪哇、暹罗等30余国进行官方贸易<br>废除丞相制度<br>郑和七下西洋,是世界航海史和中国古代对外交往史上的壮举 | 德国人古登堡发明了最早的印刷机<br>哥伦布到达美洲大陆<br>佛罗伦萨200余家纺织工场雇佣3万余名工人 |
| 16世纪 | 张居正进行赋役合一、统一征银的"一条鞭法"改革<br>李时珍《本草纲目》刊刻<br>玉米、番薯、马铃薯等高产作物传入中国<br>汤显祖出生,代表作《牡丹亭》表现男女主人公冲破礼教束缚,追求爱情自由 | 哥白尼提出"太阳中心说"<br>意大利传教士利玛窦到中国,传播了西方自然科学知识<br>莎士比亚出生,代表作《哈姆雷特》 |
| 17世纪 | 朱子学在日本为官方推崇,成为显学<br>茶叶大量输往欧洲<br>宋应星《天工开物》刊刻<br>美洲白银大量流入中国<br>郑成功收复台湾 | 英国入侵印度,英属东印度公司在印度开展殖民活动<br>英国早期移民乘"五月花号"到达北美 |

——据李亚凡编《世界历史年表》等

上表为 14—17 世纪中外历史事件简表。从表中提取相互关联的中外历史信息，自拟论题，并结合所学知识予以阐述。（要求：写明论题，中外关联，史论结合）

【评析】本题旨在考查考生通过阅读材料发现历史问题、独立提出观点和论证历史问题的能力。本题以表格的形式，列举了 14—17 世纪中国与外国若干政治、经济、文化、对外关系等领域的重要史实，要求考生从这些史实中，发现一个中外相互关联的历史问题，拟出一个具体论题，再结合所学知识进行有史有据、逻辑清晰的论证。要指出的是，相互关联并非一定是中外史实间本身有因果关系，也可以是中外的史实反映了共同的时代背景。比如，材料中 16 世纪汤显祖的代表作《牡丹亭》表现男女主人公冲破礼教束缚，追求爱情自由与同一时期的英国莎士比亚的戏剧《哈姆雷特》弘扬人文主义，讴歌人的伟大，二者均与这一时期商品经济的发展、市民阶级的壮大有着密切的关系。当然，材料中有的中外史实间本身也有逻辑因果关系，如 14—15 世纪哥伦布到达美洲，整个世界日益连成一个整体与 16 世纪，玉米、番薯、马铃薯等高产作物传入中国，这二者之间本身就有逻辑因果关系。总之，本题的材料提供了多个角度，开放性很强，考生可从中提取多个符合要求的历史信息。

【例5】全国Ⅱ卷第 47 题：

材料：

颜回，孔子最看重的弟子之一。他居于陋巷，"一箪食，一瓢饮"，依然淡泊达观。颜回天资聪颖，能很快领悟老师的教诲，子贡称赞他"闻一知十"。每次谈到他的求学精神，孔子总是不吝赞赏。颜回尊敬老师，曾说："夫子循循然善诱人，博我以文，约我以礼。"他践行孔子的学说，认为如果自己的才能智慧能够为世所用，就行其道；不为世所用，则独善其身。

颜回英年早逝。孔子非常悲痛："有颜回者好学，不迁怒，不贰过。不幸短命死矣！"汉代以后，历代统治者给予颜回很高的评价。《魏书》云："建国纬民，立教为本；尊师崇道，兹典自昔……释奠孔颜，乃其时也。"颜回自唐代起配享孔庙，与孔子并称"孔颜"，元代被封为"复圣"，对后世影响深远。

——摘编自白寿彝：《中国通史》等

（1）根据材料并结合所学知识，概括颜回成为孔子最看重的弟子之一的原因。

（2）根据材料并结合所学知识，简析颜回在后世受到尊崇的原因。

【评析】本题考查孔子的学生颜回，是学生比较熟悉的儒家思想主题下的内容。第（1）问，孔子为什么最看重颜回，可依据第一段材料予以概括，如"他居于陋巷""依然淡泊达观"可以概括为安贫乐道、道德品行高尚；"闻一知十"能说明他天资聪颖，领悟力强；他尊师重道，像孔子一样达则兼济天下，穷则独善其身，努力践行儒家思想等。第（2）问要求简要分析颜回在后世受到尊崇的原因，除了材料中孔子对他的足够肯定外，还要结合汉朝儒家思想成正统思想，历代统治者为维护统治大力提倡儒家的道德理念等相关内容。本题的鲜明特色是与教材的知识内容结合得更加紧密，反映了选做题命制的新动向。

### 三、教学建议

#### （一）深刻理解考查目标的变化

2017年高考大纲考核目标与要求和2016年相比，在调动和运用知识、描述和阐释事物、论证和探讨问题三大块的具体细目中均有着重大的变化，以调动和运用知识中的第一条细目为例，2016年要求"辨别历史事物和历史解释"，2017年改为"辨别历史事实与历史叙述"，这一改变透露出重大的改革信息，反映了命题人对史学的深入思考。作为教研员和一线教师，首先要做的就是引导学生深刻理解考核目标的变化，对何为历史叙述、历史事实及二者之间的关系要有一个深入的思考。

#### （二）深刻理解历史阶段特征

2017年高考历史全国卷三套试题有一个明显的特点：只要抓住时代阶段特征，以这个阶段特征去把握具体的史实，往往会使问题迎刃而解。大多数试题都是时代特征的具体表现，都挣脱不了时代特征的总体要求。因此，在以后的高中学习和复习中，教师可以引导学生将中外历史分阶段进行把握，先把每个阶段的特征掌握清楚，再连成线，思考历史发展的规律性，政治史、经济史、思想史的教学均可以如此进行。

## （三）深刻理解学科主干知识

对历史学科的能力考查，脱离不了学科主干知识。2017年高考历史全国卷三套试题切实把学科主干知识作为能力考查的主要载体，用新的情境考查学生对这些知识的深刻理解，对这些主干知识的深刻理解是解答这类试题的关键。

## 视野融通蕴深意，情怀理性润无声

### ——以2018年高考历史江苏试题为例

张 彪[1]

近年来，历史教学中越来越重视中华优秀传统文化的渗透，2018年高考历史江苏卷第21题（以下简称"高考卷第21题"）聚焦"传统文化的包容力和生命力"，主动回应了时代的关切。此前3月份江苏"小高考"历史卷第36题（以下简称"'小高考'第36题"）也以"传统文化"入题。细细揣摩"小高考"第36题和高考卷第21题的命题差异，体味命题人的别具匠心，可以带给我们深深的思考和启迪。

### 一、命题视野的"变化"：从"单一"到"融通"

#### （一）"古为今用"的"单一"视野

例1（2018年"小高考"历史江苏3月卷第36题）儒家思想所蕴含的家国同构（情怀）既具有厚重的历史感，又具有强烈的现实性。阅读下列材料：

材料一：

他（董仲舒）利用"天"的观念和"家国同构"理论，对忠、孝的合理性做出了新的解释，使儒家所提倡的忠、孝伦理上升为国家意识形态，同时也为汉代以后的中国社会提供了一种全民的伦理信仰。

——李佳哲《董仲舒的忠孝理论与汉代忠孝伦理制度》

材料二：

理学家继承传统儒家入世思想，从责任感和使命感出发，形成了理学思想体系。这一思想使士大夫阶层普遍参与讨论个人、家庭、家族、国家和政治，从而建立了统治者认定和推行的道德伦理规范，使阶级矛盾在某种意义上有了一定的弱化，更使得士子的心灵得到充实。

——徐公喜、万红《宋明理学的层次模式》

---

[1] 张彪，江苏省江阴市华士高级中学教师，中学高级教师。

材料三：

所谓家国同构，移家为国，移孝为忠，进而在家国之上，扩展为一种公天下的世界意识。这使中国人的世界观或天下观成为一种本于家国同时又大于家国或高于家国的世界意识，使得中国人的价值观内蕴着一种对人类命运共同体的伦理自觉。

——田海平《从家国天下到命运共同体》

请回答：

（1）据材料一，指出董仲舒利用"家国同构"等理论为后世提供的"伦理信仰"。结合所学知识，概括汉武帝为提升儒学地位采取的主要措施。

（2）据材料二，指出理学家构建"理学思想体系"的出发点。结合所学知识，概括宋明理学家加强个人"道德伦理规范"的两种主要途径。

（3）据材料三，指出"家国同构"的新内涵。综合上述材料，谈谈新时代强调家国情怀的现实意义。

此题以"儒学的发展"为单线，以"家国同构（情怀）"为主题，通过三段材料考查儒学在两汉、宋明的发展变化、历史作用和当代价值。此题三小问环环相扣，逐层递进，指向不同时期儒学"家国同构"的措施和意义。第（3）小问时代感最强：儒学"家国同构"理念在新时代有怎样的现实意义？[参考答案：提升个人道德修养；增强爱国主义精神（国家意识）、责任感、使命感；关心人类命运共同体。]

"小高考"第36题深挖传统，掘井及泉。"古为今用"的命题视野寄托着命题人浓郁强烈的现实关怀——挖掘蕴含在传统中的"精华""营养"，来补益当代世界，滋育绵长悠远、引以为豪的家国情怀。而高考卷第21题转换了命题视野，以"中华文化的包容力和生命力"为主题，体现了"开放""融通"的新视野。

### （二）"兼容并包"的"融通"视野

例2（2018年高考历史江苏卷第21题）中国文化具有强大的包容力和生命力，儒家思想是传统文化的主体。阅读下列材料：

材料一：

中国文化发生过三次历史性融合。汉代学者对先秦文化进行了整理和发挥，这属于本土文化内部的综合提升。这是中国文化的第一次融合。第二次是中国文化与佛教文化的融合，属于东方文化的局部交流。随着佛教文化的渗入，特别是唐代玄奘大师从印度带回佛教经典，开辟了传统秦汉文化与印度佛教文化的融合时代。由此形成了多姿多彩的中国佛教、精密深邃的佛教哲学，并对宋代理学和明代心学以深刻影响。这是中国文化的第二次融合。明代中期以来，西方传教士来到中国，在传播西方宗教的同时，也带来了某些科学工艺。这是中国文化第三次融合的开始。

——摘编自李良玉《新文化的起源》

材料二：

佛教的禅宗一支，是儒学演进到宋明理学真正的阶梯。宋明理学的出现，说明中国学术思想发展到空前成熟的时期。它极大地深化了传统的儒学，进一步巩固和凸显了它在中国传统文化中的主体地位。儒、释（佛教）、道的界分变得不那样重要了。它们都以自己的方式在理学的新天地中得到了升华，并进入了人们的精神世界，进入了社会生活……王阳明的学说虽然没有像朱熹那样得到官方的认可，但在士林的影响却是很大的，特别在晚明几成笼罩之势。

——摘编自刘梦溪《中国现代学术经典·总序》等

完成下列要求：

（1）据材料一，从文化区域的角度，指出中国文化三次融合的对象有何不同。

（2）据材料一、二并结合所学知识，以宋明理学为例，就中国文化的"包容力"和"生命力"写一篇小论文。（要求：观点明确；史论结合；逻辑严密；表述通畅；280字左右）

此题考查汉代以来以儒学为主体的中国文化的三次历史性融合：第一次是汉代本土文化内部的融合，即儒、法、道、阴阳五行家等诸子百家的融合；第二次是唐、宋至明朝东方文化内部的融合，即传统秦汉文化与东方局部地区文化（印度佛教文化）的融合；第三次是明代中期以来直至近现代东、西方文化的融合，即中华传统文化与西方现代文化的融合。

高考卷第21题的学术旨趣与当下海内外学界对中国思想文化史（观念

史）的学术研究是同步和契合的。"兼容并包"的命题视野沉潜着命题人客观冷静的价值关照——吸收融通多元文化精华，浸润理性理智、开放包容的家国情怀。

## 二、家国情怀的"进化"：从"偏狭"到"理性"

### （一）"单一"视野，未免"偏狭"

"小高考"第36题巧妙挖掘传统文化中"家国同构"蕴含的新内涵，展示了以儒学为代表的中华传统文化在促进国家认同、民族认同、文化认同方面，在涵养道德、充实心灵、激发社会责任感方面，在滋育"天下为公"的世界意识和构建"人类命运共同体"方面所具有的现代价值。学生在做题中回望传统，立足现代，探寻"传统"之中的"现代"养分，确实可以自觉提升对优秀传统文化的自信心和自豪感，增强中华民族的认同感、归属感、责任感和使命感。

传统的"家国天下"是建构在"修身—齐家—治国—平天下"理念下，以"政治伦理化、私性化"为基本特征的"共同体"（类似于"社稷"一词）[1]。传统"家国"下的个人常常被遮蔽和束缚，国人只有王朝观念，没有国家观念；只有所谓的"天下"，缺乏真正的国家认同。近代以来"家与国断裂""国与天下分裂"的"大脱嵌"下，"国民"与"国家"才真正诞生，中国也逐渐从传统"华夷天下"转型为现代"民族国家"。"小高考"第36题的命题视野是"从中国看世界"——摄取中国传统文化的古老智慧来补益现代世界。笔者以为，这一命题视野颇具新意，但仍有不足之处，即过于"单一"，仅从传统资源中找"零星火花""点滴营养"未免"偏狭"和"单薄"，因为"只要不跳出自家的文化圈子去透过强烈的反差反观自身，中华文明就找不到进入其现代形态的入口"①。我们要善于挖掘传统文化中的精华，增强对优秀传统文化的认同和自信，更要放宽历史的视野，"从世界看中国"，用"他者"的眼光审视自我，反思得失。

---

① 此语出自江苏人民出版社"海外中国研究丛书"主编刘东先生1988年为此套大型丛书所作的序。

## （二）"融通"视野，更显"理性"

高考卷第21题以"我者"（中华文化）和"他者"（外来文化）的"包容""交融"为主题，考查中华文化的三次历史性融合。融通视野的背后有着深切的关怀——借助高考题促使学生更深刻地理解中华文化和外来文化，更客观地读懂中国和认识世界。中华文化强大的包容力，维护了过去五千年在整个传统世界的发展与绵延，那么，它还能否成功应对西方现代文明带来的严峻挑战？这就是鸦片战争之后历史向以儒家为主体的中华传统文化提出的巨大问题——其实质就是明中期至今仍在进行的中国文化的"第三次历史性融合"。这"第三次融合"是一场异常艰难的"时代转型"（中国现代化历程）。中华文化、中华民族也在"徘徊"与"急进"的千回百转下，"救亡"与"启蒙"的反复纠缠中，"拖泥带水地趔趄而行"（陈旭麓语）。

海纳百川，有容乃大。"了解世界历史发展的多样性，理解和尊重世界各国、各民族的文化传统，具有广阔的国际视野，树立正确的文化观"[2]，这本身就是滋育理性理智、开放包容的"家国情怀"，贯彻"立德树人"任务的题中应有之义。在全面改革和民族复兴的今天，我们既要"古为今用""继古开新"，更要"洋为中用""兼容并包"。习近平总书记说得好："我们要站在世界历史的高度审视当今世界发展的趋势和面临的重大问题……用宽广视野吸收人类创造的一切优秀文明成果，坚持在改革中守正出新、不断超越自我，在开放中博采众长、不断完善自我。"[3]

## 三、新时代需要浸润怎样的"家国情怀"

高考卷第21题视野开阔，情怀浓烈——融"家国情怀"于高考试题，变"形塑新人"为"化育新民"。笔者以为，此题是一道"视野融通蕴深意""情怀理性润无声"的经典好题。

新时代究竟需要怎样的"家国情怀"？是故步自封、顾影自怜、自我陶醉，还是懂得变通、勇于创新、开放包容？2018年的这份高考历史江苏卷给出了答案。正如《普通高中历史课程标准（2017年版）》所述，"家国情怀"一般指"学习和探究历史应具有的人文追求，体现了对国家富强、人民幸福的情感，以及对国家的高度认同感、归属感、责任感和使命感"，也包括"增强学生的世界意识,拓宽国际视野"[2]。今天的我们已日益认识到:包孕古今、融汇中西、吐故纳新是传统文化永葆青春的唯一选择和必经之路。中华传统文化要继续焕发生命活力,就必须与当代社会相适应,与现代文明相协调,与世界文化发展趋势相符合,与人类优秀文化相汇通。让我们以此为启迪,教好书,育好人,为培养新时代具有健全人格和理性精神的"家国人才"奉献出自己的一份力量!

**参考文献:**

[1] 许纪霖. 家国天下——现代中国的个人、国家与世界认同 [M]. 上海:上海人民出版社,2017.

[2] 普通高中历史课程标准(2017年版)[M]. 北京:人民教育出版社,2018.

[3] 习近平. 习近平在纪念马克思诞辰200周年大会上的讲话 [N]. 人民日报,2018-05-05(2).

# 源于教材，高于教材

## ——以 2018 年高考文综全国卷 I 历史试题为例

胡军哲[①]

### 一、源于教材、高于教材的命题特色

高考历史《考试说明》指出："命题不拘泥于教科书，运用新材料，创设新情境，古今贯通，中外关联，把握历史发展的基本脉络。"但对于教师教学来说，教科书仍然是最重要的教学资源。近两年高考试题对教材的重视程度大大增加，2018 年高考体现得尤为明显。如第 24 题中"墨家思想代表平民百姓的愿望，而非体现贵族阶层的旨趣"见必修三第 6 页（人教版历史教材，下同）；第 25 题中"唐中期安史之乱后形成的藩镇割据局面，持续一百多年，严重削弱了中央集权"见必修一第 12 页；第 26 题"两宋以后，除纺织品外，城乡所需的日常用具及用品，主要出自民营手工业"见必修二第 10 页；第 31 题中"一五计划，我国开始改变工业落后面貌""夏商周的青铜业""近代的开平煤矿""国民经济调整的完成"分别见必修二第 51 页、8 页、41 页、52 页；第 32 题中对选项"抨击贫富差别"的排除，需要运用到的知识"梭伦改革，根据财产多寡，把公民分为四个等级，财产越多者等级越高、权利越大"，见必修一第 23 页；第 33 题"正义者同盟"的解答，需要结合必修一第 85 页的表述"1847 年底，他们出席在伦敦举行的共产主义者同盟代表大会，并接受大会委托起草同盟纲领"，"《共产党宣言》的问世，标志着马克思主义的诞生"等。由此看来，2018 年高考命题严格依据考试大纲规定，回归课堂教材，鼓励'课内功夫'，避免超纲超量的教与学，促进改变应试教育倾向，助力发展素质教育[1]。

高考命题重视"回归课堂教材"，并非对教材知识的简单考查。2018 年高考历史试题无论是主观题的问题设计，还是选择题的选项设置，都对考试

---

[①] 胡军哲，湖南省长沙市雅礼中学历史特级教师，湖南师范大学硕士研究生导师。

内容和要求进行了优化与整合，避免"偏、难、怪、深"，强调考查必备主干知识。这就是我们常说的"高于教材"。如第 24 题切入的知识点是《墨子》中记载的科学原理，考查的却是诸子百家这一重要的主干知识；第 25 题以唐朝"安史之乱"后百余年间的藩镇官员任免、赋税供纳、兵额与功能等情况，考查了中国古代中央集权加强中藩镇割据这一重要的主干知识；第 26 题则以宋代民营手工业的发展折射出中国古代手工业的发展情况；第 27 题以"外国使臣随船向明政府贡献的奇珍异兽"来考查郑和下西洋的历史影响；还有第 31 题以"1953 年的一幅漫画"，绘就了近代民族工业的发展、国民经济的调整这幅经济蓝图，等等。

2018 年高考历史试题，考查的是教材分散的知识点，串起的是历史发展的重要线索，展现的是贯通古今的历史画卷，考查的是学生分析、解决历史问题的能力。教育部考试中心命题专家指出，今年的高考历史题"强调知识内化，助益融会贯通；加强灵活考查，促进真懂会用"[1]。这就是"源于教材，但高于教材"的魅力。从 2019 年开始，全国又将陆续使用统编版高中历史教科书，对于教材的研究，永远在路上。

## 二、以史为鉴、立德树人的命题导向

历史服务于现实，现实生活中的问题往往成为历史研究的触发点。"人们认识历史的根本目的是解决现实生活中的种种问题，历史学家就是一些为解决现实问题而到历史领域中去寻找答案的人。"[2]英国著名史学家爱德华·卡尔说："只有借助于现在，我们才能理解过去；也只有借助于过去，我们才能充分理解现在。使人理解过去的社会，使人增加掌握现在社会的能力，这就是历史的双重作用。""历史学家跟他的事实之间相互交往的进程"就是"今天的社会跟昨天的社会之间的对话"[3]。我们的学生通过历史课程的学习，不仅有利于增强对现实生活中"国是民生"等大政方针的理解[4]，而且有利于涵育积极的人生态度和正确的价值观念，从而真正实现读史使人明智。

历史注定 2018 年高考是不同寻常的。党的十九大胜利召开，新时代奏响最强音，国际风云变幻莫测。作为"00 后"的"世纪宝宝"，亲身体验了种种成长的"际遇"与"机缘"，自然也要面临"挑战"，担负"使命"。2018

年高考文综全国卷Ⅰ历史试题聚焦"立德树人",凸显价值引领,通过精心选取素材,构建历史情境,引导考生关注人生,关注社会,关注世界,激励考生形成正确的世界观、人生观、价值观。可以说,关注热点、彰显时代特征是今年高考历史试题最大的特点。

这一特点突出表现在如下几个方面。

一是注重对中国共产党党史的考查。如第29题考查中共成立时的思想状况,第30题考查1948—1949年的外交政策,第31题考查社会主义建设时期的经济方针,第41题考查20世纪80年代以来农村的基层民主建设,第46题涉及中共对二战性质的认识,五个试题涵盖了中共从成立、壮大、夺权、经济建设和民主政治建设的全过程,充分展现了中共为实现中华民族的伟大复兴而努力奋进的过程。

二是注重弘扬中华优秀传统文化。在几千年文明发展中孕育的中华优秀传统文化,积淀着中华民族最深层的精神追求,代表着中华民族独特的精神标识。如第24题"包含了劳动人民智慧的结晶"的《墨子》思想,第27题郑和下西洋传递着和平友好的观念,第41题通过"宋代到明清时期乡约制度的变化"来说明中国基层社会的治理历史悠久,从而为现实政治提供厚重的历史认知。

三是注重对现实热点问题的考查。如2018年2月,《中共中央国务院关于实施乡村振兴战略的意见》出台,提出"加强农村基层基础工作,构建乡村治理新体系",2018年高考文综全国卷Ⅰ通过篇幅最长、分值高达25分的第41题,提供了一幅从古至今的乡村治理图景供考生思索。又如2018年是马克思诞生200周年及马克思主义诞生170周年,高考历史试题把马克思主义作为试卷的"鲜亮底色",让马克思主义成为师生理解历史与现实的强大思维工具与信仰指南。第33题直接考查了马克思的革命理论,第29题则以五四运动后关于社会主义的争论为背景,得出"只有社会主义才能救中国"的历史结论,引导考生认清科学社会主义和资产阶级改良主义的本质区别。还有中日关系、中美关系等,第28题在考了"甲午中日战争中日本在国际社会对中国发动的舆论战以及清政府的反应"之后,第46题又用15分的比重考查了中国对世界反法西斯战争的态度,第47题则通过分析华盛顿的"中立政策"和罗斯福的"睦邻政策",更好地理解了现在美国多变的外交政策。这些既体现了"家国情怀"的历史担当,又凸显了牢记历史、珍爱和平、以史为鉴、爱国强国的时代主题。

**参考文献：**

[1] 万玉凤,柯进. 引导学生从"做题"到"做人做事"——教育部考试中心命题专家解析2018年全国高考试题[N]. 中国教育报,2018-06-09(1).

[2] 张耕华. 历史哲学引论[M]. 上海：复旦大学出版社,2004.

[3] [英]爱德华·霍特列·卡尔. 历史是什么？[M]. 吴柱存,译. 北京：商务印书馆,1981.

[4] 胡军哲. 历史教学与历史学科素养——以2014年新课标全国卷Ⅰ历史试题为例[J]. 中学历史、地理教与学（人大复印资料）,2015(9)：9-12.

# 重在"历史解释"的考查，要在"学会理解"的教学
## ——浙江省高考历史试卷的突出特点及教学建议

朱 能[①]

自 2015 年 10 月以来，浙江省高考历史试卷稳中求稳，稳中求进，体现了三大特点。首先，坚持学考基础性与选考选拔性的统一。试卷注重选取有助于学科核心素养提高的知识与方法，设计有难度梯次、有区分度的试题，发挥学业水平检测和高校人才选拔的双重功能。其次，坚持高考综合改革与深化课程改革的统一。试卷一方面注重基础知识、基本能力与方法、基本历史意识的考查，确保试题平稳；另一方面注重知识的关联，强调灵活运用所学知识，稳中有新，以利于高校选拔人才。再次，坚持人文素养考查与学科核心素养考查的统一。

试卷以唯物史观为理论指导，关注文明嬗变和家国命运，从历史学的学理视角引导学生思考家国命运、民族兴衰和世界发展，发挥历史学科立德树人的教育功能。

解释是寻求历史意义、赋予历史生命力的重要路径，是史学的重要特质。浙江省高考历史试题，尤其是非选择题，鲜明地体现了"解释"这一史学特质。高考试题的这一突出特点，一方面反映了新高考在接中学教学"地气"的同时，不失追求学术品质的高格；另一方面体现了新高考呼应了培养学生发展核心素养，尤其是"在历史解释中学会理解历史"这一素养的课改方向与要求。

近三年来，浙江历史高考试题在考查知识、能力与素养等方面是如何体现"解释"特质的？笔者拟从三个方面分述，并提出相应的教学建议。

### 一、在特定的时空里"解释"历史

每一个历史事件或现象都发生在特定的时空里。"特定的时空"有三层含

---

[①] 朱能，浙江省海宁市高级中学教师。

义：首先，每一个事件或现象都发生在确定的、唯一的某时某地；其次，"某时某地"是历史形成的，具有历史意义；再次，对"某时某地"发生的事件或现象的解释，因解释者处于不同时空而多元。以下举例说明浙江省高考在考查"在特定的时空里'解释'历史"的一些特点。

例1（2018年高考历史浙江4月卷第6题）中华文明源远流长，薪火相传，生生不息。文明传承不仅从未中断，而且内涵丰富。下表所列信息，按时序排列正确的是（　　）

| ① | 转轮排字盘；《感天动地窦娥冤》；王祯《农书》 |
| ② | 定窑孩儿枕；《萍洲可谈》；"气学" |
| ③ | 天水放马滩纸质地图；《说文解字》；"井渠" |
| ④ | 架火战车；谢环《杏园雅集图》；《天工开物》 |

A. ②③④①　　B. ②④③①　　C. ③②①④　　D. ④②①③

此题要求学生根据古代中国典型的文艺作品、思想流派、技术成就等辨识它们出现的历史时期，由此认识优秀传统文化的时代性和中华文明薪火相传、生生不息的特点。此题启发我们在教学中要把历史事件或现象放在不同时段加以分析与理解。由此看来，历史阶段的分期及其特征的教学，在复习中依旧必要和重要。

例2（2016年高考历史浙江10月卷第31题）阅读材料，回答问题。

材料一：

辛亥革命后的十年间，上海的商业服务业网点遍布全市，密度和广度在全国首屈一指，商业行业应有尽有，无所不包，成为中外闻名的"万商之海"。根据海关进出口统计数据，从1912年到1921年，上海的进出口净值从3.6亿关两增至6亿关两，十年间的平均比重占同期全国总额的40%。据《新青年》调查，上海开办的工厂数量逐年上升，到1919年，上海有各类工厂2291家，工人达18.1485万人，加上从事交通运输行业的工人11.625万人，上海工人总数已近30万人，而同期全国工人总数约56万人。

——据《上海通史》等资料整理

材料二：

五四运动后，《新青年》编辑部从北京迁回上海。上海的一批马克思主义者以此为阵地，进行社会革命和唯物史观的宣传。1920年七八月间，上海的马克思主义者成立了中国第一个共产主义小组，促使革命思想和全市工人运动有效地结合，并积极推动北京、武汉、长沙等地共产主义组织的建立，为正式建党做准备。在当年亲历者的记忆中，早期的上海党组织发挥了"临时中央"的作用。1921年，中国共产党第一次全国代表大会在上海召开。这座城市从此成为党领导人民群众进行革命活动的重要舞台。

——摘自熊月之、高俊《中共"一大"的历史空间》

（1）上海是近代崛起的工商业城市，其经济举足轻重。根据材料一，概括指出上海工商业经济发展的特点。

（2）人类是在特定的空间里创造历史，而历史又在不断地改变着人类的空间。结合上述材料和所学知识，简述中共"一大"在上海召开的原因。

此题从历史空间这一视角解释中共"一大"与上海之间的关系。近代以来，上海这座工商业城市从经济、政治、思想等方面为中共"一大"的召开提供了有利条件。此题引导我们在教学中阐释空间的历史意义。当然，空间和时间是不可分割的，两者彼此依存、互相影响，两者割裂不利于理解历史事件或现象；时空因历史中的人事而生发意义，时空的意义是通过对历史上诸多"人事"的理解而生成的，故离开"人事"构筑时空的意义，无异于空中楼阁，这是我们在理解特定时空意义的教学中需要注意的。

例3（2016年高考历史浙江6月卷第38题）决定社会走向，影响发展进程的，是历史的合力。阅读材料，回答问题。

材料一：

20世纪40年代后半期的中国，几乎每年都有重大事情发生。学者金冲及独具慧眼从1947年入手，写成《转折年代》。

该著作以近乎白描的手法再现了1947年的中国社会面貌：

有一份杂志刊载了一幅中美贸易的漫画，画的是长嘴鹤在一只长颈瓶里喝水，对蹲在旁边的猫说：我们是平等的，都可以自由地在这瓶里喝水；

1月至8月，天津歇业工厂竟达132家，尚未宣告歇业的厂家，也多坐待油尽灯干。上海最大的纺织厂申新各厂开工纱机，尚不足抗战前1936年57万锭之数；

晋西北山地农民许多穷困及破产，虽然有些地方农民已分得若干山地，但非常零碎，没有系统、普遍和彻底。目前的任务就是要有计划地去组织这样一个群众运动，并正确地把这个运动领导到底。

——摘编自《转折年代——中国的1947年》

材料二：

1947年12月，毛泽东饱含激情地说："人民解放军的主力已经打到国民党统治区域里去了。……这是一个历史的转折点……是一百多年来帝国主义在中国的统治由发展到消灭的转折点。"学者陈旭麓认为，毛泽东的话"富有历史感地把新民主主义的胜利，看成整个民主革命的胜利。辛亥革命是旧民主主义革命，但它的事业在北伐战争中得到了延伸，在解放战争中得到了最后的胜利。"

——摘自毛泽东《目前形势和我们的任务》、
陈旭麓《近代中国社会的新陈代谢》

（1）阅读材料一，联系所学知识，分析说明国民党统治后期国统区经济在"内""外"两个层面发生的变化。

（2）根据材料一、二，列举并说明1947年中国共产党在经济、军事上所采取的重要举措及意义。

（3）材料二所说的"在北伐战争中得到了延伸，在解放战争中得到了最后的胜利"的"辛亥革命事业"指的是什么？充分利用材料提供的信息并结合所学，概括说明中国共产党人是以何种方式实现了新旧民主主义革命的转变，并取得了"新民主主义革命的胜利"。

（4）联系材料与所学，请您用一句话概括近代以来中国革命的经验。

这是新高考背景下的高考文综中的历史题，"历史解释"的新气息扑面而来。此题把1947年中国共产党的经济和军事举措先后置于"1947年""1919—1949年""1840—1949年"三个不同时空里，解读"1947年"的多面意义。历史事实因在不同的时空里被解释而生发特殊的意义，又因在不同时空里意义的提炼而凝集永恒的价值。此题启示我们可在教学中依据长短不一的时段，依据有同有异的历史观念，对同一历史事件或现象进行多面、多元的解释。唯有多元解释，方能包容理解。

## 二、在事实的关联中"解释"历史

探寻历史事实之间的关联，需要通过"勾连事实"与"据理推断"，在事实之间建立起合理的历史逻辑。"勾连事实"是要寻求不同事实之间的时间、空间和人事等方面的链接；"据理推断"是指根据历史观念、规律、常识或生活经验推测事实之间的关联，这是探寻因果关系的两个方面，由浅入深。"因果关系"是历史研究中普遍运用的思维模式和概念工具。在中学，它既是历史教学的重要内容，也是高考评价的主体内容。

例4（2017年高考历史浙江4月卷第33题）实现"中国梦"是中华民族近代以来最伟大的梦想。阅读材料，回答问题。

材料一：

尽管中国没有经历产业革命，但不能抹煞封建政权内部所发动的近代企业的运动中为争取中国现代化而献身的人的动人事迹。中国人自制轮船的试探，在福州船政局开办不及十载的1875年便已开始发动。从20世纪开始，中国大地上的追赶先进和推动现代大机器工业发展进行的奋勇拼搏展现出新的场面。詹天佑和他所设计的"与他国无关"的京张铁路就是这种精神的代表。詹氏早就自豪地说："中国已渐觉醒。"认为"莽莽神州，岂长贫弱？曰富、曰强，首赖工学。"

——摘引自《詹天佑文选》、汪敬虞《论近代中国的产业革命精神》等

材料二：

回顾詹天佑为代表的近代仁人志士追求国家富强、民族振兴、人民幸福的追梦之旅，有以下两种认识可供讨论：①詹氏成就得益于封建政权内部所发动的近代企业的运动及其所奠定的产业基础，由此出发有必要重新认识这一运动在西学东渐及对近代民族工业的作用。②詹天佑为中国铁路事业的开拓而付出的心血和取得的成就，现在是所世公认。

——据汪敬虞《论近代中国的产业革命精神》等整理

（1）根据材料一所提示的角度并联系所学，指出近代民族工业最初产生

的时空范围，分析说明近代民族工业产生的路径。

（2）阅读材料二并联系材料一，您更侧重分析哪一种认识？侧重分析①，请结合所学进行阐述。侧重分析②，根据所学梳理詹氏贡献，并用一句话提炼概括詹天佑报国思想。（只列观点，不说理由不得分）

此题考查学生在事实关联中的历史解释能力，颇为典型。它所呈现的特点包括：

首先，"勾连事实"面广点多，形散神聚。此题围绕詹天佑与近代中国社会发展，涉及洋务运动、民族工业、近代经济结构变迁、近代铁路修筑、近代爱国主义等诸多方面的历史知识，聚焦"近代中国社会变迁的进步与艰难"这一历史主题。

其次，"据理推断"事实为据，推理周全。对两种认识的分析，均要求用合理的史实说明，并提炼这些史实产生的效果，建立"史实"与"史论"之间的关联。选择①，要求学生调用史实阐述洋务运动在"西学东渐"和"促发近代民族工业"两方面的作用。选择②，则要求学生运用史实说明詹天佑修筑铁路的重要贡献，并据此提炼他的爱国精神。

再次，"因果关系"视角不一，设问多样。此题三个设问均没有出现"原因""背景""影响""评价"等问题词，但都指向因果关系。第（1）题从"路径"角度分析近代民族工业产生的原因；第（2）题分别通过"阐述作用""梳理贡献"的设问方式，解释洋务运动的社会影响、詹天佑的历史贡献。

在教学中，我们习惯了按政治、经济、思想、文化、社会、军事、个人等角度分析因果，以示"全面"。这种分析方法的主要优点是多角度，然而常存在着"分解的要素过于笼统，缺乏历史解释的针对性"和"历史因素之间缺乏有效的联系"两个问题，故教学中需认真思考与分析"为什么有甲才有乙？""甲怎样发展，才会有了乙？""有了甲，就一定会有乙吗？"这三个问题，由此，可以尽量避免"缺乏内在联系的列举型解释"，学生通过重视事实之间因果的内在关联，努力达到"了解之同情""心通意会"的历史理解。

### 三、在叙事的语境内"解释"历史

史家的任何历史叙述都是一种解释,使历史上遗留下来的碎片"恢复为一种新生命,使它们再次变成易读的和可以理解的"[1]。以问题为起点,以事实做基石,依据时序,围绕问题陈述事实,阐发因果关联的叙事是解释的一种重要方式。这两年来,叙事型材料居多。

例5 (2018年高考历史浙江4月卷第32题) 阅读材料,回答问题。

材料一:

早在1800年前,英国的矿山已经使用"铁路"(铁轨),马拉的货车,将煤运到运河或者海边。1829年,利用蒸汽机做动力的火车在新建成的铁路上行驶,达到令人印象深刻的时速16英里。当时,有铁路公司的董事们指出"用机车牵引比用马力牵引可节省经费百分之三十"。到1835年底,议会相继通过了五十四项各式各样的铁路条例。到19世纪中期,通车的铁路整整五千英里。此时的欧洲正处于建设铁路的时代。

——摘编自〔英〕克拉潘《现代英国经济史》等

(1) 根据材料一并结合所学,指出英国工业革命时期铁路建设迅速发展的原因。

有学者指出,"历史叙事"是按照一定的逻辑结构,将若干分散的历史事实组织成为一个有头有尾、有意义的整体[2]。此题中的材料,时空、人物、事件、过程、结果、影响等要素齐全,有主题、有逻辑。在"叙述"中"解释",两者有相依为命的关系,历史解释离开了历史叙事,将尽失其历史价值[3]。

要理解历史解释,读懂叙事型材料很重要。首先要做好的是对材料进行语篇分析。建议分三步走:定主语,了解句子结构;划层次,分析层次关系;分述论,把握材料中心。这个环节在日常教学中往往被忽视。针对学生阅读能力薄弱的现状,当务之急是要补齐这个环节。在读懂的基础上,解读四个方面的重要信息:材料中的时空所处的历史阶段;材料中的"人"的社会身份及其地位;材料所述历史事件或现象的因果联系;材料中历史信息与教科书相应信息的关联。读懂叙事的语言文字及其历史语境,是我们理解历史的重要路径。

参考文献：

[1] 何兆武. 历史理论与史学理论——近现代西方史学著作选［M］. 北京：商务印书馆，1999.

[2] 王学典. 史学引论［M］. 北京：北京大学出版社，2008.

[3] 杜维运. 史学方法论［M］. 台北：三民书局，1986.

# 历史解释素养试题的应答研究

张 岩[①]

2010 年至 2019 年，高考文综全国Ⅱ卷历史试题中的评论式材料分析题（2010—2016 年的第 41 题，2017—2019 年的第 42 题）成为高考文综全国卷历史试题的亮点，教师矢志攻坚的高点，考生苦于应对的难点和研究者热议的焦点。国内同行曾以历史论证题、历史阐释题、史料解析题、开放性史论题、SOLO 评价题乃至历史小论文等称谓来为这道题命名。可以这样讲，在中学历史学业考试评价的意义上，"第 41/42 题"不是一道题，而是一类题[1]。或者说，经过各方面的共同努力，此类材料解析题的命题风格已基本形成并得到认同。无论高考日后走向如何，这一类题是否按惯例出现在"第 41/42 题"的试题位序上，也无论在未来是否会与时俱进地让位给其他新题型，它都将作为一种"标志性"的教育尝试与实践，沉淀为当代中国历史学科命题史上的一个值得纪念的典型。

本文以 2019 年高考文综全国Ⅱ卷第 42 题为例，兼及其他年份高考文综全国卷中的开放性材料题，尝试在学科素养视域中重新观察这一类型题，探讨如何实现历史学科核心素养的扎实落地。

## 一、深度理解史料，准确提炼问题

历史理解的前提是接触史料，即过去存留至今的、可见可感的各种痕迹与见证，只有经由史料，我们才能感受到历史现场。每一道高考试题实际上都为我们营造了一个历史现场或一种历史语境。理解历史语境是最为重要的。2019 年高考文综全国Ⅱ卷第 42 题抽取当代欧美全球史名著《世界：一部历史》[2]中关于 19 世纪、20 世纪世界历史进程的描述，以时间轴和大事年表的形式，呈现了启蒙运动以来全球历史在"自然进程"和"人文进程"中的典

---

[①] 张岩，吉林省教育学院中小学校长培训中心主任，历史学博士，教授。

型表现。

　　细数材料中援引的典型历史事件，似乎从直觉上就可以划分为多种类型。第一种划分方法，就是试题设问说明所提示的"自然进程"和"人文进程"——前者指19世纪以来人与自然的互动，后者指人群与人群之间的互动，两条主线双轨并进，构成了作者眼中的世界近现代史框架。第二种划分方法，可以把两条时间轴线上的事件划分为"历史进步"事件和"历史危机"事件。前者如先进能源的使用、奴隶制的全球衰落和现代科学技术的发展等，后者的典型如两次世界大战、资源与环境破坏等。从中可以看出，作者对于世界近现代历史的评价并非全然肯定和充满自信，而是蕴含着踌躇不定的忧患意识。第三种划分方法，可以选择"历史时空"维度的"地域与空间"，看看这些事件都发生在哪里。初步观察后可以发现，材料中的历史事件中有一部分带有鲜明的区域性特征，如鸦片战争和普法战争，但更多的事件具有鲜明的全球史特征，如全球人口激增、世界范围的饥荒与干旱、全球变暖、两次世界大战等。电视和互联网的出现对世界也具有深远的影响，现代科学技术的普及应用，将全球更加紧密地联通为一体。

　　无论是高考解题，还是历史研究，光看懂史料不够，还需要提出问题。提出问题是深度理解史料的开始，也是从信息领受到自主探究的起点。什么是问题？问题就是"为什么会这样"。问题从哪儿来？问题来源于"矛盾的信息"。当我们不得不在两种内涵矛盾的信息间做出取舍或调和，理性地给出自己的判断的时候，问题就生成了。2011年高考文综全国卷中的"西方崛起"和2014年高考文综全国卷中的"目录比对"等试题材料中的"矛盾信息"比较明显，考生审题后大体可以知道有两种不同的意见。2016年高考文综全国卷中"玄奘西行与鉴真东渡"一题的材料，以古代中国东西两向交往考查学生对于古代中国文明交往中枢地位的认识。2019年高考文综全国卷中的材料，更是展现出了矛盾重重的历史图景：全球进步付出了生态环境方面的巨大代价，世界经济的发展伴生着危机的冲击，和平的愿景不断遭遇世界大战和局部冲突的挑战，奴隶制的衰退意味着自由和平等的胜利，但帝国主义列强瓜分非洲之后，至今仍存在着国际秩序的不合理要素。

　　如果将这些已知的信息与相关的未知领域也视作多组"矛盾信息"，历史问题便呼之欲出：启蒙运动以来的历史发展主流，到底是进步的、退步的，还是无主流的、不可控的？19世纪以来的全球化进程，到底给人类社会生活带来了怎样的改变？既然人类历史天然地以自然生态为背景，那么环境到底怎样影响了历史？人文进程的努力是否可以逃避自然的惩罚？等等。从不同的角度设问，立足于不同领域的矛盾信息，就会提出不同的问题。"第41/42题"的与众不同之处在于，它常常不直接提出问题，而是让考生"自问自答"，自主提出问题的能力也成了这道题的考查范畴之一。它在题干设问处标明的"对此认识提出你自己的见解，并说明理由"实际上是一个很笼统的问题，考生必须把这个问题"具体化"，明确提出自己的问题。问题决定着解答的方向，只有问题合理明确，组织答案时才会有效率、有针对性。

### 二、迅速整合信息，有效构建逻辑

问题确定之后，就要为明确回答问题搜集信息，或者说准备答题的素材，这个过程叫"整合信息"。经由信息——史实与史料的组织来构建问题解答逻辑的过程，就是"史论结合"，也就是"第41/42题"特别要求的"历史解释"。

整合信息包括信息的拓展与甄选两个方面，它们都需要特别的能力或技术。对于拓展信息而言，最关键的或许也是学生最薄弱的能力恐怕是"知识迁移"。何为"知识迁移"？简言之，就是看到陌生的史料之后，能够根据从中解读出来的新的核心信息，"结合所学"将这些信息与曾经学习和掌握的教材内容以及教师补充的内容等所有其他来源的信息"对号入座"，在新信息与储备信息之间迅速而准确地建构关联，从而有效扩大应答素材的"统一战线"。以2019年高考文综全国Ⅱ卷第42题为例，试卷中的"柏林会议—瓜分非洲""鸦片战争""普法战争""经济大萧条""冷战"等关键词，会让考生马上联系到教材中中外通史相关部分的内容，从而构成建构历史解释的重要资源。但是，有些内容则不能够那么轻易对应教材，如"食物生产工业化""大肆毁林""艾滋病泛滥"等，这些信息在教材中或属于"细枝末节"，呈现出"只言片语"的所谓"非重点"状态，或根本没有表述，这需要考生有额外的知识储备和"见微知著"的历史推理能力，能联系这些相对陌生信息的历史背景来赋予其相应的意义。如果考生平日对环境史[3]、疾病史等学术前沿稍有了解，面对这些议题就会有话可说。在考场有限的时间里，谁的头脑风暴更猛烈，迁移更灵活，想到的、搜集到的信息更多，谁在答题时就会有更多自由选择和发挥的空间。

信息甄选可依据以下几个标准。

### （一）紧扣题意

"第41/42题"尽管问题导向丰富，但皆要求考生选取一个角度，提出一个问题并予以集中回答。信息的甄选必须围绕这个问题展开，不相关的信息则应果断排除。如果我们在已自主提出的众多的问题中选择最容易回答的一个——"19世纪到20世纪人类的战争进程"，甄选出来的与题意对应的教材片段（以人教版教材为例）可能有普法战争、拿破仑战争、日俄战争、鸦片战争、美国内战、两次世界大战、冷战和一系列亚非拉民族独立战争等，也包含其他考生日常自主获取的相关史实信息，甚至在初中时代就学习过的战争史史实。这些史实可以分为几种类型，如资产阶级革命战争、帝国主义战争、反帝国主义战争等，从规模上看，有区域性战争和世界大战。如果按照这个标准分类，考生就会发现材料中所体现的战争观，也会根据自己的战争史知识储备，对作者的战争观做出评判。

### （二）立足论域

2019年高考文综全国Ⅱ卷第42题明确提到"19和20世纪世界历史的认识"，还在注释说明中特别提到了"自然进程"和"人文进程"的内涵，由此规定了信息甄选的特定范围，即"世界近现代史"，特别是涉及人群之间以及人与自然之间互动的史实。考生可以自行从上述范围的论域中选题作答。如果单纯回答"人文进程"演进的特点，论点的形成会比较容易，论证的组织也不乏充沛的史实，但这种回答的挑战性不够，也就是说，这样的回答只利用了材料中一半的有效信息。这种回答不能说错，但绝不是命题者所期待的高水平回答。高水平回答既不能越出论域，也要尽可能地充分利用试题史料，比较有水准的问题应当是："在19世纪和20世纪的世界历史进程中，'自然进程'与'人文进程'经历了怎样的交叉互动？"论域不但规定了材料信息甄选范围，更规定了问题的范畴。如果注意到"世界近现代史"的论域，那么应当提出"世界近现代历史到底呈现出何种趋势"这样的问题，以免答非所问。

### （三）史实确凿

历史探究以"求真"为本,任何历史解释和叙述都应立足于历史真实,否则便与文学虚构无异。无论取材何处,那些争议极大的、虚假的或人造史实都概应排除——即便其虚构之意可能紧扣题意,立足规定的论域。从这个意义上讲,考生应当谨慎使用道听途说的证据,而选用教材中的已成定论的史实信息。

### （四）内涵典型

如果有很多条内涵相似,或者说从同一个角度支持论点的信息,则宜从中精选出最具支持力者作为证据。与其在重复性引用同质证据上浪费时间,不如从其他角度寻找,开掘新的证据,以更有力、多向度地捍卫观点、针对作答。"第41/42题"核心议题之一为如何评价近代以来人类的历史活动对于自然环境的影响[4],如果赞成人类对于自然的开发,肯定为社会进步而付出的自然代价,可举"蒸汽与电力革命"对于人类生活质量改观的巨大意义,人类和平高效利用核能、风能和太阳能等新型能源的创举,人类通过科技发明维护可持续发展的努力及"保护环境"的共识与努力等,这些论据都能够有力地支撑"人类利用自然资源寻求进步"的合理性;相反,如果深刻反思人类利用自然的结果,甚至批判工业社会的发展是以透支大自然为代价的话,那么就应当举出像"工业革命制造伦敦雾都""全球变暖形势严峻""切尔诺贝利核事故"等论据,以明确表达对掠夺自然式的社会进步模式及其未来的忧思。

以上论述了信息拓展与信息甄选,下面再谈"逻辑构建"。逻辑是串联史实信息的线索。何为"逻辑"？简言之,就是合理地安排信息呈现的顺序。检验逻辑最简单的方法就是看叙述各部分之间的顺序是否可以随意串动,如果可动,那就说明论述没有逻辑。逻辑就是讲道理,先说什么,再说什么,最后说什么,不是无缘由的,而是这么安排最佳且具有意义。

在搜集和甄选信息的时候,就应当有意识地考虑各条信息可以置于论证逻辑体系中的何处,应当着重搜寻论证所亟须的、已有逻辑体系中缺环位置的证据,根据逻辑甄选证据可以大大提高信息组织的效率,除上述列出的信息甄选的四条标准外,"合乎逻辑"应当是信息准入的一项重要标准。只有合乎论证逻辑的信息，才是有用的、有力度的信息。

逻辑的种类是多样的。无论遵照哪种逻辑对史实做出有序编排，都应当有其意义。针对"19和20世纪世界历史的认识"，基于广泛甄选的史料信息，可做出哪些逻辑构建呢？可以是时序逻辑：在长时段意义上，世界近现代历史是进步与发展占据主流的历史，是从战争走向和平、从奴役走向自由的历史；可以是空间逻辑：自大航海运动后，全球由分散走向整体的趋势在19世纪更加明显，直至20世纪全球网络形成，此时，人类已经构成了一个命运共担的整体；可以是事件因果逻辑：人类文明的每一次升级都以更大规模地利用自然为基础，文明升级对自然掠夺所产生的后果危及文明自身及人类未来的命运选择；还可以从不同视角排比史实，建构其他类型的解释逻辑。需要注意的是，无论有多少种逻辑模型可供选择，都只需在卷面呈现某一种明确的逻辑建构，多种逻辑混杂的表述既浪费考场时间，又有可能给评卷人造成阅读困扰。总之，构建逻辑是解答"第41/42题"的关键步骤，也是专业历史研究中的高阶工作，是智力投入较大的环节，是检验历史认识水准与历史解释能力等历史学科核心素养的试金石。构建逻辑是为了有力地回答问题，更是在提出明确的历史认识，即生成观点。

### 三、自主生成观点，顺畅表述呈现

"观点或见解"历来是"第41/42题"的题眼，从最初的"评材料中的观点"到如今明示于试题要求中的"写出观点"或"提出见解"，无论在题面或评分标准中是否明确提及，"观点"是所有开放性史料评论题的明确考查方向，这也是前述此题所具有的独特历史"解释性"特征使然。观点是历史解释的目标，也是历史解释的结果。观点与解释互为表里，实为历史学科属性的典型表现。"好观点"的标准有两个，即试题中明示的"明确"和"合理"。明确的观点就是态度明朗、判断明确、言简意赅、没有歧义的观点。合理的观点就是符合人类基本道德良知、不违背国家主流价值观念，能经得起事实检验和逻辑推敲的观点。观点的合理性要经历事实检验、逻辑检验和伦理检验。明确性是对观点质量的初步要求，合理性是对观点质量的深度要求，后者对观点的深刻性、丰富性和辩证性提出了更高的要求。明确的观点不一定合理，也有不合理但表述明确的观点；合理的观点一般来说都比较明确，当然，合理的观点也需要特别的表述技能才能提高其辨识度和可接受性，由此提升其明确度。

"表述呈现"是解答"第41/42题"的最后一步。其实，任何历史思考的成果都需要表述出来，方能接受检验、方便交流、贡献于知识界。因此，专业历史研究者非常重视历史编纂，往往视论文或专著为阶段性的历史研究成果。在高考中，卷面表述亦是此前所有理解题意、信息整合、逻辑构建和史识生成的成果的集中展示。历年的这一题均将"表述清楚"列为评分要求之一。表述是深化思考与有效交流的重要途径，口头与文字表述是现代社会交往的必备核心素养。在高考情境中，评分者只能通过"卷面表述"来评判答题者的历史素养。对于"历史表述"素养，日常教学中应当有意识地通过主题教学和专项训练来予以培育和养成。质量上乘的"历史表述"应具有如下特征：用词准确且专业，也就是使用历史术语；语法正确、句式精干，同一个意思只表述一次，点到为止，不拖沓重复；条理清楚、线索清晰、结构完整、一气呵成；从形式上讲或许还包括标点符号使用规范、字迹清楚易辨、不写错别字、合理使用数字标号、合理分段、卷面布局合理美观，等等。在此基础上，若能做到引经据典、文采斐然或书写美观，则会给评卷者留下良好的感官印象。

以上提供了"第41/42题"的一种解题思路，这三个环节可进一步提炼为"历史阅读""历史思考"和"历史表述"，笔者认为，其实这三者即为历史学科核心素养培育的实践路径（表1）。

以上通过对2019年高考文综全国卷历史试题的分析，从阅读、思考和表述等三个维度构建了历史学科核心素养培育路径框架，此框架基于日常历史教学实践的立场，基于历史教师的教学实践与学生的历史学习实践。日常教学中关注提高学生历史学科核心素养，方能使其在未来面对生活这张真实情境大考卷的"考问"时能够从容应答。

表1 高考史料解析题的核心素养考查意向及其实践路径

| 序号 | "第41/42题"素养考查意向 | 考查意向的分解描述 | 核心素养实践路径 |
| --- | --- | --- | --- |
| 1 | 深度理解史料<br>准确提炼问题 | 从原始史料中有效获取历史信息<br>从研究成果中获取研究进展信息<br>通过知识迁移扩展信息来源<br>概括信息中的关键要点<br>捕捉信息中的矛盾信息与"疑点"<br>提出明确合理的历史问题 | 历史阅读 |
| 2 | 迅速整合信息<br>有效构建逻辑<br>构建历史判断 | 在历史时间和历史空间中思考<br>以求真为导向的历史实证逻辑<br>求解历史中的复杂因果关联<br>历史比较与普遍联系性的思考<br>归纳、概括、演绎与假说的求证<br>史论结合式的历史解释 | 历史思考 |
| 3 | 顺畅表述呈现<br>充分交流合作 | 以书面或口头形式完整表述历史认识<br>有条理地、话语清楚地表述<br>尽可能使用专业术语且合乎史学规范的表述<br>听懂他人的评论与历史观点并与之展开有效的历史论辩与认识交流 | 历史表述 |

**参考文献:**

[1] 王邵励,车晋晋. 形散而神聚：高考历史材料解析题的新格调[J]. 中学历史教学, 2014（4）：113-118.

[2] [美] 菲利普·费尔南德兹-阿迈斯托. 世界：一部历史（上、下）[M]. 钱乘旦,审读. 叶建军,庆学先,宋立宏,汪诗明,吴庆宏,陆伟芳,等,译. 北京：北京大学出版社, 2010.

[3] 高国荣. 什么是环境史?[J]. 郑州大学学报（哲学社会科学版）, 2005（1）：120-125.

[4] 房小捷. 马克思"人与自然对象性关系"概念对环境史研究的意义[J]. 史学理论研究, 2016（4）：27-41.

# 家国情怀在高考试卷中的考查探索

## ——以2019年高考历史江苏试题为例

刘 波[①]

家国情怀是教育部颁布的《普通高中历史课程标准（2017年版）》中提出的历史学科五大核心素养之一，是学习和探究历史应具有的人文追求，体现了对国家富强、人民幸福的情感，以及对国家的高度认同感、归属感、责任感和使命感，是学习历史和认识历史在思想、观念、情感、态度等方面的重要体现，是实现历史教育育人功能的重要标志[1]。如何在试卷中体现对家国情怀的考查是新的历史课程标准颁布后值得关注的课题。2018年3月，江苏省学业水平测试历史卷第36题，要求考生从儒家思想所蕴含的"家国同构"入手，分析"新时代强调家国情怀的现实意义"；2018年6月，高考历史江苏卷第21题，要求考生从宋明理学入手，对中国文化的"包容力"和"生命力"进行论述，可谓"视野融通蕴深意，情怀理性润无声"[2]。2019年高考历史江苏卷第22题（以下简称"第22题"）在考查学生的家国情怀方面，又进行了新的尝试。本文试对该题进行解析，以期对大家有所启迪。

## 一、试题解析

（第22题）翁仕朝（1874—1944），一位乡村塾师，世居香港，历经英国殖民扩张、日本攻陷香港等重大世局之变，始终秉持志节，期望政治清明、民族独立和国家富强，充满着时代赋予的家国情怀。阅读下列材料：

材料一：

翁氏对于世界地理颇有浓厚兴趣，出于其手编亲辑之简明著作为《天下寰球中外交通分五大洲图》，简明清晰，并系史志……了解世界，求取新知，自以阅览世界地志为重要入手，自鸦片战争时期，魏源、徐继畲、梁廷枬、姚莹等均循此途，当知书儒生多具共同意趣，翁氏遗留著作，惟此一种最

---

[①] 刘波，江苏省无锡市市北高级中学教科室主任，中学高级教师，江苏省历史特级教师。

有贡献。

——王尔敏《儒学世俗化及其对于民间风教之浸濡》

材料二：

孙逸仙，想报仇，行革命，灭满洲。数十年，不变志，以三民，为主义……前者仆，后者继，不自由，枉人世。

若学买卖，是为商家，有人办丝，有人办茶……中国所用，多是洋货，利归外国，每年甚多。

——翁仕朝授课教材《新三字经》《三、四、五字书》（20世纪初）

材料三：

民国政府纪念期，列明以后：正月一号，南京政府成立纪念。二月一号，北京宣布共和纪念……（五月）九号，条约（廿一条）国耻纪念……（八月）廿九号，《南京和约》国耻纪念。九月七号，《辛丑条约》国耻纪念。

——翁仕朝手稿（20世纪30年代）

完成下列要求：

（1）据材料一并结合所学知识，指出翁仕朝和魏源等人具有怎样的"共同意趣"，并分析这种"意趣"对近代中国社会产生的影响。

（2）据材料并结合所学知识，就翁仕朝的家国情怀提炼观点，并从内涵和成因方面进行论证。（要求：观点明确；史论结合；逻辑严密；表述通畅；280字左右）

解析：该题依托课程标准、考试大纲和教材内容，以家国情怀立意，选取相关历史材料，给考生创设了真实、新颖的试题情境。命题人关注了底层民众和边缘群体——一位世居香港的乡村塾师。本题引导考生复原历史语境，体悟"小人物"的"大情怀"，对考生的历史思维品质提出了较高的要求。考生要通过复原历史语境，理解材料内涵，回答试题设问。

本题第（1）小问要求考生在新的情境中，对翁仕朝和魏源等人具有的"共同意趣"及其对近代中国社会产生的影响进行分析。考生作答时需要复原历史语境，从所给材料中最大限度地获取有效信息，同时调动和运用所学知识进行推论：翁仕朝诞生的清朝晚期，中国遭遇"千年未有之变局"，"上自朝廷庙廊，下迄升斗小民，无不承受世变的波动"[3]。面对外力的剧烈冲击，林则徐、魏源等爱国人士,从"天朝上国"的迷梦中惊醒,开始开眼看世界,关心时局,探索新知,萌发了"向西方学习"、寻求强国御侮之道的新思想。林则徐在广州编译《四洲志》,介绍西方世界的地理、历史和政情;魏源写成《海国图志》,引导人们关注世界形势,对当时的思想解放有重要的启迪作用。翁仕朝虽居乡曲僻野,亦能迅速因应转变,把"新知之探求,世势之考察"付诸行动,亲手编辑简明的世界地理等,对近代中国社会的思想进步做出了贡献。通过以上合理分析,考生自然就会做出翁仕朝和魏源、徐继畬等人具有"关注世界地理,了解世界,获取新知"的"共同意趣"和"推动思想解放,促使人们不断探寻强国之路"社会影响的正确解释。

材料二出自翁仕朝在20世纪初的授课教材。众所周知,中国塾师教学中广相沿用传统童蒙课本,如《三字经》《百家姓》《千字文》等。然而从这段材料来看,翁仕朝在授课时采用的是《新三字经》《三、四、五字书》。复原历史语境,考生可以知道,20世纪初,革命、共和、民主等新观念正逐渐被人们所接受。翁仕朝因此借助传统的、有民众基础的文化载体宣传共和、民主等新观念,这些新观念借助传统载体获得了强大的推动力。翁仕朝在启蒙教育上的适应时代,反应甚为快速[3]。材料还反映了翁仕朝对外国经济侵略的担忧,体现了他向往共和、忧国忧民的家国情怀。

材料三出自20世纪30年代的翁仕朝手稿。根据王尔敏先生的研究,翁仕朝"关心国事天下事,决不含糊"[3],在其手稿中特记名联"风声雨声读书声声声入耳,国事家事天下事事事关心",以明其志节。"举凡近代各国侵占中国领土,自鸦片战争后,每事均有记载","尤其对日抗战及世界大战,逐年逐日均扼要记述各地动态"[3]。考生要复原历史语境,需要从源远流长、博大精深的中华传统文化中寻找翁仕朝家国情怀的精神基因。家国情怀是中华优秀传统文化的重要组成部分,是一种对家和国的热爱,也是一种责任与担当。翁仕朝作为"知书儒生",深受中国传统文化的影响,重道义、勇担当的家国情怀已经潜移默化为其精神支柱,他"坚毅贞定,节操凛然"[3]的德行风品,着实令人钦敬。

考生通过复原历史语境,把本题中的几段材料有机勾连,就能从中体悟翁仕朝因应时势、不甘固陋而力求新知,"秉持志节,期望政治清明、民族独立和国家富强"的家国情怀。本题第（2）小问所要求的从内涵与成因方面论述翁仕朝家国情怀的历史小论文写作起来也就会思路清晰、切中肯綮。

## 二、教学启示

第 22 题是对高中历史课程所承载的培育和涵养学生正确的历史价值观任务的回应，对高中历史教学具有一定的启发性。

### （一）提升自身专业素养

历史学科核心素养的提出，对历史教师的专业素养提出了很高要求。历史教师要加强学习，完整把握历史学科核心素养的内涵及其具体表现。要坚持史学专业著作和教育教学理论书籍的阅读，及时了解史学研究、教育教学研究最新动态，不断积累，不断提高，真正提升自身的专业素养。

### （二）坚持正确的思想导向和价值判断

历史教师要坚持正确的思想导向和价值判断。要引领学生通过历史学习，认清历史发展规律，对历史与现实有全面、正确的认识；能够具有正确的国家意识、民族意识、社会意识、公民意识，以及世界意识和国际视野[1]；能够坚定理想信念，确立积极进取的人生态度，塑造健全的人格，树立正确的世界观、人生观和价值观。

### （三）实施基于历史学科核心素养的教学

历史教师要确立新的认知观、教学观和评价观，从知识本位转向素养本位，实施基于历史学科核心素养的教学，把核心素养的培育作为教学的出发点和落脚点，要把历史课堂作为培育学生家国情怀的主阵地。历史教师要科学制定教学目标，有效设计教学过程，挖掘有关育人资源，创设问题情境，引导学生入情、入境，通过自主学习、合作学习，体悟家国情怀。例如，在《辛亥革命》的教学中，教师可呈现林觉民的《与妻书》，引领学生进行"同情之理解"，充分认识革命志士牺牲小我、"为天下人谋永福"的深情大爱和高尚情操。

培育学生的家国情怀，除了要以历史课堂为主阵地外，还应通过积极开展课外实践活动来实现。教师可组织学生参观名胜古迹、名人故居、爱国主义教育基地，并开展以家国情怀为主题的征文、小报设计、演讲比赛等活动，增强学生的历史使命感，进而使学生能够关心国家的命运，关注世界的发展，成为德智体美劳全面发展的社会主义建设者和接班人。

**参考文献：**

［1］徐蓝，朱汉国.《普通高中历史课程标准（2017年版）》解读［M］.北京：高等教育出版社，2018.

［2］张彪. 视野融通蕴深意，情怀理性润无声——以2018年高考历史江苏试题为例［J］. 基础教育课程，2018（8）：36-40.

［3］王尔敏. 近代文化生态及其变迁［M］. 南昌：百花洲文艺出版社，2002.

# 趋势与应对：高考历史试题中的结构不良问题

何成刚[①]　沈为慧[②]

稳中求变是历年高考命题的基本原则。2020年高考历史试题的"变"，与其他年份有着显著的不同，主要体现为更加注重结构不良问题的设计。当然，以前的高考历史试卷中已出现结构不良问题，而今年在这方面达到了相当高的程度，应当引起中学历史教师的关注。

## 一、结构不良问题的表现与特征

问题的分类办法有多种，美国学者Reitman从认知心理学的角度，把问题分为结构良好问题和结构不良问题。结构良好问题的初始状态、目标要求和算子都很明确，上述三者有一方面不明确的就属于结构不良问题[1]。初始状态即问题的已知条件，目标要求即问题的最终结果，算子即问题解决的途径和方法。

结构不良问题主要表现为三种情形：第一，已知条件明确，目标要求不明确；第二，已知条件不明确，目标要求明确；第三，已知条件、目标要求都不明确[2]。三者中，问题解决的途径和方法都需要解决者自己寻找，又以第三种的解决难度最大。

结构不良问题一般具有以下特点：第一，具有未知或不可知的因素；第二，解决路径和方法呈现明显的多元化；第三，解决方案或问题答案具有不确定性；第四，评价标准具有不唯一性；第五，需要解决者表达自己的而非现成的观点[3]。解决结构不良问题，需要哪些知识、概念、原理，如何运用这些知识、概念、原理，需要什么方法或方案，何种方法或方案是最佳的，等等，都需要解决者自行决定。

---

[①] 何成刚，教育部课程教材研究所研究员，教学处副处长。
[②] 沈为慧，江苏省昆山中学正高级教师，特级教师。

结构不良问题如同现实生活中突然遇到的新情况，其不可预测性考验着面临问题的人。例如，每天上学乘坐的公交车迟迟没来，怎样才能准时赶到学校？小区池塘中的观赏鱼大量死亡，怎么解决？面对数量较大、种类较多的校园垃圾，需综合运用哪些办法才能有效解决？爷爷的晶体管收音机坏了，如何维修？食堂的油汤溅到几位同学不同材质的衣服上，如何清理？这些问题都是课本上没有、但生活中可能遇到的，对学生而言又没有现成的对策，且没有标准答案，但又必须寻找最佳方案。这些都体现了结构不良问题的特征。

### 二、高考历史试题中的结构不良问题

结构不良问题是相对于结构良好问题而言的，为了更好地认识结构不良问题，首先看看高考历史试卷中占据很大比重的结构良好问题。

例1（2020年高考文综全国Ⅱ卷第41题）：（1）根据材料一（略。摘编自《永定河续志》等）并结合所学知识，概括清代治理永定河的措施及其效果。（2）根据材料（略。摘编自《海河志》等）并结合所学知识，分析新中国成立后治理海河的特点及其意义。

例2（2020年高考文综全国Ⅲ卷第41题）：（1）根据材料（略。摘编自白寿彝总主编《中国通史》等）并结合所学知识，分别概括西周时期的都城和古希腊城邦的特点。（2）根据材料二（略。摘编自黄洋等主编《世界古代中世纪史》等）并结合所学知识，概括古希腊城邦兴起的历史条件。（3）根据材料并结合所学知识，分析西周政治制度对中华文明发展的影响。

把上述两例归入结构良好问题，是基于以下四方面原因：第一，具有明确的已知条件，即试题提供的材料。第二，具有明确的问题指向，即治理永定河的措施及效果、治理海河的特点及意义、西周都城和希腊城邦的特点、希腊城邦兴起的条件、西周政治制度对中华文明的影响。第三，具有明确的答题途径和方法，途径是根据材料并结合所学的相关知识，方法是概括、分析。第四，答案相对固定，评分有具体的操作细则。

与上述两例相比，下面这道题的命制思路有明显不同。

例3（2019年高考文综全国Ⅲ卷第41题）：阅读材料，完成下列要求。

材料：

《汤姆叔叔的小屋》描写了美国内战前奴隶制下黑人奴隶的悲惨命运。主人公黑奴汤姆是一位虔诚的基督教徒，逆来顺受，受尽折磨而死。该书是第一部被翻译成中文的美国小说，并被多次搬上话剧舞台。

从材料（表1）中提出一个论题，结合所学知识，加以论述。（要求：论题明确，持论有据，表述清晰）

表1　《汤姆叔叔的小屋》翻译与改动的部分情况

| | |
|---|---|
| 《黑奴吁天录》（1901年译） | 译者称"非代黑奴吁也"，鉴于"为奴之势逼及吾种""为振作志气，爱国保种之一助"；删除了原著中部分宗教思想较浓的内容，增加反映孔孟思想的内容 |
| 话剧《黑奴吁天录》（中国留日学生改编，1907年） | 黑人奴隶奋起反抗奴隶主的残暴统治，为了独立和自由，手持长枪与奴隶主殊死搏斗，最后胜利出逃 |
| 话剧《黑奴恨》（1961年上演） | 突出汤姆的阶级觉悟，最后一幕安排他因反抗而遭受火刑，临死前发表痛斥殖民者罪行和鼓舞被压迫者抛弃幻想、争取民族解放斗争的演说 |

据陈白尘、董健主编《中国现代戏剧史稿》等

该题虽然提供了较充分的材料，但命题人并没有提出要解决的具体问题，而是要求学生从材料中提炼出一个论题，并结合所学知识加以论述。也就是说，论题与史实均有很大的不确定性。如果学生缺乏问题意识，不能"自己给自己出题"，那就无题可解。这道试题属于结构不良问题。历史学科的结构不良问题具有以下五个鲜明的特点：一是问题的表述比较模糊；二是答题的要求比较笼统；三是基本与教科书内容"脱节"；四是解题时具体运用哪些知识和方法并不清晰；五是答案具有不确定性，因而难以制定具体的评分标准。当然，并非每道结构不良问题都同时具备这五个特点，而是有时只具备其中的某几个特点。

### 三、高考历史试题中结构不良问题的解析

下面，我们以2020年高考历史试卷中的三道试题为例，对结构不良问题进行简单解析，以更深入地理解历史结构不良问题的特征，帮助大家把握此类问题的考查重点。

例4（2020年高考文综全国Ⅰ卷第42题）：阅读材料，完成下列要求。

材料：

关于宋代历史，海内外学者著述颇丰，叙述各有侧重，如《儒家统治的时代：宋的转型》《中国思想与宗教的奔流：宋朝》《宋史：文治昌盛与武功弱势》等，这些书名反映了作者对时代特征的理解。

结合所学知识，就中国古代某一历史时期，自拟一个能够反映其时代特征的书名，并运用具体史实予以论证。（要求：论证充分，史实准确，表述清晰）

该题给出三位学者关于宋朝历史的研究成果，根据书名可以看出他们对宋朝的时代特征有着不同的认识。试题要求学生按照学者的思路，任意选择中国古代的一个历史时期，高度概括其时代特征，并运用相关史实加以论证。

此题的已知条件不明确，问题指向更是模糊。选择中国古代哪一个历史时期也有多种方案，既可以选择诸如夏商周、秦汉、隋唐这种较长时段的历史时期，又可以选择诸如春秋战国、三国、南北朝这种中时段的历史时期，也可以选择诸如秦朝、五代、明清之际这种短时段的历史时期，甚至可以选择诸如文景、贞观、康雍乾等一个朝代内的特定历史时期。不同时期的历史特征是不同的，即使同一时期，从不同角度也可以概括出不同的历史特征。对于不同时期、不同历史特征的论证，则需要运用不同的史实。因此，此题具有很强的开放性。

例5（2020年山东卷第19题）：咖啡馆的历史，既是一部经济史，也是一部社会史。阅读材料，回答问题。

材料：

1652年，伦敦出现了英国第一家咖啡馆。

17世纪中后期，咖啡馆在英国扎下了根。在当时伦敦任何一家宾客盈门的咖啡馆里，常见的场景是：各色人等汇集于此，抽烟、读报、谈论商业和贸易，传播小道消息，争论国家大事，评判王室显贵的品行举止。

……

——摘编自［英］马克曼·艾利斯：《咖啡馆的文化史》等

（1）编写一幕发生在17世纪伦敦咖啡馆内的人物对话场景。（要求：先

写出对话主题，主题要紧扣英国当时政治或经济领域的重大事件；对话内容要围绕主题展开，观点明确；对话过程完整，逻辑清晰）

材料对17世纪英国的咖啡馆做了简单介绍，要求学生选取一个对话主题，撰写咖啡馆内的对话场景。虚拟一幕人物对话，在高考历史试卷中是首次出现，具有"开辟新天地"的意义。既然是对话，就要有一定的主题，不能写成日常生活中的漫谈。因而要求学生调动头脑中关于17世纪中后期英国乃至世界历史的知识，包括发生的重要历史事件，在此基础上确立对话的主题。对话主题可以是商业贸易，也可以是国家大事；谈论商业贸易的人，可以是商人也可以是教师；谈论国家大事的人，可以是政治人物，也可以是商界精英；政治人物可以来自保守派，也可以来自激进派。不同的人对于商业贸易、国家大事会有不同的看法，因此，该题给学生提供了丰富的想象空间，答案具有很大的不确定性。

例6（2020年天津卷第18题）：阅读材料，完成下列要求。

历史漫画可以叙史解史。它往往针对重大历史事件、重要历史人物等，使用夸张、比喻、寓意、突出细节等方式，集中反映特定的历史内容和相关历史背景，以及作者对历史问题的认识、解释与看待历史的立场。下面是一幅历史漫画的构思，其中蕴含着历史内容和历史寓意。

雅尔塔会议：合作与未来

漫画的中心是一张圆桌，三把座椅。座椅上分别搭放着一件带有元帅领章的军大衣、一件黑色斗篷和一件咔叽色厚风衣。桌上是一张欧洲地图。桌旁一扇高大的窗户，落地窗帘上端分开，下端聚拢，正好形成一个巨大的"V"形。窗外的天空聚集起阴云。

（1）略。

（2）围绕1919—1939年国际关系中的重大事件或历史人物，按照历史漫画的呈现要求，构思一幅历史漫画并加以说明。（要求：自拟标题；写出构思，无需作画；史实准确；观点正确）

材料首先对历史漫画进行了概括性介绍，然后举例说明漫画的构思，要求学生从1919—1939年的国际关系中，选取一个重大事件或重要人物，构思一幅漫画，并自拟标题。可供选择的重大事件很多，如巴黎和会、华盛顿会议、《慕尼黑协定》的签署、九一八事变、七七事变等；可选择的历史人物也很多，如威尔逊、列宁、希特勒、墨索里尼、东条英机、罗斯福、丘吉尔、斯大林等。因此，问题的确定、解答所用的史实均有很强的灵活性。

由例 4 至例 6 可以看出，与结构良好问题相比，历史结构不良问题的命题点具有多变性，很难找到命题热点，不可能通过题海战术去有效应对。不过，我们也可以找出此类试题的命制基本规律，提炼出重点考查指向。

第一，突出考查学生发现问题、提炼主题（论题）、调动和运用知识进行论述的能力水平。在解答历史结构良好问题时，学生可以根据指定的问题，调动与运用特定范围的历史知识、特定的历史理论方法，进行基于"靶心"的"射击"。在解决历史结构不良问题时，虽然也离不开重要的基础知识与基本理论或方法，但首先需要发现并设计问题。否则，那些知识与理论根本无用武之地。

第二，突出考查学生较高水平的学科核心素养。结构良好问题有明确的问题指向，以及明确的问题解决的途径和方法，给定的材料中有所需要的大部分信息或全部信息，而结构不良问题，或问题的指向不明，或答题所用的信息缺口较大，更没有清晰的答题途径和方法，其在考查难度上明显高于大多数结构良好问题。结构不良问题更多考查的是学业质量标准的水平 3 和水平 4。

第三，突出考查学生解决陌生历史问题的能力。一般情况下，面对结构良好问题，可以通过反复演练甚至猜题、押题来应对。结构不良问题的设问有很强的开放性，答案具有不确定性，刷题、猜题及押题都无济于事。学生面对的是全新的陌生问题，教科书里找不到答案，日常学习中教师也不可能给出答案，因而在考查学生解决陌生问题的能力方面，结构不良问题具有得天独厚的优势。

### 四、高考历史试题中结构不良问题的应对

高考试题具有强烈的导向作用，它始终引领着教学改革。高考历史试卷聚焦结构不良问题，这无疑对历史教师提出了挑战。如何积极应对，在此提出一些建议。

第一，丰富学习任务。日常教学中，常见的学习任务明显体现了结构良

好问题的特点。例如，概述事件的过程，分析事件发生的背景和原因，判断事件的性质，分析事件的影响，评价事件的意义，评价人物的功过等。今后的教学中不妨适当增设结构不良问题，丰富学生的作业形式。例如，为马克思、列宁、孙中山等人撰写讣告、碑文、诞辰或逝世的周年纪念文，在专访毛泽东、罗斯福、斯大林等人前拟定若干访谈问题，就一战的结束、《凡尔赛和约》与《联合国家宣言》的签署撰写街头演说稿，为某期的《新青年》撰稿，就某一个重大事件为《人民日报》撰写社论，撰写与历史有关的书评、文评、画评、影评或观后感，对正在发生的国际重大事件提出自己的预测和处理意见，等等。

第二，创设生活情境。《普通高中历史课程标准（2017年版）》认为，生活情境指的是个人生活、家庭生活、社区生活中遇到的与历史有关的问题[4]。常见的结构良好问题，一般围绕历史事件、历史现象、历史人物进行设问。创设与历史有关的生活情境，则属于结构不良问题。对于此类问题，学生需要使用历史知识才能解答。例如，（1）2016年6月，英国全民公投以52∶48的结果决定"脱离欧盟"；2020年1月29日，欧洲议会通过英国"脱欧"协议；30日欧盟批准英国"脱欧"。要求学生围绕英国"脱欧"选取一个切入点，谈谈自己的看法。（2）2020年5月25日，美国非裔男子弗洛伊德被白人警察"跪颈致死"，这引发了大规模的反种族歧视游行。6月18日，俄勒冈州波特兰市的示威者拉倒了首任总统乔治·华盛顿的雕像，并在基座写下"（实行）种族灭绝的殖民者"字样。要求学生围绕这一现象自拟标题予以论述。

第三，尝试历史"神入"。"神入"指设身处地进入历史人物的心中，宛如窥见其内心的活动。当然，这种想象应有证据的支持，并经过逻辑的推论，否则很难得出合乎情理的看法[5]。教学中可以适当引导学生以当事人、当时人的身份，观察、思考历史。例如，奕䜣奏请在京师同文馆增设天文算学馆，慈禧太后要求中央及地方官员谈看法，请替某官员撰写一份奏章；某外资企业在上海创办轮船运输公司（或电车公司、电报公司），请为其设计一份宣传单；某新式民族企业在报纸上刊载机制面粉（或机纺棉布、火柴）的广告；得知武昌起义消息的当天，在日记中记载此事；西安事变发生后，替社会名流、社会团体草拟一份电文。完成这些学习任务，不仅需要特定时期的历史知识作为支撑，还需要"身临其境""设身处地"。当然，前面设计的许多问题同样需要学生不同程度地"神入"历史。

第四，强化主题习作。近年来，高考历史试卷多次出现写作题，中学教师一般称之为"小论文"。"小论文"题在高考命题中也不断创新，结构不良问题的考查在一定程度上也反映了它的"求变"趋势，非虚构性写作便是其方向之一。非虚构写作并非一种文体，而是一种以客观真实或近于客观真实为基础的写作态度。李开元先生认为，一切历史都是推想。因此，他选取史学记载的空白点，运用间接的材料，基于已知的史实，根据当时的形势，进行合理的推测，结合适当的想象，撰写出逼近历史真实的《秦崩》《楚亡》。教学中，可参考李开元的做法进行主题写作练习。例如，就荆轲刺秦王一事，在荆轲准备离燕时，给其写一封信，谈谈自己对"刺秦"之事的看法。还可以引导学生撰写1933年的东北城乡见闻、1942年的延安采访体会、1945年的重庆谈判报道、1982年的苏南农村调查等。

总之，高考历史试卷关注结构不良问题，标志着高考历史命题出现重大创新，这无疑向中学历史教学发出了积极的信号。因此，更加注重培养学生基于阅读的论题提炼能力、历史论述能力以及历史写作能力，应成为今后中学历史教学的改革重点。

**参考文献：**

[1] 李同吉，吴庆麟. 论解决结构不良问题的能力及其培养[J]. 华东师范大学学报（教育科学版），2006（1）：63-75.

[2] 鲁志鲲，申继亮. 结构不良问题解决及其教学涵义[J]. 中国教育学刊，2004（1）：44-47，54.

[3] 张雨强，冯翠典. 结构不良问题在学生学业成就评价中的应用[J]. 当代教育科学，2007（20）：54-60.

[4] 中华人民共和国教育部. 普通高中历史课程标准（2017年版）[M]. 北京：人民教育出版社，2018.

[5] 张元. 陆逊心目中的刘备——学生学习"神入"的一例[J]. 历史教学，2011（17）：20-22.

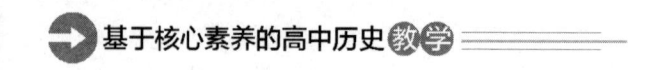

# 国家认同建构视角下的 2020 年全国卷历史试题

陈德运[①]　刘　波[②]

## 一、国家认同建构与高考改革指导思想

党的十八大报告指出,"立德树人"是教育的根本任务。十八届三中全会决定,"坚持立德树人""深化教育领域综合改革""推进考试招生制度改革"。《国务院关于深化考试招生制度改革的实施意见》也要求围绕立德树人根本任务"深化高考考试内容改革",而立德树人的实质和核心是"培养什么人、怎样培养人"的问题,它指向全方位的综合素养的培养,包括知识、能力和正确的世界观、人生观、价值观等。所以,高考也是实现立德树人的一个重要途径,其考试内容改革着眼点是"有意识地发挥考试在育人方面的导向功能"[1]。在这些政策指引下,各个学科的试题都力图体现正确的价值观引领,历史学科也不例外。本文以历史学科高考试题在国家认同建构上进行的积极探索为例,进行分析。

国家认同事关国民确认自己归属哪一国家,以及对该国家的认知、情感,既包括国民身份的确认,也包括对本国拥有归属感、忠诚感和自豪感等。历史教育与国家认同有天然的联系。习近平指出"历史是最好的教科书",通过对党史、国史等历史的学习,"不断增进各族群众对伟大祖国、中华民族、中华文化、中国共产党、中国特色社会主义的认同"。史学家钱穆也曾言"欲其国民对国家有深厚之爱情,必先使其国民对国家已往历史有深厚之认识"。毋庸置疑,有怎样的历史教育就有怎样的国民,有怎样的国民就有怎样的国民国家认同。在初高中入学率超过 80% 的情况下,青少年的国家认同水平无异于未来国民整体的国家认同水平。可见,增强青少年的国家认同是历史教育

---

[①] 陈德运,首都师范大学历史学院博士研究生,西华师范大学历史文化学院讲师。
[②] 刘波,首都师范大学历史学院博士研究生。

一项重要且关键的任务。

在全球化浪潮席卷下,奠定世界政治经济秩序基础的"民族-国家"制度被撼动,世界诸国面临着国民国家认同日渐模糊、日益淡化的挑战。如果国民不能对本国产生认同感、归属感,国家将失去凝聚力,这促使世界诸国通过不同程度地强化历史教育来增强青少年的国家认同。近邻如韩国,2006年、2011年两次颁布历史教育强化方案,从法案的角度强化历史教育。远邦如美国、英国、澳大利亚等国,为强化国家认同相继颁布国家历史课程标准,历史课程成为美国等国的核心课程之一。我国特殊国情尤显国家认同之紧要,假如历史教育淡化对青少年国家认同的培养,这将是中华民族伟大复兴路上的绊脚石,并成为我国统一安定、繁荣发展的一股阻力。近几年,高考历史考试内容改革步伐在加快,对国家认同这一价值观的考查成为历史高考内容改革的重要趋势。我们以2020年高考文综全国Ⅰ、Ⅱ、Ⅲ卷中的历史试题为例,审视它们以何种方式和维度来导向国家认同的建构。

### 二、国家认同建构视角下的考查维度

#### (一) 祖先认同与国家认同

人会追溯自己的"根",询问"我是谁""我从哪里来"等身份认同问题。对"自我根源"的追溯会形成祖先认同,主要体现为对祠堂、族谱、族规的重视。对祖先的追述是建构国家认同的一个重要面向[2]。

全国Ⅰ卷第27题,考查儒家思想观念,但是材料跳出了传统考查儒家思想的窠臼,以儒家伦理为核心思想编纂的民间宗谱为题眼,切入清代纂修宗谱这一社会行为,要求学生根据这一情境理解该社会行为"体现了儒家思想观念"。宗谱是以血缘关系作为纽带,围绕某个家族世系而谱写的宗族发展历程。寻根问祖、尊祖敬宗是中国人的传统伦理,纂修宗谱使宗族成员之间的"天赋的联结"获得了"一种具体的、形象的符号形式"[3]。事实上,宗谱承载的内容不仅是宗族的历史渊源、世系传承、家族遗训、宗族规约等,也体现了社会的发展演化以及"家族与国家社会的互动关系等内容"[4]。所有的崇拜中对祖先的崇拜最有合法性,因为正是我们的祖先造就了我们[5],而国家由无数个"我们"组成,祖先认同一定程度上引发了国家认同的诉求。基于

此，该题以建构国家认同为命题指导思想，题干专门强调了宗谱内容（包括"报效国家"）。这实际上是以宗谱蕴含的"家国一体"价值观，砥砺当代青年承担起报国的责任和使命。

### （二）文化认同与国家认同

文化认同指人们之间或个人同群体之间的共同文化的确认，它是国家认同的重要思想基础[6]。文化与人类历史相生相伴，在历史发展中熔铸而成，也在历史实践中得以淬炼，它于人类而言是"生存维系、慰藉获取、凝聚人心的策略系统和精神担当"[7]。历史教育在构建国家认同时，十分注重文化的认同，《普通高中历史课程标准（2017年版）》提出"了解并认同中华优秀传统文化、革命文化、社会主义先进文化"[8]。

#### 1. 优秀的中华传统文化

中国书法历经千载，形成了一套独特完整的书写体系与审美体系。它蕴含的民族精神与人文素养，对"中国人的文化人格和精神世界"[9]影响甚大。近些年来，国家强调加强书法教育，这也影响了高考试题命制。

全国Ⅲ卷第26题选取了唐代书法家张旭的话："始吾闻公主与担夫争路，而得笔法之意。后见公孙氏舞剑器，而得其神。"让学生据此推测其书法呈现的特点。中华优秀传统文化"体现了中国古代历史中蕴含的智慧精华"，既是"中华民族的精神命脉"，也是"中华文化的'根'与'魂'"[10]。所以，该题意在让学生认识到书法是中华优秀传统文化的瑰宝，感受中华优秀传统文化的博大精深，进而增强民族自信心与自豪感，从而形成对中华文化的认同感。

#### 2. 光荣的革命文化

革命文化是中国共产党领导中国人民在革命斗争中凝结、构建起来的文化，它诠释着中国共产党为人民谋幸福、为民族谋复兴的初心，"刻画出中华民族在磨难中奋起、在困苦中重生的精神气质和民族性格"[10]。

全国Ⅱ卷第29题，题干选取中国共产党的一份告全党党员书中的部分内容，即"国民党中央驱逐军队中的共产党党员，我们的党不得不秘密起来……这所谓国民政府是什么？他从革命的政权机关变成了资产阶级之反动的执行机关，变成了军阀的工具"。由此让学生提取材料信息，推断大革命失败后中国共产党确立了武装反抗国民党统治的方针。紧接着该卷第30题，通过出示关于1937年陕甘宁边区民主普选的参选率、参议员中各阶层所占比例的材料，使学生认识到当时边区积极落实抗日民族统一战线。这些试题都旨在让学生从革命文化中感受中国共产党的初心和使命，认同党的领导，坚定地走中国特色社会主义道路。全国Ⅲ卷第46题中体现的中国共产党领导的冀鲁豫（边区）抗日根据地对战胜日本帝国主义的贡献也是如此。

### （三）民族认同与国家认同

民族认同主要指个体对本民族的信念、态度以及对其民族身份的承认，并产生归属感和忠诚感。当然，它有广义和狭义之分。历史教育一般是通过让学生认识中华民族"多元一体"的历史发展趋势，"形成对中华民族的认同感和正确的民族观"[8]。在历史长河中，各民族交往、交流、交融，逐渐形成"多元一体"的中华民族共同体，而历史教育就是在追述其共有的历史记忆，所以民族认同也是建构国家认同不可或缺的维度[2]。

全国Ⅰ卷第24题创设楚王自立的情境，表面上考查的是周代分封制受到挑战，但其中蕴含着深层次的国家认同观念。楚原本与周部落关系较远，长期持"我蛮夷也"的态度，中原各国也如是观。但春秋时期楚庄王跻身五霸，成为诸夏圈的代言人，则又可见，楚王自立看似是分离之势，实则是意图加入诸夏圈而无果的愤然举动。数年间楚国并未脱离这一念想，所谓"楚王问鼎"，实际上也是认同诸夏中"鼎"作为国家象征的表现。故本题蕴含了深层次的国家认同观念，呈现了华夏各民族基于文化向心力逐渐走向一体的国家认同形式。

又如，全国Ⅲ卷第41题，以周公在广阔的征服地域内分封其亲属子弟并建立起一套政治制度来管理国家创设情境。第3问要求学生分析西周政治制度对中华文明发展的影响。该题给学生传递了国家认同观念：第一，关于西周政治制度，材料信息主要有周公在新疆域上分封诸侯的分封制、都城置宗庙与立社稷的礼乐制、"国人"和广大被征服区域的"野人"都享有一定的政治权利等；第二，分析西周政治制度对整个中华文明发展的影响，其实是引导学生关注其历史意义：分封制扩大了统治区域，也开发了边远地区；"国人""野人"都具有政治权利，这为多民族统一国家的建立奠定了基础，增强了中华民族的凝聚力。该题强化了学生"多元一体"的中华民族认同观，因为"民族认同与国家认同二者互为前提"[11]，由此，国家认同也得以建构。

### （四）治理绩效与国家认同

在基于"理性人"假设的基础上，国家的治理绩效被视为国家认同的来源，学界也从不同角度阐述了公众对治理绩效的认可乃是其国家认同的重要基础[12]。社会经济发展的程度、社会成员需求的满足度、政府运行的有效度和社会发展的和谐度等多方面影响着国民对国家的认同程度。

全国Ⅱ卷第41题共计两则材料，材料一来自《永定河续志》，内容是清朝治理永定河史实以及取得的一定成效（成效并不佳）。材料二来自《海河志》，内容是新中国成立后，中央采取修建官厅水库、编制《海河流域规划》、成立"根治海河"指挥部等治理措施，经不懈努力，海河流域"十年九荒"的历史彻底改变，洪涝等自然灾害得到控制。该题以清廷与新中国治理海河成效的比较，凸显了新中国治理海河积患的决心与能力，彰显了社会主义制度的优越性和新中国的无限生命力，意在使学生坚定实现中华民族伟大复兴目标的信心。

再如，全国Ⅰ卷第30题考查中共中央接管城市后为恢复生产发出的指示，第31题考查1983年放宽小型国营企业经营自主权；全国Ⅱ卷第31题考查1978年中央工作会议研究二战后德国、日本、法国、新加坡等国家经济发展的原因，以便发展我国经济；全国Ⅲ卷第31题考查1983年国家提升企业活力，以及第42题江苏昆山、浙江乐清的部分农民职业意向调查统计等，都从国家治理取得良好效果来展示党的执政能力和社会主义道路的正确性，从而建构国家认同。倘若放宽视野，国家治理也与近些年的大政方针吻合，诸如"四个自信"以及中国共产党第十九届中央委员会第四次全体会议提出的"推进国家治理体系和治理能力现代化"等主题。总之，通过历史视角来考查国家治理，实际上是使学生"厚植爱国主义情怀"，在涵养"爱国情"后树立"强国志"，进而升华成"报国行"。

### （五）领土认同与国家认同

对现代国家而言，"领土是国家的整体性特征，领土认同是国家认同不可或缺的内容和必要的测量维度"[13]。培养学生领土认同感就构成了国家认同的重要基础与目标，没有领土认同，国家认同也不能发挥应有的作用。

领土不仅是物理空间，也是社会整合与系统整合之间关系的场所，即为国民的互动提供各种场景，反之，互动的场景又是限定互动的情境性的重要因素[14]。如全国Ⅰ卷第25题，以《步辇图》呈现唐太宗李世民接见吐蕃使臣的情景。该作品考查了"艺术审美与史料价值的统一"，却暗含了西藏地区与中原地区的互动，这种互动即是一个"关系场所"，将两个地区的人们拉到了一定的空间里，使不同的"群体在国家中体验到了一种统一性"[15]。正如此，在有同样归属感的人身上，因"自我投射"就会形成纽带联结[13]。

全国Ⅰ卷第26题创设宋代中央政府在全国不同区域推广占城稻和大麦、小麦等农作物的情境。此题表面上呈现的是宋代提高了土地利用率，实际暗含着领土认同观念。具体说来，规划不同区域的农作物种植是国家在领土上行使权力的表现，它使地理空间得以政治化，而这恰恰是国家政府一体化行政的结果，由此可见，领土认同也意味着国家认同。又如，全国Ⅱ卷第24题以本属于巴渝戏的角抵（摔跤）为题材，用秦二世曾在宫中欣赏、汉武帝在长安举行大规模角抵表演以及用角抵表演欢迎西域人等，说明了当时角抵拥有的广泛的社会影响。与中原比较，巴渝此时属于边缘地区，角抵能有广泛的社会影响说明它与国家发生关系并被整合到了国家活动中。此外，全国Ⅰ卷第46题，摘编自吴于廑等主编的《世界史》中关于巴黎和会如何处置德国的殖民地和土耳其的中东阿拉伯领地问题，用了他者视角来构建领土认同。一国之民长期聚居于某一个区域中，他们的历史记忆都发生于此，地理区域在建构国家认同中扮演着重要的角色。事实上，建构领土认同"既是历史价值观教育的基本内容，更是'家国情怀'这一学科核心素养达成的主要路径"[16]。

### （六）历史名人书写与国家认同

展现名人的伟大和光辉事迹是历史记忆书写的基本方式，历史名人在国家认同建构中扮演着重要的角色。全国Ⅲ卷第47题考查了盛唐名相张九龄的历史贡献，全国Ⅱ卷第47题考查了杰出科学家和教育家竺可桢对中国科学发展的贡献，全国Ⅰ卷第47题考查了苏绰"六条诏书"的历史意义等。这些试题对历史名人的叙述力求避免说教、宣传，采取娓娓道来的情境展示，从而建构国家认同。

### 三、国家认同建构的教学探索与反思

高考试题中蕴含的国家认同观念昭示着国家从考试方面做出的价值引领，历史教学也理当在实践中进行探索与反思。

#### （一）历史教育的性质决定了国家认同建构是基本诉求

历史教育本质上是国家的政治行为，承载着对公民的国家记忆进行塑造、强化公民的国家认同观念的任务。培养公民素养的历史教育应当凭借有价值的历史内容，以政治、经济、文化、社会的协同关系为基础，通过对相关历史现象、事件、人物进行分析等形式，创建国家记忆。学生在学习历史时，共处同一国家记忆空间，通过对国家记忆相关内容的阅读、理解，找到共同属性以及所属集体的独特性，由此确认、强化"我是谁"，进而形成国家认同。

#### （二）历史教育的视野决定了国家认同建构离不开国际理解和人文情怀

"他者"是认识"自我"的一面镜子，没有"他者"的参照又何来"自我"的存在？中国史作为"自我"，用以塑造中国国民的国家认同，已无须多言，而世界史作为"他者"，同样也能用于塑造中国国民的国家认同。习近平提出"构建人类命运共同体"，这对历史教育的国家认同培养有积极启示，即国家认同理应既有爱国主义的家国精神，又有国际主义的世界意识，明确自己是身处世界中的中国人身份。如此既能不陷于偏狭的民族意识与极端的国家主义，又能在与他国比较中深刻认识到本国的独特之处，国家认同建构自然水到渠成。

此外，历史是典型的人文学科，历史教育属于人文教育，即借助充满人文的历史内容来培育青少年成为有人文、人性、人格的人。这意味着历史教育的内容是人文的，历史教育的目的也是指向人文精神与人文素养的。建构国家认同不能生搬硬套，更不能牵强附会，而应将时代呼唤注入人文情怀，使其成为历史教育之魂。通过人文历史教育，让学生深刻认识当下的中国是历史中的中国的延续与发展，真正认同中国历史与文化，坚定地赞同、坚持和发展中国特色社会主义，同时积极理解他国历史，热情参与"构建人类命

运共同体"。忽视了人文情怀、时代需求而谈认同，会使历史教育变得虚浮，无法真实地作用于学生。总之，健全国家认同必须摒弃狭隘的民族主义，抛弃脱离人文性的说教与宣传。

### （三）对历史教育资源的解读应重视对国家认同内涵的挖掘

现代知识论认为知识不仅是事实性的，从深层结构上看，还蕴含着思维方式与价值倾向。所以，对历史材料的分析、历史知识的解读应跳出传统思路，借助历史知识来反映人的精神世界与价值世界，揭示背后的文化意义与认同观念。具体到教学中，意义的阐释与观念的树立并非单纯依靠记忆就能够落实的，所以历史教师应转变教学观念，开展具有现代性的教学研究，关注学生在历史学习中的对话、探究、表现，赋予历史知识最大限度的思考张力；应积极引导学生关注国家认同的几个维度，在问题探究中发现与建构知识，让他们将国家认同观念内化于心，外显于行。

综合对当前全球形势变化、国际历史教育发展趋势、历史教育内在学理依据、我国特殊国情与丰厚的历史资源等方面的分析，笔者认为，建构国家认同理应成为历史教育的重要任务，当以人文内容为基础，以人格人性为底蕴，以国际理解为参照，以建构健康健全的国家记忆为指向。当然，树立青年一代的国家认同观念，历史教育虽然起关键性作用，但非唯一路径，这必定是多方合力的结果，学校、家庭、社会、政府等应协同发力、携手共进。

**参考文献：**

[1] 姜钢. 坚持以立德树人为核心 深化高考考试内容改革 [J]. 中国高等教育，2015 (13)：31-34.

[2] 赵琼. 国家认同建构中的历史记忆问题——以对共有祖先的追述为视角 [J]. 中国政法大学学报，2014 (3)：86-93.

[3] 余达忠. 祖先·祖籍·宗祠——古代宗族制度下的文化认同 [J]. 南通大学学报（社会科学版），2010 (3)：75-79.

[4] 徐俊六. 族源、制度与家国：丽江《木氏宗谱》美藏整理本的人类学研究 [J]. 西北民族大学学报（哲学社会科学版），2020 (1)：39-51.

[5] Ernest Renan. What is a Nation? in *Nation and Narration* [A]. Homi K. Bhabha. Nation

and Naration［C］．London：Routledge，1990：19．

［6］崔新建．文化认同及其根源［J］．北京师范大学学报（社会科学版），2004（4）：102-107．

［7］詹小美，王仕民．文化认同视域下的政治认同［J］．中国社会科学，2013（9）：27-39．

［8］中华人民共和国教育部．普通高中历史课程标准（2017年版）［M］．北京：人民教育出版社，2018．

［9］美成．书法批评的时代语境与文化认同［J］．书法赏评，2020（1）：2-4．

［10］徐丽曼，史明涛．中华文化认同培育的三重路径［J］．人民论坛，2020（16）：140-141．

［11］贺金瑞，燕继荣．论从民族认同到国家认同［J］．中央民族大学学报，2008（3）：5-12．

［12］李艳霞，曹娅．国家认同的内涵、测量与来源：一个文献综述［J］．教学与研究，2016（12）：49-58．

［13］周光辉，李虎．领土认同：国家认同的基础——构建一种更完备的国家认同理论［J］．中国社会科学，2016（7）：46-64．

［14］［英］安东尼·吉登斯．社会的构成——结构化理论大纲［M］．李康，李猛，译．北京：生活·读书·新知三联书店，1998．

［15］［法］亨利·列斐伏尔．空间与政治（第二版）［M］．李春，译．上海：上海人民出版社，2015．

［16］陈辉．国家认同建构视角下的统编高中历史教科书述论——以《中外历史纲要》（上册）为例［J］．天津师范大学学报（基础教育版），2020（1）：1-6．

## 问题情境：学业水平考试命题的重要特征

——基于对 2020 年高考历史试题的分析

胡军哲[①]

2020 年高考引起了人们的极大关注。各科试题如何体现《中国高考评价体系》中所明确的"一核四层四翼"，学业水平考试（本文所指为等级性考试，以下简称"高考"）的试题命制有何突出特点等，已成为广大同仁研究的焦点问题。2020 年高考历史学科共有 10 套试卷，笔者通过分析研究其中的部分试题，深切认识到设置问题情境已成为当前考试命题改革的重要特征。

情境学习理论告诉我们，知识镶嵌于情境之中，只有在情境中获得知识，才能丰富认知结构，生成真正的经验[1]。高考评价体系中的"四层"考查内容和"四翼"考查要求，大都是通过情境与情境活动两类载体来实现的，即通过选取适宜的素材，再现学科理论产生的场景或呈现现实中的问题情境，让学生在真实的背景下发挥核心价值的引领作用，运用必备知识和关键能力去解决实际问题，全面综合地展现学科素养水平。

### 一、注重基础性，创设基于学习的情境，培养学生掌握必备知识

"一核四层四翼"中的"基础性"是指"即将进入高等学校的学习者应掌握的学科基本概念、原理、技能和思维方法"。它要求"以生活实践或学习探索中最基本的问题情境作为任务创设和基本知识能力运用考查的载体"[2]来解决学生"在历史学习中遇到的问题，如史料、图表、历史叙述、史论等问题"[3]。这其实就是历史高考中"学习情境"的创设。

从整体上看，新课标全国卷共计 17 道试题，其中 I 卷采用了 1 幅图片、2 个表格；II 卷采用了 4 幅图片、1 个表格；III 卷采用了 2 幅图片、1 个表格，以及诸多文字材料来创设学习情境。山东卷共计 19 道试题，采用了 7 幅图片、3 个表格，以及大量鲜活的材料来创设学习情境。具体到每套试卷，试题

---

① 胡军哲，湖南省长沙市雅礼中学历史特级教师，湖南师范大学硕士研究生导师。

都较好地将"基础""学习"与"知识"三者联系了起来。如新课标全国Ⅰ卷第41题:

材料一:

20世纪50年代,中国与民主德国的关系良好,贸易和文化交往十分频繁。与此同时,中国与联邦德国之间处于对立状态。1955年,联邦德国与苏联建交后,中国逐步推动与联邦德国的民间往来。60年代,随着中苏关系日益紧张,中国与民主德国关系降到了冰点。70年代初,联邦德国调整"新东方政策",决定改善与中国的关系。1972年10月,两国外长在北京签署建立外交关系的公报,决定互派大使。此后,两国的交流活动迅速升温。

——摘编自刘德斌主编《国际关系史》等

材料二:

1993年,德国实施"新亚洲政策",十分重视发展与中国的关系。德国企业认为在中国"差不多所有行业都有前景",纷纷进军中国市场。1998年,德国总理施罗德将实现外交政策"正常化"作为重要目标,对外不依附于任何国家,谋求世界政治大国地位,并与中国共同"推动世界经济出现多元认同"。中国认为加强中德在多极化世界中的合作,有利于提高各自国际地位,扩大各自在国际上的活动余地,并促进世界和平、安全和稳定。2004年,中德在中欧全面战略伙伴关系框架内建立"具有全球责任的中德战略伙伴"关系,中德关系发展到了新的高度。

——摘编自吴友法《德国现当代史》等

(1)根据材料一并结合所学知识,概述20世纪50—70年代中国与民主德国、联邦德国关系的变化及其原因。

(2)根据材料二并结合所学知识,简述中德建立战略伙伴关系的历史条件。

(3)根据材料并结合所学知识,简析20世纪70年代以来中德关系发展的历史启示。

此题所考查的"基础性""学习情境"与"必备知识"如表1。

表1　新课标全国Ⅰ卷第41题考查内容

| 基础性 | 学习情境 | 必备知识 |
| --- | --- | --- |
| 基本概念：两个德国、外交关系、政策调整、具体时间等 | 通过文字史料，对中德关系的历史演变进行叙述 | 了解中国与民主德国、联邦德国关系的变化及其原因 |
| 基本技能：根据时间段，划分材料的层次，归纳概括每一阶段的主要特征 | | 总结影响外交关系变化的主要因素 |
| 思维方法：将历史事件置于具体背景中进行考察 | | 从外交关系的变化中获得的历史启示 |

2020年全国高考历史试题，以学习情境问题为载体，加强对基本概念、原理、思想方法的考查，体现出高考试题的"基础性"特征。

## 二、强调综合性，创设基于社会的情境，培养学生具备关键能力

"一核四层四翼"中的"综合性"是指"即将进入高等学校的学习者（要具有相关）知识、能力、素养之间的纵向整合能力以及综合运用水平"。它要求"以多项相互关联的活动组成的复杂情境作为载体"[2]来解决学生"对社会问题的历史考察，如某种社会风俗的来源、某一国际争端中的历史背景问题"[3]。这就是历史高考中"社会情境"的创设。通过创设"社会情境"，让学生发展三方面的关键能力群：一是以认识世界为核心的知识获取能力群；二是以解决实际问题为核心的实践操作能力群；三是涵盖了各种关键思维能力的思维认知能力群[2]。2020年历史高考中的大部分试题，都不同程度地将"综合""社会"与"能力"三者联系起来。如新课标全国Ⅲ卷第42题：

材料：

表2摘自1995年7—8月对江苏昆山，浙江乐清的部分农民进行的调查统计，调查对象中近60%为18~35岁的青壮年。

表2　1995年7—8月江苏昆山、浙江乐清部分农民调查统计　单位:%

| 选择意向明确的统计结果 | | | | | |
|---|---|---|---|---|---|
| 你是否同意以下说法 | 很赞同 | 比较赞同 | 说不准 | 不太赞同 | 很不赞同 |
| 农民的孩子应以种田为本 | 2.9 | 4.3 | 8.2 | 23.0 | 61.1 |
| 父母在,不远游 | 7.2 | 15.1 | 21.8 | 34.9 | 20.8 |
| 改革虽然有风险,但比吃大锅饭强 | 45.4 | 29.2 | 17.5 | 5.0 | 2.6 |
| 富贵贫贱是命定的 | 6.8 | 11.2 | 15.4 | 25.1 | 41.2 |
| 重新选择职业意向明确的统计结果 | | | | | |
| | 经商 | 去乡镇企业工作 | 读书上大学 | 去大城市打工 | 继续种田 |
| 如果有机会重作选择,你将选择 | 35.2 | 14.1 | 31.8 | 2.7 | 8.5 |

——据周晓虹《传统与变迁》

根据材料并结合所学知识,就材料整体或其中任意一点拟定一个论题,并予以阐述。(要求:论题明确,持论有据,论证充分,表达清晰)

人们的思想观念往往能综合反映各种社会问题。本题通过一个社会调查统计表,选取20世纪90年代中期江苏昆山、浙江乐清部分农民的教育观、伦理观、价值观、天命观、择业观等观念,综合反映改革开放以来,尤其是90年代中国社会政治、经济以及人们思想观念所发生的巨大变化。这是典型的"社会情境"。解答此题,首先要求学生全面调动改革开放尤其是20世纪90年代确立的市场经济改革目标的历史知识;其次要能理解农村经济体制改革、乡镇企业的兴衰、市场经济的发展、城市化的推进等一系列社会变革所带来的深刻影响;最后要能迅速、顺利地架构起"历史知识""历史分析""历史认知"三者的思维桥梁。

2020年全国高考历史试题以社会情境问题为载体,加强对知识与能力、历史与现实、课堂与社会等的综合考查,体现出高考试题的"综合性"。这类试题很好地实现了对学生"获取和解读信息""调动和运用知识""描述和阐释事物""论证和探讨问题"等历史学科"关键能力"的考查[4],并将在历史教学中较好地发挥引导学生能力培养的作用。

## 三、突出应用性，创设基于生活的情境，培养学生领悟核心价值

"一核四层四翼"中的"应用性"是指"即将进入高等学校的学习者迁移课堂所学内容、理论联系实际水平"。它要求"以贴近时代、贴近社会、贴近生活的生活实践或学习探索问题情境为载体"[2]来解决学生"在个人生活、家庭生活、社区生活中遇到的与历史有关的问题，如在倾听长辈的回忆、观看影视剧、游览名胜古迹时遇到的问题"[3]。这就是历史高考中"生活情境"的创设。通过创设"生活情境"，培养即将进入高等学校的学习者应当具备的"良好的政治素质、道德品质和科学思想方法"[2]。无论是高校人才选拔还是基础教育培养目标，都要求学生具有正确的政治立场和思想观念、正确的世界观和方法论，以及积极进取的人生态度和健全的人格。2020 年历史高考中的很多试题都不同程度地将"应用""生活"与"价值"三者联系起来，体现高考的教育功能和价值引领作用。如山东省 2020 年普通高中学业水平等级考试第 18 题：

### 一个村支书的工作笔记

（苏寺村是中国北方的一个山区村落。以下内容节选自该村原村党支部书记的工作笔记。）

81 年 12 月 12 日 1 天

召开两委扩大会议

会议开始由祁凤元汇报了县委召开农业责任制代表会议和真理问题补课会的精神。赵桂枝传达了公社党委当前工作安排……

82 年 3 月 23 日 1 天

讨论记录：

……（4）当前几项工作时间如何安排？……2. 抓致富：两委队长如何本人富，在（再）代（带）那（哪）一户的规划搞出来。3. 责任制与端正党风……

83 年 3 月 3 日 1 天

召开两委扩大会议

……会议首先由公社武书记讲关于"开展五讲四美三热爱的文明礼貌月"活动的意见和公社安排。大队如何制定措施。致富户和文明户怎么确定和召开座谈会。

84年4月12日半天

召开两委扩大会议

会议由老冯同志传达了"乡党委、乡政府就建村（村民委员会）实施方案"……

讨论记录：（1）建村领导小组怎么成立？组长：张明德；副组长：冯青山；成员：姜合、崔玉海、张玉林。

——摘自华东师范大学中国当代史研究中心《一个村支书的工作笔记》

提取材料信息，说明上述材料对研究20世纪80年代中国农村改革有哪些史料价值。

此题所考查的"应用性""生活情境"与"核心价值"如表3：

**表3　山东省2020年普通高中学业水平等级考试第18题考查内容**

| 应用性 | | 生活情境（农村党支部书记的工作笔记） | 核心价值 |
| --- | --- | --- | --- |
| 知识迁移 | 课堂所学 | 生活内容 | 从历史发展角度认识、理解并弘扬以爱国主义为核心的民族精神和以改革创新为核心的时代精神；加强社会主义精神文明建设；认同中国共产党及中国特色社会主义道路，加强党的领导 |
| 20世纪80年代的农村经济体制改革 | 家庭联产承包责任制 | 抓致富、先富带后富、评选致富户，重视经济发展等 | |
| 20世纪80年代农村基层政权建设和基层民主建设 | 公社、大队、乡党委、乡政府、建村 | 撤社建乡、村民自治 | |
| 20世纪80年代农村改革中党的建设和社会主义精神文明建设 | 真理标准问题的讨论 | 端正党风、开展文明礼貌月活动、评选文明户 | |

2020年全国高考历史试题，以生活情境问题为载体，加强对理论与实际、历史与现实、改革与发展联系的考查，体现出高考试题的"应用性"。这类试题引导学生既要重视学科基础知识，又要注重学以致用，更要形成实事求是的科学态度以及正确的世界观、人生观、价值观和历史观。

## 四、体现创新性，创设基于学术的情境，培养学生形成学科素养

《普通高中历史课程标准（2017年版2020修订）》指出，高中历史课程的目标是"学生通过历史课程的学习，形成历史学科核心素养，得到全面发展、个性发展和持续发展"[3]。《中国高考评价体系》提出的"学科素养"，是指"即将进入高等学校的学习者在面对（与学科相关的）生活实践或学习探索问题情境时，能够在正确的思想价值观念指导下，合理运用科学的思维方法，有效整合学科相关知识，运用学科相关能力，高质量地认识问题、分析问题、解决问题的综合品质"[2]。这种"综合品质"的形成离不开创新思维的培养。具备良好创新思维的学生能够摆脱思维定势的束缚，善于独立思考，大胆创新创造。"一核四层四翼"中的"创新性"即指"即将进入高等学校的学习者在新颖或陌生的情境中主动思考，完成开放性或探究性的任务，发现新问题、找到新规律，得出新结论的水平"，它要求"创设合理情境，设置新颖的试题呈现方式或设问方式"[2]，让学生解决"历史学术研究中的问题，如历史学家对某一历史问题有多种看法等"[3]。这就是历史高考中学术情境的创设。通过创设学术情境，培养、考查学生的学科素养。可以说，2020年高考中的每道试题，都不同程度地将"创新""学术"与"素养"三者联系起来。比较典型的，如新课标全国Ⅰ卷第42题：

材料：

关于宋代历史，海内外学者著述颇丰，叙述各有侧重，如《儒家统治的时代：宋的转型》《中国思想与宗教的奔流：宋朝》《宋史：文治昌盛与武功弱势》等，这些书名反映了作者对时代特征的理解。

结合所学知识，就中国古代某一历史时期，自拟一个能够反映其时代特征的书名，并运用具体史实予以论证。（要求：论证充分，史实准确，表述清晰）

此题所考查的"创新性""学术情境"与"学科素养"如表4：

表 4  新课标全国 I 卷第 42 题考查内容

| 创新性 | 学术情境 | 学科素养 |
| --- | --- | --- |
| 试题一改以往"评析评论""信息说明""论题阐述"等设问形式,要求考生参照材料示例,自拟一个能够反映其时代特征的书名,并运用具体史实予以论证;试题既有形式上的创新,又为学生的探究提供了广阔的空间 | 材料"海内外学者对宋代历史的叙述各有侧重。这些书名反映了作者对时代特征的理解"为学生呈现了"历史学术研究中的问题"即"历史学家对某一历史问题有多种看法" | 唯物史观:史论结合、实事求是地论述历史与现实问题 |
| | | 时空观念:中国古代某一历史时期 |
| | | 史料实证:运用具体史实予以论证 |
| | | 历史解释:对某一历史阶段的时代特征进行叙述与解释 |
| | | 家国情怀:能够表现出对历史的反思,从历史中汲取经验教训,更全面、客观地认识历史和现实社会问题 |

2020 年全国高考历史试题,以学术情境问题为载体,加强"对史料进行新的解释和新的运用,对历史事物之间的联系进行新的发掘"的考查,体现出高考试题的"学术性"。这类试题引导学生既要全面把握历史内容,又要注重创新思维,更要培养自己的学科能力与核心素养。

情境理论认为,情境并非仅指真实生活情境,也包括虚拟情境、简化情境和抽象情境;活动并非仅指动手操作活动,也包括感知活动、语言活动和思维活动[5]。2020 年全国高考历史试题,通过多维度创设问题情境,"考查学生在新情境下如何解决问题"[3],如何把问题解决好的动手操作能力与学科核心素养。需要说明的是,高考评价体系中的"四层"考查内容是不能截然分开的,"四翼"考查要求也并非孤立实现的,问题情境的创设也有可能是相互交织的,它们共同承担着"立德树人、服务选才、引导教学"的核心功能。

**参考文献:**

[1] 李吉林. "意境说"导引,建构儿童情境学习范式 [J]. 课程·教材·教法,2017 (4):4-7,41.

［2］教育部考试中心. 中国高考评价体系［M］. 北京：人民教育出版社，2019（11）.

［3］中华人民共和国教育部. 普通高中历史课程标准（2017年版2020修订）［M］. 北京：人民教育出版社，2018.

［4］胡军哲. 指向学科核心素养的学业水平考试命题特征初探——基于对2019年高考全国文综卷历史试题的分析［J］. 历史教学（上半月），2019（12）：63-70.

［5］崔允漷，王中男. 学习如何发生：情境学习理论的诠释［J］. 教育科学研究，2012（7）：28-32.